KB058095

공감의
배신

AGAINST EMPATHY by Paul Bloom

Copyright ⓒ 2016 by Paul Bloom
All rights reserved.

Korean Translation Copyright ⓒ 2019 by Sigongsa Co., Ltd.
This Korean translation edition is published by arrangement with Brockman, Inc.

이 책의 한국어판 저작권은 Brockman, Inc.와 독점 계약한 ㈜시공사에 있습니다.
저작권법에 의해 한국 내에서 보호를 받는 저작물이므로 무단 전재와 무단 복제를 금합니다.

공감의

Against Empathy

배신

아직도 공감이
선하다고 믿는
당신에게

폴 블룸 지음 | 이은진 옮김

시공사

옳은 일이 무엇인지 항상 잘 알고 있는
내 여동생 엘리사 블룸Elisa Bloom에게
이 책을 바친다.

공감은 늘 선물과 침해 사이에 위태위태하게 걸터앉아 있다.
_레슬리 제이미슨Leslie Jamison, 《공감 연습The Empathy Exams》

인간은 그 어떤 존재보다 이성적이다.
_마사 누스바움Martha Nussbaum, 《성적, 사회적 정의Sex and Social Justice》

*인명, 지명 등은 한글 맞춤법, 외래어 표기법에 따라 표기하는 것을 원칙으로 했으나 널리 쓰이는 표기법이 있을 때는 통용되는 방식에 따랐다.

*책, 영화, 텔레비전 프로그램 등이 국내에 번역된 경우 그에 따랐으나 예외적으로 저자가 원서 제목을 그대로 보여주고자 의도한 경우 옮긴이가 직역한 제목으로 표기하고 괄호 안에 한국어판 제복을 실었다.

*단행본은《 》, 잡지, 신문, 영화, 텔레비전 프로그램 등은 〈 〉로 표기했다.

차례

몇 해 전 맑게 갠 어느 날 아침, 나는 집에서 일을 미루고 인터넷 서핑을 하고 있었다. 그러다가 코네티컷주 뉴타운에서 벌어진 대학살 사건을 접했다. 처음에 나온 보도들은 끔찍하긴 했지만 그리 특이하지는 않았다. 한 학교에서 총기 난사 사건이 벌어졌다는 것이었다. 그런데 후속 보도로 자세한 내막이 차츰 드러나기 시작했다. 애덤 랜자 Adam Lanza는 그날 아침 9시경 침실에 있던 자기 어머니를 죽였다. 그런 다음 샌디훅Sandy Hook 초등학교에 가서 20명의 어린이와 6명의 어른을 살해했다. 그리고 스스로 목숨을 끊었다.

랜자가 어떤 동기로 그렇게 끔찍한 일을 저질렀는지에 관해서도 할 말이 많지만, 이 사건에서 내가 관심을 기울인 부분은 이 소식을 접한 나머지 사람들의 반응이었다. 아내는 당장 학교에 가서 아이들을 데려오고 싶어 했다. 하지만 그런 충동을 애써 눌렀다. 우리 아들들은 10대였기 때문이다. 설사 아이들이 초등학생이었다고 해도, 아내는 그런 행동이 이치에 맞지 않는다는 것을 알고 있었다. 하지만 아내의 충동은 충분히 이해할 만했다. 나는 정신없이 현장으로 달려온 부모들 모습이 찍힌 동영상을 보았고, 과연 저 부모들의 심정은 어떨까 생각했다. 지금 생각해도 속이 들끓는다. 그날 오후 늦게, 시무신 근처 커피숍에 앉아 있는데 내 옆 테이블에서 한 여성이 훌쩍였다. 얼마나 울었는지 목까지 쉬어 있었다. 맞은편에 앉은 친구가 그녀를 위로했다. 들어보니, 샌디훅 초등학교에 아는 사람이 있는 것은 아니지만 살해당한 아이들 또래의 자녀가 있는 모양이었다.

이제는 일상의 일부가 되어버린 총기 난사 사건이나 9.11 테러와 같이 우리에게 충격을 주는 사건은 앞으로도 늘 있을 것이다. 그러나 나와 내 주변 사람들에게 샌디훅 초등학교 총기 난사 사건은 조금 달랐다. 그 사건은 유난히도 잔인한 범죄였다. 아이들이 연루되었고, 사건 현장은 우리가 살던 곳과 가까웠다. 내 주변의 거의 모든 사람이 뉴타운 가족들과 개인적으로 인연이 있었다. 며칠 뒤 우리는 뉴헤이븐 공원에서 열린 촛불 집회에 참석했다. 둘째 아들은 눈물을 흘렸고, 몇 달간 죽은 이들을 추모하는 팔찌를 착용했다.

나중에 대통령이 기자 회견하는 모습을 화면으로 지켜보았다. 그날의 살해 행위에 관해 말하다가 그는 목이 메는 듯했다. 나는 정치인들에 대해 냉소적인 편이지만, 그날 그 순간만큼은 계산된 행동 같지 않았다. 대통령이 그렇게 슬퍼하는 모습을 보니 반가웠다.

사건 당시와 그 후에 우리가 보인 반응은 인간이 가지고 있는 공감능력에 큰 영향을 받은 것이다. 많은 이들이 우리 인간에게 주어진 '선물'로 생각하는 공감능력은 우리가 다른 사람의 시선으로 세상을 바라보고, 다른 사람의 감정을 함께 느낄 수 있게 해준다. 왜 그렇게

공감의 배신

많은 사람이 공감을 '선행과 도덕적 변화의 근본이 되는 강력한 힘'이라 생각하는지는 쉽게 이해할 수 있다. 그리고 왜 그렇게 많은 사람이 '공감과 관련하여 유일하게 문제가 되는 것은 우리가 다른 사람의 입장에 충분히 공감하지 못하는 예가 너무 많다는 사실뿐'이라고 생각하는지도 쉽게 이해할 수 있다.

나 역시 그렇게 생각했었다. 그러나 지금은 그렇게 생각하지 않는다. 공감능력에는 장점이 있다. 우리가 예술과 소설, 스포츠를 보며 즐거워할 수 있는 것도 공감능력 덕분이고, 사람들과 친밀한 관계를 맺을 수 있는 것도 공감능력의 공이 크다. 때로 공감능력은 선을 행하도록 자극하는 역할도 한다. 그러나 전체적으로 보면, 공감은 형편없는 도덕 지침이다. 공감은 어리석은 판단에 근거할 때가 많고, 무관심과 잔인함을 유발하기도 한다. 비이성적이고 부당한 정치적 결정을 이끌어내기도 하고, 의사와 환자의 관계처럼 중요한 관계를 좀먹고, 친구나 부모, 남편, 아내로서의 역할을 더 어렵게 만든다.

나는 공감에 반대한다. 그리고 이 책을 쓰는 목적 가운데 하나는 나와 같이 공감에 반대하도록 여러분을 설득하는 것이다.

급진적인 입장인 건 맞지만, 그렇다고 과격한 입장은 아니다. 이 책은 사이코패스를 지지하는 섬뜩한 책들과는 다르다. 공감에 반대한다는 말은 이기적이고 비도덕적인 사람이 되어야 한다는 뜻이 아니다. 오히려 그 반대다. 만약 착하고 배려할 줄 아는 사람이 되고 싶다면, 이 세상을 좀 더 좋은 곳으로 만들고 싶다면, 공감하지 않는 편이 더 낫다는 말이다.

좀 더 신중하게 말하자면, 어떤 의미에서는 공감하지 않아야 더 잘 살 수 있다는 말이다. 어떤 사람들은 '공감'을 모든 좋은 것을 가리키는 말로 사용한다. '공감'이라는 용어를 마치 도덕, 친절, 연민의 동의어처럼 사용한다. 사람들에게 공감을 촉구하는 많은 탄원들은 우리가 서로에게 더 친절하면 상황이 더 나아질 것이라는 견해를 피력한다. 나도 여기에는 동의한다!

그런가 하면 또 어떤 사람들은 공감이 다른 사람을 이해하는 행위라고 생각한다. 즉 다른 사람의 머릿속에 들어가서 그가 무슨 생각을 하는지 알아내는 행위가 공감이라고 생각한다. 이런 의미라면 나는 공감에 반대하지 않는다. 사회지능은 다른 종류의 지능과 마찬가지로 도덕적 행위의 도구가 될 수 있다. 그렇다 보니 우리는 이런 종류의 '인지적 공감'을 마치 선을 행하는 원동력처럼 과대평가하곤 한다. 그러나 타인의 욕망과 동기를 정확하게 읽어내는 능력은 성공한 사이코패스의 특징이며, 잔학 행위와 착취에 이용되기도 한다.

공감은 다른 사람이 느낀다고 믿는 것을 느끼는 행위, 다시 말해 다른 사람이 경험하고 있다고 생각하는 것을 경험하는 행위다. 이것이 내가 가장 흥미를 느끼는 공감의 개념이다. 대부분의 심리학자와 철학자들이 이런 개념으로 공감이라는 용어를 사용한다. 나는 공감이라는 용어 자체에는 어떤 반감도 없다. 이 사실을 강조하고 싶다. 공감을 좀 더 넓은 의미에서 '배려하고 사랑하고 선을 행하는 능력'을 가리키는 용어로 사용하고 싶다면, 혹은 좀 더 좁은 의미에서 '다른 사람을 이해하는 능력'을 가리키는 용어로 사용하고 싶다면, 그래도 된다. 공감이 그런 의미라면 나는 공감에 반대하지 않는다. 말하자면,

공감에 반대한다는 내 말은 많은 사람이 공감이라 여기는(여러분은 그렇지 않지만) 어떤 '심리 작용'에 반대한다는 의미로 이해하면 된다. 아니면 용어에 관한 이야기는 다 잊어버리고, 이 책을 그저 선량한 사람이 되는 데 무엇이 필요한지 생각해보는 도덕 탐구서 또는 도덕심리학 탐구서 정도로 이해해도 된다.

내가 이 책에서 탐구할 개념은 여러분이 다른 사람이 느끼고 있다고 여기는 것을 느끼는 행위다. 이것을 뭐라고 부르든, 이 개념은 연민의 마음을 갖는 것과는 다른 개념이다. 친절한 사람이 되는 것과도 다르고, 무엇보다 착한 사람이 되는 것과도 다르다. 도덕의 견지에서 보자면 우리에게는 공감능력이 없는 편이 낫다.

많은 사람이 이런 주장에 고개를 가로젓는다. 그런 의미에서 공감능력은 많은 사람이 아주 중요하다고 믿는 능력이다. 사람들은 종종 이렇게 말한다. "부자들은 가난이 어떤 것인지 제대로 이해하려고 노력하지 않는다. 만약에 부자들이 가난이 어떤 것인지 제대로 이해하려고 노력했다면, 우리 사회가 더 평등하고 정의로워졌을 것이다." 무기를 소지하지 않은 10대 흑인 청소년이 경찰의 총격으로 사망하면, 좌파 평론가들은 경찰이 흑인 청소년들의 입장에 공감하는 능력이 부족하다고 주장하는 반면, 우파 평론가들은 경찰관이 처해 있는 상황이 얼마나 힘들고 스트레스가 많고 위험한지에 대한 공감이 부족해서 그런 비판이 나오는 것이라고 주장한다. 백인들에게는 흑인들의 입장에 공감하는 능력이 부족하고, 남자들에게는 여자들의 입장에 공감하는 능력이 부족하다고들 말한다. 이스라엘과 팔레스타인이 "상대방의 입장에서 생각하는 법을 배울 때"[1] 비로소 둘 사이의 충돌이 종식될 것이라고 한 버락 오바마Barack Obama의 말에 많은 평론가가 고개를 끄 덕였을 것이다. 뒤에서 우리는 만약 나치에게 공감능력이 조금 더 있었더라면, 홀로코스트는 절대로 일어나지 않았을 것이라고 주장하는 심리학자들을 만나게 될 것이다. 의사들과 상담치료사들에게 공감능력이 조금 더 있었다면, 환자를 치료하는 일을 더 잘 해냈을 것이라고 주장하는 사람들이 많다. 어떤 정치인들에게 공감능력이 조금 더 있었다면, 그렇게 썩어빠진 정책을 승인하지는 않았을 것이라고 주장하는 사람들도 있다. '주변 사람들이 내 처지를 조금만 더 공감한다면, 내 삶을 진심으로 이해한다면, 나를 이렇게 대우하지는 않을 텐데.' 아마 이렇게 생각하는 사람이 우리 중에도 많을 것이다.

나는 이것이 모두 착각이라고 생각한다. 우리 사회 앞에, 그리고 우리 개개인 앞에 놓인 문제들이 공감 부족에서 비롯된 경우는 거의 없다. 사실은 공감이 너무 과해서 문제가 되는 경우가 많다.

나는 단순히 공감을 공격하려는 것이 아니다. 여기에는 더 광범위한 의제가 있다. 나는 일상에서 이성적이고 신중한 추론의 가치를 옹호하고자 한다. 우리는 가슴보다는 머리를 쓰려고 노력해야 한다. 이미 그렇게 하고 있더라도 이를 위해 더욱더 힘을 기울여야 한다.

나도 이런 주장이 사람들에게 인기가 없다는 사실은 잘 알고 있다. 어떤 이들은 이를 두고 무식하고 순진한 주장이라고 할 것이다. 내 동료들 중에도 인간의 가장 중요한 판단과 행동은 의식적인 자아가 끼어들지 못하는 신경 작용에서 나온다고 주장하는 이가 많다. 이런 입장을 강하게 밀어붙여서 명성을 얻은 사람이 지크문트 프로이트

Sigmund Freud다. 최근에 이러한 주장이 현대적인 형태로 부활했는데, 가끔은 아주 극단적인 형태까지 나아가기도 한다. 일부 철학자, 평론가, 사회 참여 지식인 들은 "우리는 이성적인 존재가 아니라는 사실을 심리학자들이 이미 증명했다"라고 말한다. 이런 소리를 얼마나 많이 들었는지 그 횟수를 다 기억하지 못할 정도다.

도덕의 영역에서는 이성理性에 대한 거부가 특히 더 심하다. 요즘에는 옳고 그름에 대한 판단은 공감, 분노, 혐오, 사랑과 같은 직감直感에 따라 결정되고, 숙고나 추론과는 대체로 무관하다고 생각하는 사람이 많다. 프랑스 드 발Frans de Waal의 말대로, 우리는 지금 이성의 시대가 아니라 공감의 시대를 살고 있다.[2]

물론 우리 중에는 낙태나 사형제도 같은 문제에 관한 개개인의 의견은 직감이 아니라 심사숙고의 산물이고, 자선단체에 돈을 기부하고 병원에 입원한 친구를 위문하는 행동이나 가게에서 물건을 훔치고 차창 밖으로 인종차별적인 욕설을 퍼붓는 행동처럼 명백히 '도덕적인' 행위들은 의도적인 의사결정에 따른 것이라고 생각하는 사람들이 더러 있을 것이다. 그러나 그건 모두 착각이라고 한다. 심리학자 조너선 하이트Jonathan Haidt의 말대로, 우리는 재판관이 아니다.[3] 우리는 행위가 이뤄진 뒤에 그 행위에 관해 해명하는 변호사들이다. 이성은 무력하기 짝이 없다. 드 발도 이 의견에 동의한 바 있다. "우리는 추론을 찬양하지만, 결정적 순간이 되면 추론을 그리 중요하게 생각하지 않는다."[4]

어떤 학자들은 도덕이 정서적 성질을 띠는 건 좋은 거라고 우리를 안심시키려 할 것이다. 말하자면, 도덕에는 생각이 끼어들 틈이 없다.

실제 인물과 가상의 인물을 막론하고, 도덕적 영웅들 중 대부분은 합리성을 추구하는 인물이나 윤리적인 지식인이 아니다. 마음이 움직이는 대로 따라가는 사람들이다. 허클베리 핀부터 핍(찰스 디킨스의 소설《위대한 유산》의 주인공-옮긴이), 잭 바우어(미국 드라마 〈24〉의 등장인물-옮긴이)까지, 예수부터 간디, 마틴 루터 킹 주니어Martin Luther King Jr.까지, 그들은 모두 감정에 따라 움직이는 사람들이었다. 이성을 믿고 추론을 따라간 인물은 한니발 렉터와 렉스 루터(슈퍼맨의 숙적으로 등장하는 악당-옮긴이) 정도다.

나는 정신과 도덕을 바라보는 이런 관점이 완전히 틀렸다고는 생각하지 않는다. 대부분의 도덕적 판단은 의식적인 숙고의 산물이 아니다. 사실 전작인《선악의 진화 심리학Just Babies》5에서 나는 도덕적 이해의 기원에 관해 이야기하면서, 심지어 영아들도 옳고 그름에 대한 약간의 감각을 지니고 있고 아이들은 의식적인 숙고를 하지 않는다고 주장했다. 도덕의 근간이 자연선택이라는 무의식적인 과정을 거쳐 진화했다는 증거가 많이 있다. 도덕의 근간은 우리 머릿속에서 나오지 않았다.

감정이 우리의 도덕 생활에 아주 중요한 역할을 하는 것은 분명하다. 그래서 좋은 것도 가끔 있다. 공자와 그 시대 중국의 다른 학자들, 스코틀랜드 계몽주의 철학자들이 감정의 필요성을 옹호했고, 현대의 인지과학과 신경과학의 최신 연구도 이를 뒷받침하고 있다. 예를 들어, 감정에 관여하는 뇌의 일부가 손상되면 사람들의 삶에 치명적인 결과를 초래할 수 있다는 사실을 입증하는 연구가 많이 나와 있다.6 그중에는 내 동료 데이비드 랜드David Rand가 최근에 진행한 연구도 있다.[7] 랜드의 연구에 따르면, 직감과 본능에 따른 결정이 협력적이고 친절한 행동으로 이어지는 경우가 많다. 이와 반대로, 장고 끝에 악수를 두는 경우도 있다.

그러나 나는 인간이 가진 감정적 본성의 이점이 지나치게 부풀려졌다고 생각한다. 내가 이 책을 쓴 이유는 그 때문이다. 인간에게는 직감이 있다. 그러나 또한 인간에게는 그 직감을 무시하고, (도덕적 쟁점을 포함한) 문제들을 충분히 숙고해서 깜짝 놀랄 만한 결론을 이끌어낼 줄 아는 능력도 있다. 나는 이런 이성적 추론을 거친 행동이야말로 진짜 행동이라고 생각한다. 이성적 사고를 통해 우리는 다른 종種과는 차원이 다른 독특한 인간이 되는 것이다. 우리가 지금보다 나은 인간이 된다고 믿는 것도, 지금보다 덜 고통스럽고 더 번영하고 더 행복한 세상을 만들 수 있다고 믿는 것도 이성 때문이다.

예를 들어, 우리가 친구와 가족에게 우선순위를 두는 것은 지극히 자연스러운 행동이다. 우리가 생판 모르는 남보다 우리와 가까운 사람들에게 훨씬 더 마음을 쓴다는 사실을 의심할 사람은 아무도 없다. 이런 혈족관계의 위력을 잘 보여주는 말로 "피는 물보다 진하다"라는 말이 있다. 그런가 하면, 호혜互惠의 위력을 잘 요약해주는 말도 있다. 내가 어렸을 때 좋아하는 친척에게 배운 건배사다.

우리가 잘되기를 바라는 사람들을 위해 건배!
나머지는 모두 지옥에나 가라!

다윈의 관점에서 보면, 이런 선호는 머리 쓸 필요도 없는 아주 간단한 일이다. 자기네 종을 편애하는 피조물이 공명정대한 피조물보다 훨씬 유리한 법이다. 만약 친구와 생판 남을 차별하지 않고 자기 자식과 남의 자식을 차별하지 않는 인간이 있었다면, 그의 유전자는 자기 자식에게 더 마음을 쓰는 이들의 유전자에 완패했을 것이다. 우리는 '선천적 평등주의자'가 아니다.

이런 편협한 욕구들은 절대 사라지지 않거니와 사라져서도 안 된다. 그런데 드물기는 하지만, 친구나 가족이라고 해서 특별히 더 사랑하지 않고 모든 사람에게 똑같이 마음을 쓰는 사람도 더러 있다. 이런 사람들에 대해서는 어떻게 생각해야 할까(이에 관해서는 나중에 더 살펴볼 생각이다). 그런 사람을 보고 성인聖人이라고 칭송하는 이들도 있다. 반면 그런 삶의 방식을 너무 지나치다고 생각하고 살짝 역겨워하는 사람들도 있다. 나는 후자에 속한다.

그러나 어느 쪽이든 상관없이, 타고난 선호가 우리를 정의하는 것은 아니다. 우리는 이역만리에 사는 사람들(우리와 관련이 없고, 우리를 모르고, 우리가 잘되기를 빌지 않는 사람들)의 삶도 우리 아이들의 삶만큼이나 중요하다는 사실을 이해할 만큼 지혜롭다. 그들이 진짜로 지옥에 가면 안 된다는 걸 잘 알고 있다. 우리는 자기 민족이나 인종을 편애하는 것이 자연스럽고 직관적인 행동일지는 몰라도 부당하고 부도덕한 행위일 수 있다는 사실을 인정할 줄 안다. 그리고 공정한 재판 원칙을 세우는 정책을 입안함으로써 누구에게도 치우치지 않는 조치를 취할 줄도 안다.

우리는 감정적인 피조물이지만, 또한 합리적인 결정을 내릴 줄 아는 이성적인 존재이기도 하다. 우리는 격렬한 감정을 무시할 줄 알고, 잘못된 길에서 돌이킬 줄 알고, 자제할 줄 안다. 그리고 종종 그렇게 해야 한다. 분노나 미움과 같은 감정의 경우에는 그래야 한다는 사실을 이해하기가 어렵지 않다. 그런 감정은 우리를 엇나가게 할 수 있다. 따라서 이런 감정에 휘둘리지 않고, 이런 감정에서 빠져나갈 수 있을 때 우리는 더 나은 행동을 할 수 있다. 그런데 부정적 감정뿐 아니라 공감처럼 외견상 긍정적으로 보이는 감정의 경우에도 똑같이 그렇게 해야 한다. 나는 합리적 추론을 지지하고, 이를 확실히 밝히고자 한다. 이것이 내가 이 책을 쓴 이유 중 하나다.

이 책에서 주장하는 바는 다음 세 가지다. 첫째, 우리의 도덕적 결정과 행동은 공감의 힘에 영향을 아주 많이 받는다. 둘째, 이것은 종종 우리가 사는 세상을 더 살기 힘든 곳으로 만든다. 셋째, 우리에게는 지금보다 더 잘할 수 있는 역량이 있다.

그런데 공감이 어떻게 우리를 잘못된 길로 몰고 갈 수 있다는 말인가? 계속 읽어보면 알 테지만, 여기서 먼저 짧게 설명하자면 공감은 지금 여기 있는 특정 인물에게만 초점이 맞춰진 스포트라이트다. 공감은 그 사람들에게 더 마음을 쓰게 하지만, 그런 행동이 야기하는 장기적 결과에는 둔감해지게 하고, 우리가 공감하지 않거나 공감할 수 없는 사람들의 고통은 보지 못하게 한다. 공감은 한쪽으로 편향되어 있어서 지역이기주의와 인종차별주의 쪽으로 우리를 몰고 간다. 공감은 근시안적이어서, 단기적으로는 상황을 개선할 수 있을지 모르지만 미래에는 비극적인 결과를 초래하는 행동을 유도한다. 공감은 간단한 산수도 할 줄 몰라서 한 사람을 나머지 사람들보다 편애한다. 공감은 폭력을 유발하기도 한다. 우리와 가까운 사람들에게 감정을 이입하는 행농은 나머지 사람들을 상대로 전쟁을 벌이고 잔학 행위를 일삼도록 자극하는 강한 힘으로 작용한다. 공감은 대인관계를 좀먹는다. 공감은 정신을 소진시키고, 친절과 사랑을 베풀 힘을 약화시킨다.

이 책을 다 읽고 나면, 여러분은 공감을 두고 "대체 문제가 없는 부분이 뭐냐?"고 물을지도 모른다.

이제 우리가 공감이 없는 세상에서 살 일은 없을 것이다. 또한 공감에 대한 분노나 수치심이나 미움이 없는 세상에서 살 일도 없을 것이다. 나는 그런 세상에서는 살고 싶지 않다. 이런 감정들은 다양한 방식으로 우리 삶에 더해진다. 그러나 나는 우리가 이런 감정들을 제자리에 두는 문화를 창조할 수 있다고 생각한다. 이 책은 그 길로 나아가는 징검다리라 할 수 있다.

앞에서 이런 견해가 인기가 없다고 말했지만, 그렇다고 나 혼자 광야에서 외롭게 외치고 있는 것은 아니다. 내가 공감을 비판하는 최초의 인물은 아니라는 말이다. 리처드 데이비드슨Richard Davidson, 샘 해리스Sam Harris, 제시 프린츠Jesse Prinz, 피터 싱어Peter Singer처럼 공감이 왜 미덥지 못한지를 논리적으로 설명한 사람들이 많고, 마이클 린치Michael Lynch와 마이클 셔머Michael Shermer처럼 일상생활에서 감정이 아닌 이성의 중요성을 옹호한 사람들도 있다. 이런 학자들이 나와 같은 편이라니 안심이 된다. 이 밖에도 공감의 한계를 기술하고, 연민이나 정의감 같은 다른 능력들과 공감능력을 세심하게 구분하는 작업을 수행한 사람들도 있다. 장 데세티Jean Decety, 데이비드 데스테노David DeSteno, 조슈아 그린Joshua Greene, 마틴 호프먼Martin Hoffman, 래리사 맥파쿼Larissa

MacFarquhar, 마사 누스바움, 스티븐 핑커Steven Pinker가 그런 부류라고 생각한다. 나는 인지신경과학자인 타니아 싱어Tania Singer와 불교 승려인 마티유 리카Matthieu Ricard의 연구에 특히 감명을 받았다. 두 학자는 공감과 연민의 차이를 탐구하기 위해 힘을 모으고 있다. 또한 나는 공감과 공감의 한계에 관해 흥미로운 이야기를 들려주는 소설가 레슬리 제이미슨과 문예학자 일레인 스캐리Elaine Scarry에게도 영향을 받았다.

이 책은 6개의 장Chapter과 2개의 막간Interlude으로 이루어져 있다. 물론 전부 다 읽어야 한다. 하지만 필요하다면 각 장과 막간을 각각 독립된 에세이로 취급해도 된다.

1장에서는 공감에 대한 공격이 광범위하게 펼쳐진다. 만약 딱 하나만 읽겠다면 1장을 읽는 것이 좋다. 2장과 3장에서는 공감의 심리학 및 신경과학을 제시하고, 공감이 형편없는 도덕 지침인 이유를 탐구하는 데 집중한다. 그다음에는 짧은 막간이 이어진다. 공감과 정치학의 관계를 탐구하고, 진보주의자들이 보수주의자들보다 더 공감을 잘한다는 견해를 다룰 것이다.

4장에서는 공감과 친밀감에 관해 다룬다. 그다음에는 또 하나의 막간이 이어지며 내가 도저히 벗어날 수 없을 것 같은 주제(유아들과 어린이들의 도덕 생활)를 이야기할 것이다. 5장에서는 악에 관해 다루며, 공감능력이 부족하면 더 나쁜 인간이 된다는 견해를 회의적인 시각에서 살펴본다.

마지막 6장에서는 우리에게 세상을 헤쳐 나가기 위해 이성을 바탕으로 숙고하는 능력이 있다는 사실을 논증함으로써 인간의 추론 능력을 옹호하고자 한다. 우리는 이성의 시대를 살고 있다.

처음 원고를 쓰기 시작했을 때는 전혀 생각하지 못했던 방향으로 나아가는 것도 이런 책을 쓰는 즐거움 가운데 하나다. 이어지는 페이지에서 여러분은 전쟁의 근원, 사과와 사디즘의 관계, 의사결정과 관련하여 신경과학에서 하는 이야기, 불교의 도덕심리학, 그밖에 다양한 논의를 접하게 될 것이다. 한 책에서 꼭 한 가지 이야기만 하라는 법은 없지 않은가?

여기에 실린 글은 내가 이제껏 쓴 어떤 글보다 대화와 비판의 산물이라 할 수 있다. 이 책을 집필하기 전에 1년 동안, 그리고 이 책을 쓰는 와중에, 이러한 생각의 초기 버전을 설명하는 글을 여러 매체에 발표했다. 〈뉴요커The New Yorker〉에는 정책 쟁점을 살펴보는 글을, 〈보스턴 리뷰Boston Review〉에는 친밀한 관계를 살펴보는 글을, 〈애틀랜틱The Atlantic〉에는 공감이 어떻게 폭력을 유발하는지 탐구하면서 이성의 역할을 옹호하는 글을, 〈뉴욕 타임스New York Times〉에는 다른 사람의 정신 상태를 이해하는 문제에 관한 글을 기고했다. 그중 일부는 이 책에도 실렸다. 물론 기사를 읽은 사람들의 반응, 그리고 많은 이들과 나눈 대화를 반영하여 꽤 많은 부분을 수정하긴 했다.

기사를 읽은 사람들의 반응을 통해, 나는 공감에 대한 나의 공격을 터무니없다고 생각하는 사람이 많다는 사실을 알게 되었다. 〈뉴요커〉에 기고한 기사가 인터넷에 게재되었을 때 반응을 살피기 위해 트위터를 확인해보았다. 기사를 링크한 첫 번째 사람은 이렇게 말했다. "내가 읽은 글 중에 가장 멍청한 글인 듯." 〈보스턴 리뷰〉 기사를 읽고 한 사회학자는 자신의 블로그에서 나를 "지적 망신이자 도덕적 괴물"

이라고 칭했다. 나는 '정신병과 약탈적 자본주의의 옹호자'로 불렸고, 사람들은 내 어린 시절과 사생활을 두고 이런저런 억측을 하며 모진 말을 쏟아냈다.

그러나 가장 고약한 사람들이 제기한 반론이라 할지라도, 몇몇 반론은 결국 약이 되었다(언젠가 프레드릭 드보어Fredrik deBoer가 말한 대로 "당신을 증오하는 사람들은 당신 글을 누구보다 꼼꼼하게 읽는 독자들이다").**8** 나는 초창기에 취했던 일부 입장에 관한 생각을 바꾸게 되었고, 사람들의 비판이 납득되지 않을 때도 있었지만 그럴 때조차도 그런 비판 덕분에 사람들이 어떤 것에 반발하는지 이해하게 되었다. 분명히 이 책 이후 새로 반론을 제기하는 이들이 있겠지만, 나는 사려 깊은 독자들에게 생길지도 모르는 몇 가지 우려를 예측하고 거기에 대응하고자 애썼다.

평론가들과 친구들과 학생들에게 가장 자주 들은 비판은 "너무 나갔다"는 말이었다. 특정 방식으로 표출되는 공감이 우리를 엇나가게 할 수 있다는 발언 때문인 것 같다. 그러나 완벽한 것은 아무것도 없다. 어쩌면 문제는 우리가 종종 공감에 지나치게 의존하거나, 공감을 잘못된 방식으로 사용하는 데 있을지 모른다. 그렇다면 우리가 할 일은 공감을 제자리에 두는 것이다. 그런 의미에서 이 책의 제목은 《공감에 반대하며Against Empathy》가 아니라 《공감의 오용에 반대하며Against the Misapplication of Empathy》라고 해야 정확할 것이다. 또는 《공감이 전부는 아니다Empathy Is Not Everything》나 《공감에 이성을 더해야 완벽한 조화가 이뤄진다Empathy Plus Reason Makes a Great Combination》라고 해도 좋을 것이다. 누군가의 말대로 공감은 좋은 유형과 나쁜 유형이 있는 콜레스테롤과 비슷하다.

사실 이 사람의 말에 약간 흔들리기도 했다. 나는 공감의 긍정적 측면에 관해서도 가끔은 논할 것이다. 공감이 훌륭한 행동을 유도하는 상황들도 있고, 도덕적인 사람들은 옳은 일을 하도록 다른 이들에게 동기를 부여하는 도구로 공감을 사용할 줄도 안다. 친밀한 관계에서는 공감이 아주 귀중한 역할, 어쩌면 그 무엇으로도 대체할 수 없는 역할을 하기도 한다. 그리고 공감은 커다란 기쁨의 원천이 되기도 한다. 전부 나쁘지는 않다.

하지만 내 입장은 여전히 확고하다. 모든 점을 감안할 때, 인간사에서 공감은 부정적이다. 공감은 콜레스테롤이 아니라 달콤한 탄산음료다. 자꾸 마시고 싶고 맛도 있지만 몸에 해롭다. 지금부터 그 이유를 하나씩 살펴보자.

CHAPTER 1

타인의
입장에 서기

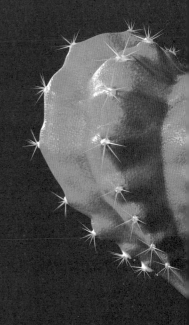

Against
Empathy

지난 몇 년간, 사람들이 내게 요즘 뭘 하고 있느냐고 물으면 책을 쓰고 있다고 답했다. 그러면 사람들은 자세한 내용을 물었고, 나는 이렇게 말했다. "공감에 관한 책이에요." 내가 '공감'이라는 단어를 말할 때 사람들은 보통 미소를 지으며 고개를 끄덕인다. 그러면 나는 이렇게 덧붙인다. "저는 공감에 반대합니다."

대개는 웃음을 터트렸다. 처음에는 이런 반응에 놀랐다. 그러다 공감에 반대한다는 말이 새끼고양이에 반대한다는 말이나 다름없다는 걸 깨달았다. 말하자면, 진지하게 받아들이기에는 내 의견이 너무 괴이했던 것이다. 오해받기 쉬운 입장인 건 분명하다. 그래서 처음부터 명확히 밝히려 한다. 나는 도덕, 연민, 친절, 사랑, 좋은 이웃이 되는 것, 선량한 사람이 되는 것, 옳은 일을 하는 것에 반대하지 않는다. 사실 내가 이 책을 쓰는 이유는 이 모든 것을 지지하기 때문이다. 나는 이 세상을 더 좋은 곳으로 만들고 싶다. 그런데 더 좋은 세상을 만들기 위해 공감에 의존하는 건 잘못된 방식이라고 생각한다.

공감에 반대한다는 말에 사람들이 그렇게 충격을 받는 이유 중 하나는 공감을 '적대시'으로 간주하기 때문이다. 사람들은 지나친 부유함이나 지나친 날씬함이 있을 수 없듯, 지나친 공감은 있을 수 없다고 생각한다.

이런 점에서 공감을 대하는 우리의 태도는 정말 독특하다고 할 수 있다. 다른 사람의 기분과 감정과 능력을 판단할 때 우리는 이보다 비판적인 태도를 취한다. 우리는 사람들에게서 미묘한 차이를 알아본다. 분노는 아버지가 젖먹이 아들을 때려죽이도록 부추기기도 하지만, 불의를 향한 분노는 세상을 변화시키기도 한다. 감탄할 만한 사람에게 쏟아지는 감탄은 아름답다. 그러나 감탄의 대상이 연쇄살인범이라면, 그 감탄은 아름답다고 할 수 없다.

나는 신중한 추론을 열렬히 지지하고 이 책 전반에 걸쳐 추론의 중요성을 강조하려 한다. 그러나 그것이 지나치면 우리를 잘못된 길로 이끌고 갈 수 있다는 사실도 인정한다. 《나치 의사들The Nazi Doctors》이라는 책에서 로버트 제이 리프턴Robert Jay Lifton은 강제수용소에서 수감자들을 대상으로 실험을 진행했던 사람들의 투쟁을 이야기한다.[1] 리프턴은 이 의사들을 "타고난 지능을 이용해 머리가 하는 말을 듣고 끔찍한 일을 저지른 똑똑한 사람들"로 묘사한다. 어쩌면 그들은 머리가 아니라 마음에 귀를 기울이는 편이 더 나았을 것이다.

인간이 가지고 있는 능력에 관한 한, 그 능력이 어떤 것이든 장단점을 논할 수 있다. 그러니 공감에 대해서도 한번 똑같이 따져보자.

그러려면 우선 '공감empathy'이 무엇을 의미하는지 분명히 해야 한다. 심리학자와 철학자들이 생각해낸 공감의 정의는 아주 다양하다.

이 주제를 다룬 한 책에는 아홉 가지의 다른 의미가 나온다.[2] 한 연구진은 "개들 사이에 전염되는 하품부터 고통을 알리는 닭들의 신호음, 환자 중심의 의료 태도에 이르기까지"[3] 모든 것에 공감이라는 용어가 사용된다고 말한다. 또 다른 연구진은 "아마도 이 주제를 다루는 사람들 수만큼이나 다양한 정의가 있는 것 같다"[4]라고 말한다. 그러나 자세히 들여다보면 그 차이가 아주 미묘한 경우가 많다. **공감이란, 다른 사람의 입장에서 세상을 경험하는 행위다.** 이것이 내가 이 책에서 탐구할 공감의 의미이자 가장 전형적인 공감의 정의다.

스코틀랜드 계몽주의 철학자들은 이런 의미의 공감을 아주 자세히 탐구했다. 비록 그들은 그것을 'sympathy'라고 불렀지만 말이다. 애덤 스미스Adam Smith의 말대로, 우리는 다른 사람에 관해 생각함으로써 "우리 자신을 그가 처한 상황에 놓고, 스스로 그와 똑같은 고통을 겪는 것처럼 상상한다. 말하자면 타인의 신체에 들어가서 어느 정도 그와 동일한 인물이 된다. 이를 통해 우리는 그가 느끼는 감각에 관한 관념을 일정 부분 형성하고, 비록 강도는 약할지라도 그가 느낀 감각과 거의 다르지 않은 어떤 기분을 느낄 수 있다."[5]

이것이 바로 내가 생각하는 공감이다. 그런데 기분이 전염되는 일 없이도 다른 사람의 마음속에서 무슨 일이 일어나는지를 감지하는 능력과 관련된 감각이 있다. 만약 여러분이 겪는 고통 때문에 내 마음이 괴롭다면, 여러분이 느끼는 것을 내가 느낀다면, 그것은 바로 내가 이 책에서 관심 있게 탐구해나갈 '공감'에 해당한다. 그러나 만약 여러분이 느끼는 것을 함께 느끼지 않고도 여러분이 고통 속에 있다는 사실을 내가 이해한다면, 이것은 심리학자들이 '사회인지' 또는 '사회지능', '마음 읽기', '마음 이론', '마음 헤아리기'라고 설명하는 것에 해당한다. 가끔은 이것도 공감의 한 유형으로 묘사되기도 한다. 이른바 '인지적 공감'이라는 것인데, 이는 내 주요 관심사인 '정서적 공감'과는 다르다.

이번 장 뒷부분에서 나는 인지적 공감을 조금은 비판적으로 이야기할 것이다. 그러나 지금은 이 두 종류의 공감이 뚜렷이 구별된다는 사실만 기억하면 된다. 인지적 공감과 정서적 공감은 전혀 다른 뇌 과정을 거치고, 전혀 다른 방식으로 우리에게 영향을 끼친다. 사람에 따라 한쪽은 많고 다른 한쪽은 부족할 수도 있다.

애덤 스미스가 말한 공감, 다시 말해 '정서적 공감'을 뜻하는 공감은 자동으로 일어날 수 있다. 심지어 자기도 모르는 사이에 공감이 이루어지기도 한다. 애덤 스미스는 "성격이 섬세하고 체질이 허약한 사람들은 걸인들의 몸에 난 상처와 종기를 보면 자기 몸의 해당 부분이 가렵거나 불편한 느낌을 받는다"[6]고 설명한다. 미국 작가 존 업다이크John Updike는 이렇게 썼다. "할머니가 주방 식탁에서 슬픔에 겨워 목이 메면, 나도 덩달아 목구멍이 조여 오는 것 같은 기분이 들었다."[7] 심리학자 니컬러스 에플리Nicholas Epley는 아들의 축구 경기를 보러 갈 때면, 아들이 공을 찰 때 자기도 같이 차기 위해서 자리에서 벌떡 일어섰다. 에플리는 이것을 '공감 킥empathy kick'이라고 불렀다.[8] 아무리 강심장이라도 자기 엄지손가락을 망치로 내리치는 사람을 지켜보면서 몸을 조금도 움츠리지 않기란 쉽지 않다.

그러나 공감은 단순한 반사 작용이 아니다. 공감은 상상을 통해 키우고 억제하고 계발하고 확장할 수 있다. 공감은 의지적으로 목표를 겨냥하고 집중할 수 있다. 오바마는 대통령이 되기 전에, 한 연설에서 어떻게 공감을 '선택'할 수 있는지 설명했다. 그는 "우리와는 다른 사람들의 눈으로 세상을 바라보는 것"이 얼마나 중요한지 강조했다. "배고픈 어린아이, 해고당한 철강 노동자, 마을을 덮친 폭풍우에 그동안 함께 일구었던 삶을 통째로 잃어버린 가족의 눈으로 세상을 바라보아야 합니다. 여러분이 이렇게 생각하면, 관심의 범위를 넓히고 다른 사람들, 가까운 친구든 먼 곳에 사는 남이든, 그들의 처지에 공감하기로 선택하면 행동하지 않기가 더 힘들고 도와주지 않기가 더 힘든 법입니다."[9]

나도 이 말을 좋아한다. 공감이 어떻게 선을 행하는 힘이 될 수 있는지 잘 보여주기 때문이다. 공감은 다른 사람들에게 더 관심을 기울이고 그들의 삶을 개선하기 위해 더 노력하도록 우리를 자극한다.

몇 해 전, 핑커는 다음과 같이 책 제목을 나열하는 것으로 공감에 관한 논의를 시작했다.

지난 2년 동안 출판된 책들의 제목이나 부제를 몇 개 소개하자면, 공감의 시대, 왜 공감이 중요한가, 공감의 사회신경과학, 공감의 과학, 공감 격차, 공감이 극히 중요한 이유(그리고 공감이 위기에 처한 이유), 지구촌 시대의 공감, 폭넓은 공감대를 형성할 때 기업은 어떻게 번창하는가 등이 있다. (…) [이 밖에도 다음과 같은 책이 있다] 공감 교육, 아이들에게 공감하는 법 가르치기, 공감의 뿌리: 한 번에 한 아이씩 세상 바꾸기 등등. 소아과 의사 T. 베리 브래즐턴Thomas Berry Brazelton은 마지막 책의 저자에 대해서 "모든 학교와 교실에서, 한 번에 한 아이, 한 부모, 한 교사부터 출발해서 세계 평화를 증진하고 지구 환경을 보호하고자 부단히 노력하고 있다"면서 이 책을 추천했다.[10]

이 책을 쓰기 시작하면서 나는 비슷한 책 제목에서 눈을 떼기 어려웠다. 현재 아마존 웹사이트에는 제목이나 부제에 'empathy'라는 단어가 들어간 책이 1,500권이 넘는다. 상위 20권 중에는 부모들과 교사들을 위한 책도 있고, 자기계발서와 마케팅 서적("공감을 이용해 사람들이 좋아하는 제품을 만드는 방법")도 보인다. 심지어 훌륭한 과학 서적도 몇 권 보인다.

"현재 우리 사회와 이 세상에서 가장 심각한 적자는 바로 '공감 적자empathy deficit'다"라는 유명한 말을 비롯해 오바마가 공감에 관해 이야기한 모든 말을 정리해둔 웹사이트처럼,[11] 공감능력을 옹호하는 웹페이지와 블로그, 유튜브 채널이 상당하다. 이 책에 실린 생각들 중 몇 가지를 언론 매체에 기고한 뒤, 나는 '공감 서클'에 합류하라는 요청을 받았다. 함께 모여서 공감의 중요성에 관해 이야기하고, 서로에게 더 공감하기 위해 서로를 의식하며 활동하는 온라인상의 대화 모임이었다. 공감에 관한 책들이 내 서가와 아이패드를 채워나갔고, 나는 '공감'이라는 단어가 들어간 여러 학회에 참석했다.

특정 사건에 대한 반응으로 사람들이 공감을 운운할 때마다 신경이 곤두섰다. 2014년 가을, 비무장 흑인이 경찰의 손에 사망하는 일련의 사건이 벌어졌다. 미국인들에게, 그중에서도 특히 경찰관들에게 소수 인종에 대한 공감능력이 부족하다며 걱정하는 사람이 많았다. 그러나 경찰관 또는 범죄 피해자의 입장에 공감할 줄 모르는 미국인이 많다고 항의하는 성난 반응도 있었다. 모두가 동의하는 한 가지 사실은 공감이 더 폭넓게 이뤄져야 한다는 점인 것 같았다.

공감이 세상을 구원할 것으로 믿는 사람이 많다. 진보주의자나 진보적인 대의를 옹호하는 사람들의 경우에는 특히 더하다. 인지언어학자 조지 레이코프George Lakoff는 진보적인 정치인들에게 조언하면서 이런 글을 썼다. "모든 진보 정책 뒤에는 한 가지 도덕적 가치가 있다. 바로 공감이다."12 미래학자 제러미 리프킨Jeremy Rifkin은 "세계적 차원에서 공감 의식을 고양시켜야"13 한다고 촉구했고, 《공감의 시대The Empathic Civilization》라는 책을 다음과 같은 질문으로 끝맺었다. "과연 우리는 생물권 의식과 세계적 공감능력을 제때 갖추어 세계적 붕괴를 피할 수 있을 것인가?"14

특정한 사안들을 두고 모두 같은 진단과 처방을 내린다. 공감이 부족해서 생긴 문제니 공감을 늘리면 된단다. 저널리스트 에밀리 배즐런Emily Bazelon은 "집단 따돌림의 가장 무서운 측면은 공감을 전혀 찾아볼 수 없다는 데 있다"고 썼다. 배즐런은 이 진단을 집단 따돌림 가해 집단에게만 적용한 것이 아니라 피해자를 도우려는 시도를 전혀 하지 않은 사람들에게도 적용했다. 그러면서 "거의 모든 사람에게 공감능력과 품위가 있다는 사실을 기억하고, 가능한 한 최선을 다해 그 씨앗을 보살피는 것"을 해결책으로 제시했다.15

저널리스트 앤드루 솔로몬Andrew Solomon은 (왜소증을 겪는 아이들과 트랜스젠더 아동들, 다운증후군이 있는 아이들처럼) 부모와는 다른 특성을 지닌 아이들이 겪는 시련을 비판적으로 탐구한다. 그러면서 우리가 자기와 다른 것을 혐오하는 배타적인 시대를 살고 있다고 걱정하며 '공감의 위기'라고 진단한다 16 그런데 솔로몬은 이런 특수 아동들이 공감 위기를 해결하는 데 도움이 될 수 있다면서, 이런 자녀를 둔 부모들 사이에서 공감과 연민이 증가했다는 조사 결과에 주목한다. 많이 들어본 이야기다. 내 동생은 심각한 자폐증을 앓고 있다. 나는 자라는 내내 그런 아이들은 신이 내려주신 축복이라는 말을 들었다. 그 아이들이 우리와는 다른 사람들의 입장에 공감하도록 우리를 가르치는 역할을 하기 때문이라고 했다.

공감 부족과 관련하여 가장 극단적인 주장을 펴는 사람은 아마도 뇌심리학자 사이먼 배런 코언Simon Baron-Cohen일 것이다. 그에게 사악한 사람이란 공감능력이 결여된 사람에 지나지 않는다. "악이란 무엇인가?"라는 질문에 그는 "공감의 침식侵蝕"17이라고 답했다.

왜 그렇게 많은 사람이 공감을 '도덕 문제를 단번에 해결해줄 특효약'처럼 생각하는지는 이해가 된다. 이들의 주장 중 가장 단순한 형태는 다음과 같다. 누구나 당연히 자기 자신에게 가장 관심이 있다. 우리는 자신의 즐거움과 괴로움을 가장 신경 쓴다. 화염을 피해 손을 뒤로 빼거나 목마를 때 물을 마시는 행동에는 특별한 관심이 필요하지 않다. 하지만 공감은 다른 사람의 경험을 아주 중요한 것으로 부각시킨다. 당신의 괴로움이 나의 괴로움이 되고, 당신의 갈증이 나의 갈증이 된다. 그래서 나는 불길 속에서 당신을 구출하고, 당신에게 마실 것을 준다. 공감은 우리로 하여금 우리 자신을 대하듯 다른 사람을 대하게 하고, 이기적인 관심사를 확장해 다른 사람들에게도 관심을 갖게 한다.

이렇듯 공감은 의지적으로 공감능력을 발휘하지 않았으면 베풀지 않았을 친절을 베풀도록 유도한다. 공감은 노예나 노숙자나 독방에 감금된 사람에게 관심을 갖게 한다. 공감은 또래 아이들에게 괴롭힘을 당하는 10대 동성애자나 강간 피해자에게 마음을 쓰게 한다. 우리는 멸시당하는 소수자들이나 이역만리에서 종교적 박해를 당하는 사람들의 입장에 공감할 수 있다. 나는 이런 일을 한 번도 경험해본 적이 없지만, 공감능력을 발휘함으로써 제한된 방식으로나마 그런 일을 경험할 수 있고, 이로써 나는 더 나은 사람이 된다. 월트 휘트먼Walt Whitman이 〈풀잎In Leaves of Grass〉이라는 시에서 노래한 대로다. "나는 상처 입은 사람에게 기분이 어떠냐고 묻지 않는다. 나 스스로 상처 입은 사람이 된다."18

공감은 사람들에게 선을 행하도록 동기를 부여하는 데 이용될 수 있다. 부모들은 "어떤 사람이 네게 그런 짓을 하면 기분이 어떨 것 같아?"라는 말로 자녀들에게 나쁜 행동의 결과를 상기시킨다. 호프먼은 보통의 아이들이 1년에 약 4,000번 정도 이렇게 공감을 유도하는 말을 듣는 것으로 추정한다.19 모든 자선단체와 모든 정치 운동, 모든 사회적 대의가 특정한 행동을 유도하기 위해 공감을 이용한다.

그 외에도 더 있다! 우리를 더 나은 사람으로 만들어주는 공감의 중요성을 실증한다는 다수의 실험 연구, 인지신경과학 연구, 철학 분석, 영아들과 침팬지와 쥐를 이용한 연구에 관해서는 아직 입도 떼지 못했다.

그러나 공감을 열렬히 옹호하는 사람들도 선한 행동을 유도하는 다른 방법이 있다는 사실을 인정해야 한다. 철학에서 사용하는 고전적인 예를 들어보자(중국의 철학자 맹자가 처음 생각해낸 것이다). 호숫가를 산책하다가 어린아이가 얕은 물에 빠져 허우적거리는 모습을 보았다고 치자. 만약 여러분이 별 어려움 없이 물속으로 저벅저벅 걸어 들어가 아이를 구할 수 있다면, 그렇게 해야 한다. 가던 길을 계속 가는 것은 잘못된 행동이다.

그렇다면 선한 행동을 하도록 여러분을 자극한 것은 무엇인가? 어쩌면 여러분은 물에 빠진 아이의 기분이 어떨지 상상하거나, 아이가 물에 빠져 죽었다는 소식을 들은 부모의 심정이 어떨지 예측해볼 수도 있다. 다른 사람의 감정에 공감하는 능력이 물에 뛰어드는 행동을 하도록 여러분을 자극했을 수도 있다. 하지만 굳이 그럴 필요가 없다. 아이가 물에 빠져 죽게 내버려두어서는 안 된다는 사실을 깨닫는 데는 굳이 공감능력이 필요하지 않다. 보통 사람이라면, 이렇게 소란스러운 공감 과정을 거치지 않고도 그냥 물속으로 저벅저벅 걸어 들어가 아이를 건져 올릴 것이다.

좀 더 일반적으로 이야기하자면, 프린츠와 다른 사람들이 지적했듯이 우리는 공감능력을 활용하지 않고도 온갖 도덕적 판단을 내릴 수 있다.[20] 무엇보다 사건사고 가운데는 감정을 이입할 만한 확실한 희생자가 없는 경우가 많다. 누구나 상점에서 물건을 훔치거나 조세를 포탈하거나 차창 밖으로 쓰레기를 버리거나 새치기를 하는 사람들을 탐탁찮아 한다. 그들의 행동으로 눈에 띄게 고통을 받는 특정인이 없어도, 다시 말하면 우리가 감정을 이입할 대상이 아무도 없어도 탐탁찮은 건 마찬가지다.

이처럼 공감만이 도덕의 원천인 것은 아니다. 옳고 그른 것을 판단하고 행동을 유도하는 원천은 공감 외에도 많다. 한 사람의 도덕성은 종교적 세계관이나 철학적 세계관에 뿌리 내릴 수 있다. 다른 사람들의 운명에 대한 보편적인 염려 때문에 어떤 행동에 나설 수도 있다. 이는 종종 염려 또는 연민으로 묘사되는 것으로, 나는 공감보다는 이런 염려를 도덕 지침으로 삼는 편이 더 낫다고 생각한다.

미래에 이 세상이 좀 더 살기 좋은 곳이 되도록 지금 옳은 일을 하는 사람들이 있다. 지구 온난화가 심해지고, 화석연료가 고갈되고, 환경이 파괴되고, 극단적인 종교 집단이 발흥하는데도 제대로 대응하지 못하는 상황을 염려하는 사람들이 있다. 감정을 이입해야 할 특정인이 없기 때문에 이런 염려는 특정인의 처지에 공감하는 것과는 관계가 없다. 대신에 인간의 삶과 인류의 번영에 관한 좀 더 보편적인 염려에 뿌리를 두고 있다.

어떤 경우에는 공감에 바탕을 둔 염려가 다른 종류의 도덕적 염려와 충돌하기도 한다. 내가 이 글을 쓰는 동안, 강의실이나 세미나장에서 사용하는 자료가 특정인, 특히 과거에 트라우마를 겪은 적이 있는 사람들의 마음을 상하게 할 수 있다는 사실을 교수들이 학생들에게 미리 고지함으로써 해당 학생들이 그 기간에 결석할 기회를 주어야 하는지를 두고 학계에서 격론이 벌어졌다.

'유발 요인 경고'를 지지하는 사람들은 대개 공감에 바탕을 두고 논지를 폈다. "강간과는 아무 상관이 없는 수업 시간에 교수가 갑자기 성폭력을 묘사하는 짧은 동영상을 보여줄 때 강간 피해자가 그 교실에 있다면 기분이 어떨지 상상해보십시오. 끔찍할 겁니다. 참고 앉아 있거나 수업 중간에 일어나 나가는 굴욕을 경험하게 될 겁니다. 여러분이 이 상황에 처한 학생의 입장에 공감한다면, 정상적인 사람이라면 당연히 그럴 거라고 생각합니다만, 유해성을 사전에 고지해야 한다는 주장에 동의하실 겁니다."

한 학자는 '유발 요인 경고'를 시행하자는 움직임을 '정치적 올바름'에 빗대어 '공감적 올바름'이라고 비꼬았다. 그는 "서양 고전의 안위를 위협할 교재를 요구하며 현상現狀에 도전해도 모자랄 판에, 지금 학생들은 (…) 자신의 안위를 위협하는 교재는 보지도 않겠다며 거부하고 있다"고 주장했다.[21] 그러나 이런 주장은 다소 오만하다고 생각한다. '개인의 안위'에 대한 염려가 교육 과정을 재구성할 이유로는 부족할지 모르지만, 학생이 실제로 겪을 괴로움과 고통은 또 다른 이야기이고 분명 중요하게 다뤄질 필요가 있다.

유발 요인 경고에 반대하는 쪽의 주장은 어땠을까?[22] 반대하는 쪽에서도 사람들의 복리를 언급하긴 했지만 공감에 기대지는 않았다. 그래서 반대파의 주장은 특정인에 대한 염려로 이어지지 않았다. 대신에 그들은 장기적, 절차적, 관념적으로 고려해야 할 사항에 집중했다. 그들은 유발 요인 경고가 '학생들이 새로운 경험에 도전함으로써 유익을 얻는' 학문의 정신을 해친다고 주장했다. 또한 무엇이 과거의 트라우마를 떠올리게 할지 예측할 수 없으므로 사전에 고지한다는 방침 자체가 비현실적이라고 주장했다. 나아가 대학들이 유발 요인 경고에 집중하느라 학생들의 정신건강 관리와 같이 더 중요한 현안에는 정작 관심을 기울이지 못하게 될 것이라고 주장했다.

물론 이렇게 주장하는 사람도 현실 속 인물이든 상상 속 인물이든 특정인의 처지에 공감할 수 있다(도덕 논쟁에서 공감은 맛을 더하는 향신료와 같다). 그러나 유발 요인 경고에 반대하는 주장의 핵심은 특정 개개인에 대한 염려가 아니라 학생들과 학문 정신에 대한 보편적 염려였다. 따라서 이 논쟁은 도덕적 염려를 유도하는 방법이 공감 하나만 있는 것이 아님을 보여준다.

공감이 다른 도덕적 고려사항과 어떻게 충돌하는지를 보여주는 또 다른 예로 C. 대니얼 뱃슨Charles Daniel Batson과 동료들이 진행한 실험을 들 수 있다.[23] 연구진은 피험자들에게 셰리 서머스라는 10살짜리 소녀의 이야기를 들려주었다. 셰리는 치명적인 병에 걸려서 고통을 덜어줄 치료를 받으려고 대기 중이었다. 피험자들은 자기들이 셰리의 순번을 앞당길 수 있다는 이야기를 들었다. 어떻게 할 거냐고 묻자 피험자들은 셰리 앞에 있는 아이들은 셰리보다 더 힘든 상황이기 때문에 순서를 기다려야 한다고 말했다. 그런데 셰리의 기분이 어떨지 상상해보라는 말을 먼저 들은 피험자들의 경우에는 치료를 먼저 받아야 할 아이들을 놔둔 채 셰리의 순번을 앞당기는 쪽을 선택하는 경향을 보였다. 우리 대부분이 부도덕하다고 여기는 결정을 유도할 만큼 공감은 공정성보다 힘이 셌다.

현실에는 '공감적 염려'에 자극받지 않고도 갖가지 친절한 행동을 하는 사람들이 있다. 우리는 이런 사건들을 놓칠 때가 많다. 어떤 도덕적 행동이 이루어질 때 그 공을 공감에 돌리기 바쁘기 때문이다. 《공감 연습》의 저자 레슬리 제이미슨은 수년간 억울하게 옥살이한 제이슨 볼드윈Jason Baldwin의 이야기를 들려준다. "나는 용서에 관한 그의 이야기를 듣고 내가 얼마나 감탄했는지를 알리려고 자리에서 일어섰다. 그때 나는 자신에게 범죄 혐의를 씌운 사람들을 용서하는 그의 능력이 본능적인 것이라고 생각했다. 그래서 대체 어디에서 그런 용서가 나왔느냐고 물었다. 나는 늘 생각하던 것을 생각하고 있었다. 공감의 거미줄, 상상의 습격, 다른 사람의 마음속에 들어가 보는 온갖 시스템. 그러나 볼드윈은 전혀 다른 말을 했다. 아주 단순했다. '예수 그리스도에 대한 믿음이요.'"**24**

거의 전 재산이라 할 수 있는 4,500만 달러를 자선단체에 기부한 젤 크라빈스키Zell Kravinsky의 사례도 있다. 그는 재산을 기부한 것만으로는 충분하지 않다고 느꼈는지, 가족들의 격렬한 반대에도 불구하고 생면부지 타인에게 자신의 신장 하나를 기증했다. 이런 사람을 볼 때면 다른 이를 생각하는 그의 마음씨에 깊이 감동하여 '공감능력이 정말 남다른 사람'이라고 생각하고 싶어진다. 그러나 적어도 크라빈스키의 경우에는 정반대였다. 피터 싱어는 그를 이렇게 묘사한다. "젤 크라빈스키는 명석한 사람이다. 그는 교육학 박사 학위와 존 밀턴 시문학 박사 학위를 가지고 있다. (…) 그는 자신의 이타주의를 수학적으로 설명한다. 신장 기증으로 사망할 위험은 4,000명당 1명이라는 연구 결과를 인용하면서, 신장을 기증하지 않는 것은 타인의 생명 가치를 본인의 4,000분의 1로 본다는 뜻이라며 이런 평가는 부당하기 짝이 없다고 말한다."**25**

싱어는 한 걸음 더 나아가 크라빈스키같이 냉철한 논리와 추론에 자극을 받는 이들이 공감이라는 감정에 사로잡히는 이들보다 실제로 사람들을 더 많이 돕는다고 주장한다. 이는 우리가 이 책 전반에 걸쳐 몇 번이고 반복해서 듣게 될 이야기다.

이렇듯 친절과 도덕의 원천이 언제나 공감인 것은 아니다. 여기에 동의하지 않는 사람이 있다면, 그 사람은 모든 주제에서 공감을 찾아낼 만큼 공감을 아주 폭넓게 정의하거나 '도덕의 정신'을 바라보는 그의 시각이 몹시 건조하고 상상력이 부족하기 때문일 것이다. 우리 인간은 복잡한 존재고, 도덕적 판단과 도덕적 행동으로 나아가는 길은 실로 다양하다.

그러나 공감이 도덕으로 나아가는 유일한 길은 아니더라도 가장 중요한 길이라는 점은 인정해야 합리적일 것이다. 종교와 공감이 부딪히고, 이성과 공감이 부딪히고, 상대방과 조금 더 거리를 두는 연민과 상대방에게 감정을 이입하여 내가 곧 그라고 생각하는 공감이 부딪힐 때, 충돌이 전혀 없을 수도 있고 있을 수도 있다. 그러나 만약 충돌이 생긴다면, 아마도 공감이 승리할 것이다. 예를 들어, 앞에 나온 '유발 요인 경고' 논쟁에서 여러분은 공감의 편에 선 사람들을 지지할 수도 있다. 그리고 타인에 대한 공감 없이 그를 돕는 사람의 도덕성에 의문을 제기할 수도 있다. 종교적 신념 때문에 용서했다는 볼드윈을 비웃는 사람도 있을 테고, 아내와 자녀들 대신에 생면부지 타인의 실리를 극대화한 냉혈한 공리주의자에 가까운 크라빈스키가 정말 선량한 사람인지 의구심을 품는 사람도 있을 것이다.

그렇다면 공감이 정말 좋은 것인지 나쁜 것인지 확인해보려면 어떻게 해야 할까? 공감의 결과를 살펴보는 것도 하나의 방법이다. 만약 공감이 세상을 더 좋은 곳으로 만들었다면, 공감 옹호자들의 주장이 타당하다고 할 수 있다. 그러나 공감 때문에 세상이 오히려 악화되었다면, 공감 때문에 괴로움은 늘어나고 번영은 줄어들고 고통은 늘어나고 행복은 줄어들었다면, 다른 대안을 찾아볼 타당한 이유가 될 것이다.

도덕에 관해서만큼은 결과가 중요하다는 사실을 의심할 사람은 아무도 없을 것이다. 만약 어떤 사람이 여러분에게 "당신이 왜 물에 빠진 아이를 구해야 하느냐"고 묻는다면(이런 질문을 할 사람은 철학자 말고는 없을 것 같지만), "아이가 죽게 내버려두면 상황이 더 악화되기 때문"이라고 답할 수 있을 것이다. 아이는 살아 있기에 누릴 수 있는 좋은 것들을 모두 잃을 테고, 사고 소식을 접한 사람들은 끔찍한 고통을 겪게 될 것이다. 물속에 저벅저벅 걸어 들어가 아이를 건져 올림으로써 여러분은 이 끔찍한 결과들을 모두 막을 수 있다.

그런데 우리가 하는 행동이 어떤 결과를 불러올지 확실치 않은 경우가 종종 있다. 언젠가 요기 베라Yogi Berra가 말한 대로다. "예측하기가 어렵죠. 특히 미래에 관해서는요." 한 젊은이가 마약 때문에 심각한 문제를 겪다가 체포된다. 돈 많은 부모가 보석금을 내고 그를 교도소에서 빼낸다. 만약 부모가 그렇게 하지 않았으면 어떻게 됐을까? 만약 아들을 교도소에 그냥 둔다면, 어쩌면 그는 이를 계기로 교훈을 얻을지도 모른다. 한 여성이 낙태를 결심한다. 장학금을 받으려면 시험을 통과해야 해서 한 학생이 시험에서 부정행위를 한다. 한 남자가 신학교에 들어가기 위해 월스트리트를 떠난다. 각각의 행동이 어떤 결과를 불러올지 예측하기 어렵다. 그래서 어떻게 하는 것이 옳은지 알지 못할 때가 많다.

그렇지 않고 결과를 자신할 수 있는 경우에는 그만큼 결정하기도 쉽다. 다른 조건이 모두 같다면, 1명의 생명을 구하는 것보다는 100명의 생명을 구하는 것이 낫다. 강간, 음주운전, 방화는 잘못된 행위다. 그러나 어느 정도의 불확실함은 늘 있을 것이기에, 선을 행하려 할 때 우리는 스스로 통제할 수 없는 요인들 앞에서 부디 지금 하는 선택이 현명한 선택이기를 간절히 바라는 포커 플레이어와 다르지 않다.

텍사스 홀덤 게임의 경우에는 시작할 때 에이스 페어를 손에 쥐는 것이 가장 좋다. 그래서 만약 당신에게 에이스 페어가 들어왔는데 누군가 올인을 하면, 당연히 콜을 외쳐야 한다. 그래도 가끔은 게임에서 질 것이다. 다른 사람이 쥐고 있는 패를 예측할 수 없기 때문이다. 사실 에이스 페어를 가지고도 게임에서 질 확률은 15퍼센트나 된다. 그러나 설사 게임에서 지더라도 콜을 외치는 것이 현명하다. 결과가 좋지 못하다면, 그건 여러분이 운이 없어서다.

마찬가지로 여러분이 물에 빠진 아이를 구했는데 그 아이가 자라서 집단 학살을 자행하는 독재자가 되어 이 세상을 파괴한다면, 그것은 불운한 결과다. 포커 플레이어들은 이런 경우를 가리켜 '배드 비트bad beat(이기고 있는 상황에서 이길 확률이 적은 상대에게 불운하게 지는 것─옮긴이)'라고 부르지만, 그래도 아이를 구한 것은 훌륭한 결정이었다.

사실 물에 빠졌던 아이를 구했더니 나중에 독재자가 되는 예시는 철학 세미나에서 다루는 엉뚱한 가설의 한 유형으로 처음 생각해낸 것이었는데, 한 대학원생이 실제 기사를 알려주었다. 1894년 겨울, 독일 파사우 시에서 4살짜리 아이가 얼어붙은 강 위에서 술래잡기를 하다가 강물에 빠졌고, 요한 쿠에흐베르거Johann Kuehberger라는 성직자가 아이를 구조했다는 기사였다. 지역 신문은 그 성직자를 '용감한 동지'로 묘사했다.**26** 몇몇 소식통에 따르면, 그 아이가 바로 아돌프 히틀러

Adolf Hitler였다.

지금 내가 하는 행동이 어떤 결과를 불러올지를 생각하고 거기에 마음을 쓰는 것도 선량한 사람이 되고 선을 행하려고 노력하는 방법 중하나다. 시시비비를 가리는 이런 사고방식은 종종 '결과주의'(행위의 선악은 그 결과를 기준으로 판단해야 한다는 철학 이론-옮긴이)로 불렸다. 제러미 벤담Jeremy Bentham, 존 스튜어트 밀John Stuart Mill, 헨리 시지윅Henry Sidgwick이 다양한 형태로 이 이론을 옹호했고, 좀 더 최근에는 피터 싱어, 셸리 케이건Shelly Kagan 같은 현대 철학자들이 결과주의를 옹호하고 있다. 이들은 주요 세부사항에 관해서는 의견 차이를 보일지라도, 선한 결과를 극대화하는 것이 곧 도덕이라는 입장에 본질적으로 동의한다.

그러나 모든 사람이 결과주의자는 아니다. 결과와 상관없이 특정한 원칙을 기준으로 행동의 방향을 결정해야 한다고 보는 사람들도 있다. 예를 들어, 임마누엘 칸트Immanuel Kant는 결과와 상관없이 거짓말은 옳지 않다고 주장했다. 고문에 관해서도 똑같이 말하는 사람들이 있다. 수감자의 머릿속에 어떤 시한폭탄 시나리오가 들어 있는지와 상관없이, 수감자의 손톱 밑에 바늘을 찔러 넣음으로써 얼마나 많은 목숨을 살릴 수 있는지와 상관없이, 고문은 옳지 않고 절대로 사용해서는 안 된다고 말이다.

우리는 어떤 행동의 시시비비를 가릴 때 결과 외에도 많은 것을 고려한다. 사람이 죽은 것은 같지만, 고의로 사람을 죽이는 것과 어쩔 수 없는 사고(이를테면 빙판길에서 자동차가 미끄러져 생긴 사고)로 사람이 죽는 것은 도덕적으로 명백한 차이가 있다. 결과주의의 논리가 진심 어린 도덕적 직관과 충돌하는 답을 내놓는 사례도 많다. 그중 몇 가지를 나중에 살펴볼 계획인데, 친구나 가족에게 느끼는 의무감과 관련된 사례들이다.

이 쟁점과 관련하여 할 말이 많지만, 여기에서는 두 가지만 이야기하려 한다. 첫째, 원칙에 바탕을 둔 도덕적 견해와 결과주의에 입각한 견해의 간극은 생각보다 크지 않을 수 있다.**27** 얼핏 보면 결과주의와 정반대인 것 같은 추상적인 원칙들을 결과주의의 관점에서 옹호하기도 한다. 가끔은 원칙을 적용하다 상황이 더 악화되기도 하지만, 그렇더라도 예외 없이 적용하는 편이 나은 원칙도 있다. "빨간불에는 항상 멈춰라"라는 규칙에 대해 생각해보자. 어떤 의미에서 이 규칙은 결과주의와는 거리가 멀다. 제시간에 집에 도착해야 하는데 마침 도로가 한산하면, 빨간불에도 멈추지 않고 계속 달리는 것이 최고다. 그러나 사회 전체를 위해서는 개개인이 알아서 잘 판단할 것으로 믿기보다는 규칙을 시행하는 것이 더 타당하다. 교차로에서 낭비한 시간 '비용'보다 어리석은 실수를 예방해서 얻는 '편익'이 더 크기 때문이다. "고문하면 안 된다"라는 규칙도 같은 관점에서 생각해야 한다. 설사 고문을 정당화할 수 있는 경우가 있다손 치더라도, 무조건 금지함으로써 얻는 유익이 훨씬 크다.

둘째, 추상적인 도덕 원칙과 상관없이 결과'도' 중요하다는 사실을 부인할 사람은 아무도 없다. 만약 어떤 사람에게 가벼운 상처만 입힐지, 아니면 죽일지를 결정해야 하는 상황에 놓인다면 어떨까? 칸트라면 두 가지 행위 다 잘못된 것이라고 항의할 테지만, 후자가 더 나쁘다는 점에는 그도 동의할 것이다(만약 그 점에 동의하지 않는다면, 칸트가 제일 나쁘다).

그렇다면 공감은 어떤 결과를 불러올까? 공감이 정말 세상을 더 좋은 곳으로 만들어줄까?

　　그런 것도 같다. 어쨌든 공감은 사람들을 자극해 타인의 고통을 자신의 고통처럼 느끼게 하고, 고통을 없애기 위해 행동에 나서도록 유도한다. 집단 따돌림을 당하는 10대를 보면 처음에는 그를 괴롭히는 사람들과 똑같이 행동하고픈 유혹을 느낄지도 모른다. 그 이유가 사디즘 때문이든, 따분해서든, 사람들 위에 군림하고픈 욕망 때문이든, 인기를 끌고 싶어서든. 그런데 그에게 감정을 이입하게 되면, 다시 말해 따돌림당할 때 그의 기분이 어떨지 생각하고 그가 느낄 고통을 어렴풋하게나마 나도 느끼게 되면, 그에게 고통을 가중시키는 행동을 하지는 않을 것이다. 어쩌면 그를 지키기 위해 분연히 일어설지도 모른다. 공감은 관심과 도움이 필요한 곳을 환히 비추는 스포트라이트와도 같다.

　　그런데 스포트라이트는 빛을 비추는 면적이 좁다. 이것이 공감이 안고 있는 문제 중 하나다. 지금 우리가 사는 세상에는 도움이 필요한 사람이 너무 많다. 한 사람의 행동이 수없이 많은 사람에게 영향을 끼쳐서 그 영향을 계산하기조차 어렵다. 지금 여기에 있는 한 사람을 돕는 행동이 미래에 더 큰 고통으로 이어질 수도 있다. 이런 세상에서는 공감이 좋은 결과를 내기가 어렵다.

　　더구나 스포트라이트는 자기가 관심 있는 곳에만 빛을 비춘다. 따라서 공감은 우리의 편견을 반영하게 마련이다. 머리로는 다른 나라에 사는 사람의 고통이 우리 이웃의 고통만큼 끔찍하다고 생각하더라도, 우리와 가까운 사람들의 처지에 공감하기가 훨씬 쉬운 법이다. 우

　　　　　　　　　　　　　　　　　　　　공감의 배신

리와 비슷한 사람들, 더 매력 있어 보이거나 더 취약해 보이는 사람들, 또는 덜 무서워 보이는 사람들에게 공감하기가 훨씬 쉽다. 머리로는 흑인도 백인만큼 중요하다고 생각할지 모르지만, 백인은 흑인보다 백인의 입장에 공감하기가 훨씬 쉽다는 것이 일반적인 연구 결과다. 이런 점에서 공감은 편견과 거의 똑같은 방식으로 우리의 도덕적 판단을 왜곡한다.

공감은 특정인에게 초점을 맞춘다는 점에서 제한적이다. 스포트라이트와 성질이 비슷하다 보니 공감은 간단한 산수도 못하고 근시안적이다. 우리의 행동이 수많은 집단에 미치는 영향을 제대로 상기시키지도 못하고, 통계 자료와 예상 비용 및 편익에 둔감하다.

공감의 약점을 확인하려면, 이 책의 첫머리에서 내가 말한 예를 떠올려보라. 2012년 코네티컷주 뉴타운에 있는 샌디훅 초등학교에서 20명의 아이들과 6명의 성인이 살해당한 사건 말이다. 사람들은 그 사건에 왜 그렇게 강렬하게 반응했을까? 단순한 총기 난사 사건이었고, 지난 30년간 미국에서 총기 난사 사건으로 사망한 사람은 수백 명에 이른다. 끔찍한 일이긴 하지만, 총기 난사 사건의 사망자 수는 미국에서 살해당한 전체 사망자 수의 0.1퍼센트에 불과하다.**28** 통계상으로는 미미한 수치다(만약 당신이 요술 지팡이를 흔들어 총기 난사 사건이 영원히 일어나지 않게 한다고 해도, 전체 살인율에 주목하는 사람은 그 변화를 눈치 채지도 못할 것이다). 사실 샌디훅 초등학교 총기 난사 사건이 벌어진 그해에 미국의 한 도시(시카고)에서는 뉴타운에서보다 더 많은 학생이 살해당했다. 그런데도 나는 일부러 자료를 찾아보기 전까지 살해당한 시카고 아이들에 관해 생각해본 적이 없었다. 나중에 그 아이들을 다시 생각할 것 같지도 않다. 그에 반해 뉴타운 아이들은 지금도 종종 생각한다. 이유가 뭘까?

샌디훅 초등학교 사건이 단일 사건이었다는 것도 하나의 대답이 될 것이다. 시카고에서 벌어지는 살인 사건들은 늘 들리는 일상 소음에 불과하다. 사람들은 신기하고 특이한 사건에 관심을 보이고 정서적 반응을 표출하게 마련이다.

또 다른 이유를 찾자면, 나 같은 사람들은 뉴타운 아이들과 교사들, 부모들에게 공감하기가 쉽다는 것도 중요한 이유 중 하나다. 그들은 내가 알고 또 사랑하는 사람들과 상당히 비슷하다. 반면 시카고에서 살해당한 10대 흑인 아이들의 경우에는 내가 감정을 이입하기가 쉽지 않았다.

뉴타운 총기 난사 사건을 접한 사람들의 반응은 공감의 한계를 드러내기도 했다. 당시 뉴타운에는 자선의 손길이 쇄도해서 사람들의 부담을 가중시켰다.[29] 각지에서 뉴타운에 보낸 선물과 장난감을 보관하기 위해 수백 명의 자원봉사자를 채용해야 했다. 뉴타운 공무원들이 나서서 이제 제발 그만 보내라고 호소해도 소용이 없었다. 마을 사람들에게 필요하지도 않은 봉제 인형이 거대한 창고를 가득 채웠다. 뉴타운이라는 비교적 부유한 지역에 수백만 달러가 굴러들어왔다. '공감적 염려'를 표현하고 싶은 집요한 욕구에 이끌려, 훨씬 더 가난한 지역에 사는 사람들이 훨씬 더 부유한 사람들에게 돈을 보내는 블랙 코미디가 연출되었다.

물론 과도하고 비이성적인 이런 반응을 공감 탓으로 돌려서는 안된다. 진짜 문제는 우리가 타인의 입장에 온전히 공감하지 못한다는 데 있다. 우리는 뉴타운 아이들과 가족들의 입장에도 공감해야 하지만, 시카고 아이들과 가족들의 입장에도 공감해야 한다. 이왕 하는 김에 방글라데시와 북한과 수단에 사는 사람들을 비롯해 전 세계 수십억 인구의 처지에도 공감해야 한다. 끼니조차 제대로 때우지 못하는 노인들, 종교적 박해를 받는 사람들, 적절한 의료 서비스를 받지 못하는 빈민들, 존재론적 불안에 시달리는 부자들, 성폭행 피해자들, 억울하게 성폭행 혐의를 받는 사람들, 그 밖에 무수한 사람들의 입장에 공감해야 마땅하다.

그러나 그런 일은 사실상 불가능하다. 머리로는 이들 개개인의 삶을 소중하게 생각할 수 있다. 어떤 결정을 내릴 때 그들의 입장을 최우선으로 고려할 수도 있다. 그렇다고 우리가 그들 모두에게 공감할 수는 없다. 실제로 여러분이 공감할 수 있는 대상은 제한적이다. 여러 사람의 입장에 동시에 공감하는 것은 불가능하다.

한번 시험해보라. 힘든 시간을 보내고 있는 지인을 떠올려보고, 그가 느끼는 기분을 함께 느껴보라. 그 사람이 느끼는 고통을 여러분도 함께 느껴보라. 그리고 그와 동시에, 다른 상황에서 다른 경험을 하면서 다른 기분을 느끼고 있는 다른 친구에게도 앞 사람에게 했듯이 똑같이 해보라. 두 사람의 처지에 동시에 공감하는 것이 가능한가? 그렇다면 정말 좋은 일이다. 축하한다! 그럼 세 번째 사람도 추가해보자. 같은 방식으로 열 사람에게 똑같이 해보라. 그런 다음에는 100명, 1,000명, 100만 명에게 똑같이 해보라. 몇 해 전, 작가 애니 딜러드Annie Dillard가 조소했던 발상이 바로 이거였다. "지금 중국에는 1,198,500,000명이 살고 있다. 이것이 무엇을 의미하는지 알고 싶으면, 당신이 가진 온갖 특이성, 중요성, 복잡성, 사랑에서 당신 자신을 빼라. 그리고 거기에 1,198,500,000을 곱하라. 이해되는가? 아주 쉽다."[30]

만약 신이 존재한다면, 신은 지각 있는 모든 존재가 느끼는 괴로움과 즐거움을 동시에 느낄 수 있을 것이다. 그러나 우리 인간에게 공감은 말 그대로 '스포트라이트'다. 우리가 사랑하는 사람은 가장 환히 비추고, 낯설거나 다르거나 무서운 사람은 아주 흐릿하게 비추는, 초점이 좁은 스포트라이트다.

수많은 사람이 연루된 사건을 접했을 때 공감이 조금도 일어나지 않는다면 그것도 문제지만, 그중 한 사람에게만 공감한다면 그것은 더 큰 문제다. 공감은 많은 사람 중에서 한 사람에게 마음이 흔들리게 할 수 있다. 정부나 개인들이 수백만 명 또는 수십억 명에게 영향을 끼치는 사건보다 우물에 빠진 어린아이 1명에게 더 관심을 쏟는 이유도 이렇게 왜곡된 '도덕적 수학' 때문이다. 몇몇 사람의 고통에 대한 격렬한 분노가 훨씬 더 많은 사람에게 끔찍한 결과를 초래하는 전쟁으로 이어질 수 있는 것도 이 때문이다.

공감은 특정 개개인에게는 예민하게 반응하면서 통계상의 결과에는 유난히 둔감하다. 레베카 스미스라는 사랑스러운 8살짜리 소녀가 결함이 있는 백신을 접종한 탓에 심각한 질병에 걸렸다는 소식을 접했다고 상상해보자. 고통스러워하는 레베카의 모습을 곁에서 지켜보고 레베카와 그녀의 가족이 하는 이야기를 듣는다면, 여러분은 아마도 그들의 처지에 공감하게 될 것이고 어떤 행동을 하고 싶어질 것이다. 그런데 당장 예방접종을 중단하면 10여 명의 아이들이 무작위로 죽는다고 가정해보자. 이 경우에 여러분의 공감능력은 조용히 침묵을 지킬 것이다. 통계상의 추상적 개념에 어떻게 공감할 수 있겠는가? 혹시 이름도 모르는 10여 명의 아이들이 죽느니 특정한 아이 1명이 죽는 게 낫다고 생각하는가? 그렇다면 여러분은 지금 공감능력이 아니라 다른 능력을 발휘하고 있는 것이다.

윌리 호턴Willie Horton을 예로 들어보자. 1987년, 유죄 판결을 받은 살인자 호턴은 매사추세츠주 노스이스턴 교도소에서 복역하던 중 귀휴歸休를 얻어 나왔다가 한 여성을 폭행하고 묶어둔 뒤에 또 다른 여성을 강간했다. 마이클 듀카키스Michael Dukakis 주지사가 도입한 귀휴제도는 이 사건 때문에 치욕적인 실수로 간주되었고, 차기 대통령 선거에 출마했을 때 상대 진영은 이를 빌미로 그를 공격했다.

그러나 귀휴제도 덕분에 사건 발생률이 줄어든 것 또한 사실이다.[31] 당시 나온 보고서에 따르면, 매사추세츠주는 귀휴제도를 도입한 후 15년 만에 처음으로 재범률이 감소했다. 출소하기 전에 귀휴를 나간 수형자들이 그렇지 않은 수형자들에 비해 재범률이 낮았다. 모든 점을 감안할 때, 귀휴제도 덕분에 세상이 더 좋아졌다고 볼 수 있다. 살인 및 강간 사건이 전보다 줄었기 때문이다. 그런데도 우리는 호턴에게 폭행과 강간을 당한 피해자들의 입장에는 공감하면서, 귀휴제도 덕분에 강간이나 폭행, 살해를 당하지 않은 사람들에 대해서는 침묵한다.

이런 쟁점들은 단순히 정책의 문제가 아니다. 우리가 일상적인 관계에서 서로에게 친절하게 대하려면, 공감능력을 발휘하는 것보다 자제력과 사고력을 발휘하는 것이 더 중요하다. 그리고 특정인에 대한 공감보다는 보편적인 인간에 대한 연민을 갖는 것이 더 중요하다. 실제로 공감능력이 높은 사람은 타인의 고통에 지나치게 동화될 위험이 있다. 그런데 여러분이 타인의 고통에 지나치게 동화되면, 장기적인 관점에서 그를 도울 수가 없다. 장기적인 목표를 위해 단기적으로는 상대에게 고통을 안겨줄 수밖에 없는 상황이 더러 있기 때문이다. 예를 들어, 훌륭한 부모라면 아이에게 이따금 특정 행동을 하게 하거나 그만두게 해야 한다. 지금 당장은 아이의 기분이 상하더라도 앞날을 생각하면 그렇게 하는 것이 아이에게 유익하기 때문이다. "그만 놀고 숙제해라." "채소도 먹어야지." "늦지 않게 자라." "얌전히 예방접종 받자." "치과 가자." 아이를 위해 일시적으로 아이를 괴롭게 할 수 있는 까닭은 우리에게 사랑과 지성과 연민이 있기 때문이다. 이때 공감능력은 오히려 방해가 될 수 있다.

내가 지금 초점을 맞추고 있는 것은 애덤 스미스가 말한 공감이다. 애덤 스미스는 다른 사람이 느끼는 것을 느끼는 것, 특히 그 사람이 느끼는 고통을 나도 느끼는 것이 공감이라고 보았다. 나는 이런 종류의 공감이 편협하고 편향되어 있다고 보기 때문에 이 책 전반에 걸쳐 더 많은 사례와 자료를 바탕으로 내 주장을 확대해나갈 생각이다. 이런 종류의 공감은 다른 이들을 희생시켜 특정인에게만 초점을 맞춘다. 게다가 이런 종류의 공감은 간단한 산수조차 할 줄 몰라서, 고통을 완화하기는커녕 고통을 야기하는 방식으로 도덕적 판단과 정책 결정을 왜곡한다.

그러나 공감에는 또 다른 의미가 있다. 바꿔 말하자면, 공감에는 또 다른 측면이 있다. 우리 인간에게는 다른 사람의 머릿속에서 벌어지는 일을 이해하는 능력이 있다. 무엇이 그를 움직이게 하는지, 무엇이 그에게 즐거움과 괴로움을 안겨주는지, 그가 어떤 상황에서 굴욕감을 느끼고 어떤 상황에서 존중받는 기분을 느끼는지를 이해할 줄 안다. 그가 느끼는 괴로움을 나도 느끼기 때문이 아니라, 그가 느끼는 괴로움을 굳이 직접 경험하지 않고도 그가 고통 가운데 있다는 사실을 내가 이해한다는 뜻이다. 이것이 바로 '인지적 공감'이다. 이런 인지적 공감에도 반대하느냐고?

그럴 리가. '행동의 결과' 면에서 도덕을 이해한다면(적어도 부분적으로는 모두가 이런 식으로 도덕을 이해한다), 훌륭한 '도덕 행위자'가 되기 위해서는 사람들이 어떻게 움직이는지를 이해해야 한다. 사람들을 행복하게 하는 것이 무엇인지 모르면 어떻게 사람들을 행복하게 할 수 있으며, 사람들을 슬프게 하는 것이 무엇인지 모르면 어떻게 사람들에게 해를 끼치지 않을 수 있겠는가? 의도가 순수하더라도 타인의 마음을 헤아리지 못하면, 여러분이 하는 행동이 어떤 결과를 불러올지 짐작하기 어렵다.

수업을 잘 따라오지 못하는 학생에게 낙제 가능성을 알려야 하는 상황이라면, 내 말을 들으면서 학생이 지나치게 좌절하거나 무안해하지 않도록 신경 써야 한다. 조카를 위한 선물을 살 때는 내가 주고 싶은 것이 아니라 조카가 받고 싶어 하는 것을 사야 한다. 이 정도는 도덕철학자가 아니더라도 누구나 아는 사실이다. 긍정적인 변화를 이끌어내려면, 타인의 마음속에서 무슨 일이 벌어지고 있는지 이해할 필요가 있다.

정책 차원에서도 이런 이해가 필히 뒷받침되어야 한다. 예를 들어, 배심원을 선정할 때 공감능력도 감안해야 하는지를 두고 논란이 많다. 믿기지 않겠지만, 나는 그래야 한다고 생각한다. 물론 여기에서 말하는 공감은 '인지적 공감'을 의미한다. 나는 이 점에서 법학자 토머스 콜비Thomas Colby의 의견에 동의한다. 콜비는 많은 법적 판단이 어떤 행위가 잔인한지, 부담스러운지, 강제적인지를 판단하는 것이고, 이러한 판단을 제대로 하려면 사람들이 어떻게 움직이는지를 이해해야 한다고 말했다.[32]

콜비는 13살 된 여학생이 학교에 마약을 반입했다고 의심하고 알몸 수색을 실시한 학교 관계자들이 미국 수정헌법 제4조에 명시된 국민의 권리를 침해했는지 여부를 다투었던 사건을 언급했다. 정해진 원칙에 따르면, 수색 과정이 "심하게 거슬려서는 안 된다." 그런데 토머스 콜비는 알몸 수색이 심하게 거슬렸는지를 판단하려면, 13살 소녀의 관점에서 그 상황이 어떻게 다가오는지를 이해해야 한다고 지적했다. 즉 판단을 제대로 하려면 인지적 공감이 필요하다는 말이다.

타인의 마음을 이해하는 능력은 여러분이 정한 목표를 이루는 데 아주 유용한 도구이기도 하다. 더구나 이 도구에는 도덕관념이 없다. 성공한 상담치료사와 성공한 부모들만 인지적 공감능력이 뛰어난 것이 아니다. 성공한 사기꾼, 성공한 제비나 꽃뱀, 성공한 고문기술자 역시 인지적 공감능력이 아주 뛰어나다. 집단 따돌림 가해자들을 예로 들어보자.[33] 집단 따돌림 가해자들에게는 정형화된 이미지가 있다. 바로 자신의 욕구 불만을 타인에게 푸는 '사회부적응자'의 이미지다. 그러나 사실 사람들의 마음을 이해하는 측면에서 집단 따돌림 가해자들은 평균 이상의 능력을 가지고 있다. 그들은 사람들을 움직이는 것이 무엇인지 보통 사람들보다 더 잘 안다. 그들이 타인을 아주 잘 괴롭히는 이유도 바로 이 때문이다. 사회지능이 낮다고 인지적 공감능력도 떨어지는 것은 아니다. 인지적 공감능력이 떨어지는 사람들은 집단 따돌림 가해자가 아니라 피해자인 경우가 더 많다.

마지막으로, 인지적 공감의 위력을 보여주는 소설 속 인물을 예로 들어보자. 조지 오웰George Orwell의 《1984》에 나오는 이 인물은 소설의 주인공인 윈스턴 스미스가 아니라 오브라이언이다. 오브라이언은 윈스턴을 속이고 친구 행세를 하다가 나중에 사상경찰이라는 신분을 밝히고 결국 윈스턴을 직접 고문한다.

오웰이 묘사하는 오브라이언은 아주 매혹적인 인물이다. 여러모로 괴물이 분명한데(오웰은 오브라이언을 더없이 잔인한 정권의 수호자로 그린다), 사람들과 쉽게 친해진다. 오브라이언은 붙임성 있고 다가가기 쉬운 사람이며, 다른 사람들의 생각과 행동을 예측하는 데 아주 탁월한 인물이다. 전기 고문을 받으면서 윈스턴은 등뼈가 부러질 것 같은 두려움을 느낀다. "'곧 뭔가 부러질 것 같아 걱정되지?' 오브라이언이 그의 얼굴을 보며 말했다. '자네가 특히 두려워하는 게 등뼈일 거야. 척추가 뚝 부러져 거기서 수액이 뚝뚝 떨어지는 모양이 눈에 선할 걸세. 그렇지 않나, 윈스턴?'"[34]

나중에 오브라이언은 이렇게 말한다. "'자네가 일기장에 (…) 자네를 이해할 수 있고 자네와 이야기를 할 수 있는 사람이니 내가 적이든 친구든 상관없다고 쓴 걸 기억하나? 자네가 옳았어. 난 자네와 이야기하는 게 즐거워. 자네 생각이 마음에 들거든. 자네가 제정신이 아니라는 것만 빼면 자네 생각과 내 생각은 비슷해.'"**35**

이후에도 비슷한 일이 반복된다. 윈스턴이 무언가를 생각하면, 오브라이언은 마치 윈스턴의 마음을 꿰뚫어본 것처럼 콕 집어내어 말한다. 결국 오브라이언은 윈스턴의 마음속에 도사리는 두려움 중에서도 가장 무시무시한 두려움을 이용해 그를 파멸시킨다. 그 두려움은 윈스턴이 오브라이언에게 이야기한 적도 없고, 혼잣말로라도 입 밖에 내본 적이 없는데 말이다. 이것이 바로 인지적 공감능력이 주인을 잘못 만날 때 벌어지는 일이다.

인지적 공감은 선량한 사람이 되고 싶은 사람에게는 꼭 필요한 도구로 아주 유용하지만, 도덕적으로 중립적이다. 나는 애덤 스미스와 데이비드 흄David Hume 같은 철학자들이 'sympathy'로 묘사했고, 보통은 'empathy'로 알려져 있으며, 아주 많은 학자와 신학자, 교육가, 정치인 들이 옹호해온 '정서적 공감' 능력이 실제로는 도덕을 좀먹는다고 생각한다. 만약 여러분이 도덕적 판단을 내리는 데 애를 먹고 있고 자기도 모르게 타인이 느끼는 괴로움이나 즐거움을 함께 느끼려고 애쓰고 있다면, 당장 그만두어야 한다. 이런 '공감적 개입'을 통해 약간의 만족감을 얻을지는 모르지만, 이는 상황을 개선하는 방법이 아닐뿐더러 나쁜 결정과 나쁜 결과로 이어질 수 있다. 상대방과 조금 더 거리를 두는 연민과 친절을 토대로 한 추론과 비용·편익 분석을 활용하는 편이 훨씬 낫다.

이 책의 나머지 부분에서는 이 입장을 자세히 설명할 생각이다. 세계 정치를 탐구하고 친밀한 관계에 주목하고, 전쟁의 원인과 악의 본성에 관해 살펴볼 생각이다. 가끔은 공감의 유익을 인정하긴 할 테지만, 모든 점을 감안할 때 공감이 없는 편이 더 낫다는 견해를 피력할 계획이다.

나의 이런 견해에 반대하는 타당한 주장이 몇 가지 있다. 그중 상당수는 이미 앞에서 다룬 내용이지만, 이쯤에서 어떤 반대 의견이 있는지 밝히고 거기에 대해 답변함으로써 이 책의 나머지 부분에서 다룰 논의를 더 확장하고자 한다.

첫 번째 반론은 내가 맨 처음에 제기했던 용어 문제로 되돌아간다.

당신은 공감에 반대한다고 말하지만, 사실 공감은 친절, 염려, 연민, 사랑, 도덕 등등을 의미한다. 지금 당신이 말하는 '다른 사람이 느끼는 것을 느끼려고 애쓰는 것'은 공감이 아니다.

나는 용어 논쟁을 싫어한다. 우리가 서로를 이해하면 어떤 용어를 사용하는지는 그리 중요하지 않다. 내 머릿속에는 공감에 관한 구체적인 개념이 서 있지만, 여러분이 공감을 다른 의미로 사용하고 싶다면 그래도 된다. 여러분이 말하는 공감이 도덕과 비슷한 의미라면 나는 공감에 반대하지 않는다.

그러나 나는 'empathy'라는 용어를 무작위로 선택한 것이 아니다. 'empathy'라는 단어는 다른 사람의 감정을 거울처럼 반영하는 것을 가리키는 훌륭한 단어다. 부정적인 의미가 담겨 있는 (현대적인 용법의) 'sympathy'나 'pity'보다 나은 표현이다. 만약 여러분이 더없이 행복하고, 그 때문에 나 역시 더없이 행복하다면, 내가 여러분에게 공감한다고 말할 수 있다. 하지만 내가 여러분을 동정한다고 말하는 건 어울리지 않는다. 또한, 'sympathy'와 'pity' 같은 용어는 타인의 감정에 대한 여러분의 반응을 가리키는 용어이지, 타인의 감정을 그대로 반영하는 것을 가리키는 용어가 아니다. 따분해하는 사람을 보고 기분이 좋지 않다면 그것은 'sympathy'이지만, 여러분 역시 따분함을 느낀다면 그것은 'empathy'다. 괴로워하는 사람을 보고 기분이 좋지 않다면 그것은 'sympathy'이지만, 그 사람이 느끼는 괴로움을 여러분도 함께 느낀다면 그것은 'empathy'다.

심리학자들이 만든 표현 중에 '정서 전염'이라는 표현이 있다. 어떤 사람이 우는 모습을 보면 여러분도 따라 슬퍼지고, 어떤 사람이 웃는 모습을 보면 여러분도 따라 기분이 좋아지는 것처럼, 한 사람의 기분이 다른 사람에게 전염되는 상황을 가리키는 용어다. 정서 전염이 공감과 관련이 있는 것은 사실이지만, 그렇다고 공감과 완전히 똑같은 것은 아니다. 감정을 전혀 포착할 수 없는 상황에서도 여러분은 상대방의 처지를 생각하면서 그에게 공감할 수 있고, 상대방이 실제로 감정을 드러내지 않더라도 그의 감정을 짐작함으로써 그에게 공감할 수 있다.

마지막으로, 공감은 연민이나 염려와 관련이 있고 가끔은 이 용어들과 동의어처럼 사용된다. 그러나 연민과 염려는 공감보다 더 보편적인 개념이다. 말라리아에 걸린 수백만 명의 입장에 공감한다고 말하는 건 어색하지만, 그들이 걱정된다거나 그들에게 연민을 느낀다고 말하는 건 지극히 자연스럽다. 또한 연민과 염려는 다른 사람의 기분을 그대로 반영할 필요가 없다. 어떤 사람이 아주 즐겁고 활기찬 태도로 고문 피해자들을 돕는 일을 한다고 치자. 그 사람이 그 일을 하면서 자기가 돕는 개개인에게 공감한다고 말하는 건 뭔가 어색하다. 그보다는 그가 고문 피해자들에게 연민을 느낀다고 말하는 편이 훨씬 자연스럽다.

어떤 경우든, 또 표현을 어떻게 하든, 도덕이 공감(내가 이 책에서 논하는 바로 그 의미의)에 뿌리 내리고 있다고 생각하고, 타인의 입장이 되어 그가 느끼는 괴로움을 함께 느끼는 것이 중요하다고 말하는 사람이 많다. 나도 그런 사람 중 하나였다.

공감을 더 잘하는 사람이 더 친절하고 배려도 더 잘하고 더 도덕적이다. 이것은 공감이 선을 행하는 힘이라는 증거다.

많은 사람이 이 말을 신봉한다. "공감을 잘한다" 또는 "공감능력이 뛰어나다"라는 말을 "머리가 좋다"거나 "유머감각이 뛰어나다"는 말 못지않은 칭찬으로 여긴다. 데이트 상대를 찾는 프로필에 빼먹지 않고 기입해야 할 좋은 자질로 생각한다.

공감능력과 훌륭한 자질의 상관관계에 관한 이런 주장은 대개 경험에 근거한 것이다. 표준 심리학 기법을 이용하면 이 주장이 참인지 거짓인지 확인할 수 있다. 예를 들어, 어떤 사람의 공감능력을 측정한 뒤 공감능력이 뛰어난 사람이 타인을 돕는 것과 같은 훌륭한 행동을 하는지 살펴보면 된다.

말은 쉽지만, 사실 한 사람의 공감능력을 정확히 측정하기란 그리 쉬운 일이 아니다. 그래도 지금까지 다양한 시도가 있었고, 연구 결과 공감능력과 선행은 상관관계가 없는 것으로 밝혀졌다. 뒤에서 살펴보 겠지만, 타인의 고통에 대한 깊은 공감은 사람을 무력하게 만들고, 편 향된 결정을 유도하고, 비이성적인 잔인함을 유발한다는 연구 결과가 있다.

공감능력이 결핍된 사람들은 사이코패스이고, 사이코패스는 세상 에서 가장 악한 사람들이다. 따라서 공감이 필요하다.

사이코패스는 끔찍한 사람이 되는 경향이 있다. 그리고 표준검사에 따르면, 사이코패스는 공감능력이 결핍되어 있거나 적어도 공감능력 을 발휘하려는 의지가 별로 없는 것 또한 사실이다. 만약 첫 번째 사 실이 두 번째 사실에서 비롯된 것으로 밝혀진다면, 다시 말해 사이코 패스와 연관된 끔찍하고 못된 성질들이 정말로 공감능력 결핍 때문인 것으로 밝혀진다면, 이는 공감능력의 중요성을 보여주는 훌륭한 증거 일 것이다.

그러나 이 또한 실험을 통해 사실 여부를 확인할 수 있는 종류의 주 장이고, 실험 결과 사실이 아닌 것으로 드러났다. 사이코패스의 문제 는 공감능력보다는 자제력 부족이나 악의적 본성과 더 관련이 깊다. 그리고 공감능력 부족과 타인에 대한 공격성 및 잔인성의 상관관계를 보여주는 증거는 아직까지 찾아보기 어렵다.

도덕에는 궁극적으로 공감이 필요하지 않은 측면이 있을 수 있지 만, 공감은 도덕의 핵심이다. 공감이 없으면, 정의도 없고 공평도 없

고 연민도 없다.

이 말은 곧 선을 행하려면 공감이 필요하다는 뜻인가? 그렇다면 이 주장이 틀렸다는 것을 금방 알 수 있다. 차창 밖으로 쓰레기를 던지고, 조세를 포탈하고, 건물 외벽에 인종차별적인 낙서를 휘갈기는 등 많은 사람에게 영향을 끼치는 이런 행동들에 대해 여러분은 어떻게 판단하겠는가? 특정인에게 감정을 이입하지 않고도 이런 행동들이 잘못되었다는 사실을 바로 인지할 수 있다. 이번에는 물에 빠진 아이를 구하거나 자선단체에 기부하는 행동에 관해 생각해보자. 이런 행동들이 도덕적으로 옳다는 사실을 인지하는 데 공감능력이 관여할 수는 있지만, 공감능력이 꼭 필요한 것은 아니다.

누군가는 이렇게 반론할지도 모른다. 당신이 타인의 처지에 공감하지 않고도 선한 일을 할 수 있다는 사실은 인정한다. 그러나 그 사람의 처지에 공감하지 않으면, 당신은 그 사람을 진심으로 보살필 수 없다. 공감하지 않으면 연민을 느낄 수도, 진심으로 염려할 수도 없다. 심리학자들과 신경과학자들도 여기에 동의한다. 예를 들어, 한 연구진은 "먼저 정서적으로 공감하지 않으면 연민을 느낄 수 없다"라고 했다.**36** 또 다른 연구진도 "정서적 공감은 연민의 전조前兆다"라고 했다.**37**

다시 한 번 말하지만, 이런 주장이 잘못된 주장이라는 건 일상에서 금방 알 수 있다. 사납게 짖는 개가 무서워 엉엉 우는 아이가 있다고 치자. 나는 얼른 달려가 아이를 구하고 아이를 진정시킨다. 그리고 진심으로 아이를 보살핀다. 그렇다고 내가 아이에게 감정을 이입한 것은 전혀 아니다. 나는 아이가 느낀 두려움을 조금도 느끼지 않았기 때문이다.

실험을 통해 나온 증거들도 있다. 타니아 싱어와 동료들이 연구한 바에 따르면, 어떤 사람에게 공감하는 것과 그 사람에게 연민을 느끼는 것은 전혀 다르다. 이 둘은 뇌 기저에서, 그리고 무엇보다도 효과 면에서 분명한 차이가 있다. 나중에 더 살펴보겠지만 '마음 챙김 명상'의 효과를 조사한 연구진에 따르면, 마음 챙김 명상이 친절한 행동을 장려하는 것으로 나타났다. 그 이유는 명상이 공감능력을 장려하기 때문이 아니라 공감능력을 억제하기 때문이다.

하지만 당신이 선량한 사람이 되도록 유도하는 일종의 정서적 격려가 필요하지 않을까? 냉철한 이성만으로는 충분하지 않을 텐데.

흄이 한 유명한 말이 있다. "이성은 열정의 노예다."**38** 어떤 일이 도덕적으로 옳은지 여부를 숙고하려면 어떤 것이 다른 것보다 더 가치 있다고 판단하는 이성의 작용이 필요하고, 도덕적으로 옳다고 생각하는 행동을 실행에 옮기려면 일종의 자극이 필요하다. 어떤 행동이 가장 바람직한 행동인지 알더라도, 그 행동을 실행에 옮기려면 동기부여가 필요하다는 말이다.

나는 이제껏 이 주장에 맞서는 타당한 반론을 들어본 적이 없다. 그러나 이 주장을 공감에 찬성하는 논거로 이해해서는 안 된다. 흄이 말한 '열정'은 많은 것을 의미할 수 있다. 그가 말한 열정은 분노, 수치심, 죄책감일 수도 있고, 좀 더 긍정적으로 보면 보편적인 연민, 친절,

사랑일 수도 있다. 여러분은 타인의 처지에 공감하지 않고도 그를 도와야 할 동기를 부여받을 수 있다.

흄의 친한 친구이자 도덕 감정 분야의 위대한 학자였던 애덤 스미스는 이 개념을 잘 이해하고 있었다. 이기적인 생각을 무시하고 타인을 돕도록 우리를 자극하는 것은 과연 무엇일까, 하고 애덤 스미스는 생각했다. 처음에는 공감을 떠올렸지만, 너무 허약하다는 이유로 이내 그 생각을 떨쳐냈다. "자기애라는 강한 충동에 대항할 수 있는 힘은 (…) 조물주가 인간의 마음에 점화한 박애심이라는 연약한 불꽃이 아니다."[39] 대신에 애덤 스미스는 숙고와 옳은 일을 하고자 하는 욕구가 결합할 때 도덕적 행동이 가능하다고 보았다.

공감은 선행에 사용될 수 있다. 공감이 확대되어 긍정적 변화를 이끌어낸 사례들이 있다. 노예제도 반대부터 동성애자 권익 수호에 이르기까지 모든 도덕 혁명에서 기폭제 역할을 한 것도 공감이고, 일상에서 친절을 베풀도록 우리를 자극하는 것 역시 공감이다.

나도 여기에 동의한다. 우리가 어떤 판단이나 행동에 관해 차분히 추론할 때, 공감이 도덕적으로 고결한 판단이나 행동을 지지하는 역할을 할 수 있다. 만약 실행에 옮겨야 할 옳은 일이 집 없는 아이에게 음식을 주는 것이라면, 그 아이의 고통에 대한 공감이 기부를 유도할 수도 있다. 만약 실행에 옮겨야 할 옳은 일이 도덕 잣대를 확장해서 한때 경멸했던 집단의 구성원을 포용하는 것이라면, 그 집단 구성원에 대한 공감이 그 일을 가능하게 만들 수도 있다. 만약 실행에 옮겨야 할 옳은 일이 다른 나라를 상대로 전쟁을 일으키는 것이라면, 그 국가가 저지른 진학 행위에 희생된 사람들에 대한 공감이 정당한 유형의 전쟁을 자극할 수 있다.

공감능력은 자선단체와 종교집단, 정당, 정부의 도구로 자주 활용된다. 공감을 자극하는 사람들에게 도덕적으로 올바른 목표가 있다면, 공감은 귀중한 힘이 될 수 있다. 나는 공감을 도덕 판단의 지침으로 삼는 것에는 반대하지만, 옳은 일을 하도록 사람들을 자극하기 위해 공감을 전략적으로 활용할 수 있다는 사실은 추호도 의심치 않는다.

사실 내게도 비슷한 경험이 있다. 대학원에 다닐 때 피터 싱어가 쓴 글을 읽었다.[40] 그 글에서 피터 싱어는 부유한 나라의 시민들이 자기가 가진 돈의 대부분을 정말로 도움이 필요한 사람들을 돕는 데 써야 한다고 주장했다. 고급스러운 옷이나 값비싼 식사와 같은 사치에 돈을 쓰는 것은, 얕은 호수에 빠져 허우적거리는 아이를 보고도 아이를 구하러 물속에 걸어 들어가면 비싼 신발이 엉망이 되니까 아무것도 안 하는 것과 다를 바 없다고 주장했다. 나는 그의 말에 깊이 감동했고, 술집과 식당에서 친구들에게 이 비유를 그대로 써먹곤 했다. 그러면 문득 도덕적으로 볼 때 우리가 지금 아이들을 죽이는 것과 똑같은 일을 하고 있다는 생각이 들었다.

결국 철학과 학생 중 하나가 격분해서 내게 물었다. "그러는 너는 가난한 사람들에게 돈을 얼마나 기부했어?" 당황한 나는 그에게 사실대로 말했다. "기부한 적 없는데." 나는 그 일이 마음에 걸렸다. 그래서 한 국제 구호 단체에 엽서를 보내(아직 인터넷이 활성화되기 전 일이다), 그들이 추구하는 대의에 힘을 보태려면 어떻게 해야 하는지, 필요한 자료를 보내줄 수 있는지 물었다.

구호 단체에서 보낸 소포를 풀 때가 기억난다. 나는 소포 안에 그 단체의 주력 사업에 관한 정보가 담겨 있을 것으로 기대했었다. 통계와 그래프 같은 것들 말이다. 그러나 그들이 나보다 훨씬 영리했다. 구호 단체에서 내게 보낸 건 한 아이였다. 인도네시아에 사는 어린 소년의 작은 사진 한 장이 비닐에 싸여 있었다. 동봉된 편지를 보관하고 있지는 않지만, 대충 이런 내용이었던 건 기억난다. "우리 기관에 기부하겠다는 의사를 밝힌 건 아니라는 것을 압니다. 그런데 만약 그렇게 하신다면, 당신은 바로 이 아이의 생명을 구하는 겁니다."

그 편지가 유도한 감정이 공감인지는 확실치 않지만, 머리가 아니라 가슴을 자극하는 감상적인 호소였던 것은 분명하다. 그리고 그것은 효과가 있었다. 수년이 지난 뒤에도 나는 계속 그 아이의 가정에 돈을 보냈다.

그러니 그런 감정이 옳은 행동을 유도하는 것은 분명하다. 어떤 경우에는 아주 훌륭한 행동을 유도하기도 한다. 맥파쿼는《물에 빠진 이방인들Strangers Drowning》이라는 책에서 박애주의자들 또는 '도덕적 성인들'에 관해 이야기한다. 이들은 자기 인생을 타인에게 바치는 사람들이다. 이들은 이 세상에 어마어마한 고통이 있음을 잘 알고, 대다수 사람들과 달리 다른 것에는 관심을 두지 않는다. 오로지 타인을 돕는 일에만 몰두한다. 맥파쿼가 소개한 인물들 중에는 신중하고 이성적인 사람, 말하자면 크라빈스키와 비슷한 사람도 더러 있다. 대표적인 인물이 에런 피트킨Aaron Pitkin이다. 그도 나처럼 피터 싱어의 글을 읽었다. 그리고 그의 인생은 내 인생보다 훨씬 더 급진적으로 바뀌었다.

"자판기 옆에 굶주린 아이가 있었다면 아무도 탄산음료를 사지 않았을 거야, 라고 그는 생각했다. 그리고 이제 그의 인생에는 이미 자판기 옆에 굶주린 아이가 서 있었다."[41]

그러나 맥파쿼가 소개한 다른 인물들은 대부분 '감정의 사람들'이다. 타인의 고통을 보면 감정적으로 반응하는 사람들 말이다. 이들은 이런 예민함 때문에 종종 비참한 기분에 빠지기도 했지만, 또 그런 예민함 덕분에 우리 대부분은 생각조차 하지 않는 방식으로 변화를 이끌어내기도 했다.

최근에 애비게일 마시Abigail Marsh와 그녀의 동료들은 생면부지 타인에게 자신의 신장을 기증한 사람들에 관해 연구했다.[42] 유별나게 이타적인 이 사람들은 공감 표준검사에서 보통 사람들보다 공감능력이 높게 나오지 않았다. 이는 내 주장과 일맥상통하는 결과다. 대신에 그들에게는 다른 면에서 차이가 있었다. 연구진은 정서적 반응에 관여하는 뇌의 한 부분인 편도체에 관심을 기울였다. 연구진은 이전 연구를 통해 사이코패스들의 경우에는 정상인보다 편도체의 크기가 작고, 겁먹은 듯한 사람들의 사진을 보고도 별 반응을 보이지 않는다는 사실을 알아냈다. 그래서 박애주의자들의 경우에는 정상인보다 편도체의 크기가 크고, 겁먹은 얼굴을 보면 보통 사람들보다 더 크게 반응할 것으로 예상했다. 그들의 예상이 맞았다.

이것은 무엇을 의미할까? 우선, 뇌 해부학과 뇌 반응 상의 이런 차이는 여러분이 어떤 사람인가를 보여주는 결과일 수 있다. 성품이 잔인하고 착취하는 버릇이 있으면 타인의 두려움에 둔감해지게 마련이고, 친절을 베풀고 배려하는 삶을 살면 타인의 두려움에 예민해지게 마련이다. 그런데 어쩌면 신경학상의 이런 차이는 결과가 아니라 원인을 나타내는 것일 수도 있다. 타인의 고통을 빠르게 알아채는 예민함은 여러분이 어떤 사람으로 성장할 것인지에 영향을 미칠 수 있다. 그리고 이런 예민함은 분명 공감능력과도 관련이 있다.

공감이 하는 좋은 일들을 모아 책으로 써도 좋을 만큼 공감에는 긍정적 효과가 있다. 그러나 그것만으로 공감을 변호하는 데는 한계가 있다. 모든 강렬한 감정에는 긍정적 효과가 있게 마련이다. 공감뿐 아니라 분노, 두려움, 복수심, 종교적 열정도 마찬가지다. 이런 감정들 모두 좋은 일을 하는 데 사용될 수 있다.

인종차별을 생각해보라. 최악의 인종차별적 편견이 좋은 목적을 위해 쓰이는 경우가 더러 있다. 인종차별적 편견은 마땅히 관심을 기울여야 할 사람에게 관심을 기울이도록 유도할 수도 있고, 다른 정치인들보다 나은 정치인에게 투표하도록 유도할 수도 있고, 전쟁을 일으키는 것이 정당하다고 판단될 때 전쟁을 열망하도록 유도할 수도 있다. 그렇다고 이것이 인종차별을 옹호하는 타당한 논거가 될 수는 없다. 인종차별을 옹호하려면 인종차별이 유발하는 좋은 점이 나쁜 점을 능가한다는 사실을 입증해야 하고, 옳은 행동을 유도하는 데는 연민이나 공명심이나 정의감 같은 것보다 인종차별을 이용하는 편이 더 낫다는 사실을 입증해야 한다.

공감도 마찬가지다. 우리는 공감의 긍정적 효과를 꼽느라 바빠서 공감의 대가를 깨닫지 못할 때가 많다. 부분적인 이유는 자신이 선호하는 대의와 신념이 공감을 통해 강화되었다고 믿는 자연스러운 경향성 때문이다. 즉 사람들은 대개 친절하고 정당한 행동(성공한 원조, 정당한 전쟁, 적절한 처벌)은 공감에 뿌리를 둔 것으로 생각하고, 쓸모없거나 잔인한 행동(실패한 원조, 부당한 전쟁, 무자비한 처벌)은 다른 데 뿌리를 둔 것으로 여긴다. 그러나 이것은 착각이다.

사람들 사이에 공감을 불러일으키는 소설의 힘을 생각하면 이런 편견을 쉽게 확인할 수 있다. 나를 포함하여 많은 사람들이 《톰 아저씨의 오두막집Uncle Tom's Cabin》이나 《황폐한 집Bleak House》과 같은 소설이 독자들로 하여금 소설 속 인물들의 고통에 공감하게 함으로써 중대한 사회 변화를 이끌어냈다고 주장했다. 그러나 우리는 다른 소설들이 우리를 다양한 길로 안내한다는 사실은 망각하는 경향이 있다. 조슈아 랜디Joshua Landy가 제시한 몇 가지 예를 살펴보자.

모든 《톰 아저씨의 오두막집》에는 《국가의 탄생Birth of a Nation》이 있다. 모든 《황폐한 집》에는 《아틀라스Atlas Shrugged》가 있다. 모든 《컬러 퍼플Color Purple》에는 《터너 일기Turner Diaries》가 있다. 《터너 일기》는 티머시 맥베이Timothy McVeigh가 오클라호마 연방청사를 폭파하러 가는 길에 들고 갔던, 백인우월주의에 바탕을 둔 소설이다. 이 소설들은 모두 독자들의 공감능력을 이용한다. 우리로 하여금 '리틀 도릿'의 처지에 공감하게 하는 찰스 디킨스Charles Dickens 같은 고매한 작가들뿐만 아니라, 지독히도 난폭한 아메리카 원주민들에게 공격당하는 가난하고 무력한 식민지 개척자들의 모습을 제시한 서구세계 작가들 역시 마찬가지다. 아인 랜드Ayn Rand가 그려낸 눈부시게 빛나는 '일자리 창출자들'은 고작해야 주어진 업무만 수행할 뿐인 빌붙어 먹고사는 자들이 끊임없이 성가시게 하는 통에 애를 먹는다.**43**

이쯤에서 공감을 신뢰할 수 없다는 사실에는 동의하지만 좋은 일을 하기 위해 사람들의 공감능력을 이용해야 한다고 주장하는 사람이 있을 수 있다. 이런 입장에도 조금은 동의하지만, 인종차별 비유를 생각하면 사실 걱정이 앞선다. 좋은 일에 이바지하는데도 불구하고 인종차별에 호소하는 전략에 반대하는 데는 그만한 이유가 있다. 인종차별과 같은 사고방식을 부추겼을 때 일반적으로 나타나는 부정적 효과가, 특별한 경우에만 적용되는 긍정적 효과를 초월하기 때문이다. 나는 공감도 그렇다고 생각한다. 그래서 공감능력에 호소하는 정치인을 인종차별적 편견에 호소하는 정치인과 똑같이 취급하는 세상이 오기를 열망한다.

유일하게 이용할 수 있는 것이 공감(좀 더 일반적으로는 '감정')뿐이라면 또 모르겠다. 그러나 우리에게는 공감 말고도 다른 대안이 많이 있다. 조슈아 랜디는 여러모로 더 바람직해 보이는 공감의 대안을 다음과 같이 옹호한다.

희소식은 사람들의 마음을 바꾸는 다른 길이 있다는 점이다. 예를 들어, 우리는 진실을 활용할 수 있다. 케케묵은 구식이란 거 잘 안다. 그러나 기후 변화를 다룬 앨 고어Al Gore의 다큐멘터리 영화 〈불편한 진실 An Inconvenient Truth〉을 생각해보라. 이 영화는 사랑스러운 캐릭터 하나 창조하지 않고도, 재치 넘치는 대사 한 줄 지어내지 않고도, 환경운동을 위해 엄청난 일을 해냈다. 《식품주식회사Food, Inc.》와 《잡식동물의 딜레마The Omnivore's Dilemma》, 조너선 사프란 포어Jonathan Safran Foer의 《동물을 먹는다는 것에 대해Eating Animals》를 생각해보라. 모두 논픽션이다. 지난

100년 동안 식육 산업을 주제로 한 베스트셀러 '소설'은 그리 많지 않았다. 그럼에도 우리는 하나의 국가로서 좀 더 개화된 태도를 향해 꾸준히 나아갔다.**44**

당신은 공감을 대체할 온갖 대안을 언급했다. 그러나 그것들 역시 한계와 편향에 시달리지 않는가?

그렇다. 나는 이제껏 공감이 안고 있는 문제들에 관해 항의했다. 공감이 스포트라이트처럼 작용하는 문제에 관해서, 공감이 우리가 신경 쓰는 것들만 환히 비추는 문제에 관해서 이야기했다. 그러나 도덕적 행동과 도덕적 판단에 관여하는 다른 정신 과정들 또한 편향되어 있기는 마찬가지다. 만약 인간에게서 공감능력을 완전히 제거한대도, 다시 말해 인간의 뇌에서 공감에 관여하는 부분을 완전히 도려낸대도, 우리는 여전히 생판 모르는 남보다는 가족과 친구들에게 더 마음을 쓸 것이다. 연민도 편향되어 있기는 마찬가지다. 염려도 예외가 아니다. 심지어 비용·편익 추론조차도 편향될 수 있다. 공정하고 공평하고 객관적인 태도를 취하려고 애쓸 때조차도 우리는 우리에게 이로운 결과를 내는 데 도움이 되는 방향으로 기우는 경향이 있다.

그렇다고 다 같은 것은 아니다. 스펙트럼으로 보자면, 스펙트럼의 한쪽 끝, 최극단에 있는 것이 공감이다. 연민은 중간쯤에 있다. 연민이란 사람들을 돌보면서 그들이 성공하기를 바라는 마음이다. 물론 연민에도 문제는 있지만 공감에 비하면 적은 편이다. 공감(또는 공감적 개입)에 비해 연민에는 여러 가지 장점이 있다는 사실이 뇌 영상 연구와 명상의 효과에 관한 연구 등을 통해 입증되었다. 특히 의사와 환자의 관계와 같은 특정한 대인관계에서는 상대방을 측은히 여기는 마음을 품는 것이 상대방의 처지에 감정이입하는 것보다 낫다고 본다. 그러나 자선이나 전쟁, 공공정책의 문제에서는 연민도 공감 못지않게 부정적인 영향을 끼친다.

따라서 인간은 이성에 의지할 때 도덕적으로 가장 올바른 행동과 판단을 할 수 있다. 마이클 린치는 '이성reason'을 가리켜 "우리의 믿음과 신념을 설명하고 정당화하는 능력"으로 정의했다.**45** 따라서 어떤 믿음이나 신념에 대해 이유reason를 제시한다는 것은 중립적인 입장에 있는 제삼자를 설득하는 방식으로 자신의 믿음이나 신념을 정당화하거나 설명한다는 뜻이다. 좀 더 구체적으로 말하자면, '추론reasoning'은 관찰과 논리 원칙을 의지한다. 흔히 과학 연구를 가리켜 이성을 사용하는 전형적인 사례라고 하는 이유가 여기에 있다.

물론 이성도 편향될 수 있다. 인간은 불완전한 존재이기 때문이다. 그러나 이성을 잘 사용하면 도덕적 통찰에 이를 수 있다. 감정이 하는 말을 무시하고, 이역만리에 있는 아이가 우리 이웃에 사는 아이만큼 중요하다는 사실을 인정하는 것은 우리에게 이성이 있기 때문이다. 예방접종 때문에 아이가 병에 걸리거나 귀휴제도가 강간과 폭행 사건으로 이어진다면, 이는 실로 불행한 일이다. 그러나 예방접종이나 귀휴제도 덕분에 인류의 행복이 전반적으로 증진된다면, 더 나은 대안이 나올 때까지 기존 제도를 계속 지켜나가야 한다. 연민과 같은 감정들은 타인을 귀히 여기고 선행에 마음을 쓰는 것과 같은 특정 목적에 관심을 기울이도록 우리를 자극하는 역할을 한다. 그러나 이런 목적을 달성할 방법을 찾을 때는 연민과 같은 감정에 의지하기보다 어느 쪽으로도 치우치지 않는 공정한 추론에 의지해야 한다.

하지만 당신은 방금 우리가 추론에 서툴 때가 있다는 사실을 인정했다. 그리고 많은 심리학자와 철학자는 여기서 한 걸음 더 나아가 인간의 추론 능력이 형편없다고 말한다. 따라서 공감을 포함하여 인간의 직감에 의지하는 편이 훨씬 낫다.

물론 이성적으로 숙고하려고 노력하더라도 도중에 혼란에 빠질 때도 있고, 그릇된 전제에서 출발할 때도 있고, 사리사욕으로 판단력이 흐려질 때도 있다. 그러나 문제는 추론을 수행하는 이성에 있는 것이 아니라 서툰 추론 실력에 있다. 따라서 우리는 도덕 쟁점들을 철저하게 논리적으로 판단해야 한다. 제임스 레이철스James Rachels는 이성을 도덕의 본질적인 부분으로 보았다. "아주 기본적으로 말해서, 도덕이란 자신의 행동에 영향을 받을 모든 사람의 이익을 똑같이 고려하면서 이성에 따라 행동하려는 노력, 즉 그렇게 행동하는 최상의 이유가 있는 행동을 하는 것이다."**46** 레이철스의 주장은 사람들이 실제로 도덕적 딜레마에 어떻게 대응하는지에 주목하는 심리학적 주장이 아니라, 도덕적 딜레마에 어떻게 대응해야 하는지에 주목하는 규범적 주장이다. 나는 레이철스의 주장이 옳다고 생각한다.

논쟁의 여지가 많은 주장 같지만, 꼭 그렇지도 않다. 도덕적 감정을 열렬히 지지하는 사람들조차도 암암리에 이성에 우선순위를 둔다. 왜 그렇게 공감(또는 연민 또는 동정 등등)을 높게 평가하느냐고 물으면, 그

공감의 배신

들은 감정적으로 고집을 부리거나 악을 쓰거나 눈물을 흘리거나 질문자를 물어뜯으려고 하지 않는다. 오히려 차분하게 논지를 전개한다. 공감의 긍정적 효과에 관해, 도덕적 감정들이 촉발하는 가시적 선善에 관해, 그것들이 어떻게 우리가 최우선으로 생각하는 사항들과 부합하는지에 관해 조리 있게 이야기한다. 즉 그들은 이성에 호소하는 방식으로 공감을 변호한다.

동료들을 비난할 마음은 없지만, 이 점에 관한 한 자기인식이 부족한 게 사실이다. 많은 학자들이 합리성은 무력하기 짝이 없고, 추론을 시도하는 인간의 노력은 기껏해야 자신의 이기적인 동기와 비이성적인 감정을 정당화하려는 연막에 불과하다고 주장한다. 현대 지성계의 아이러니가 아닐 수 없다. 더구나 이런 주장을 펴는 학자들은 자신의 주장을 뒷받침하기 위해 복잡한 논리 사슬과 인용 자료, 조리 있는 논거를 갖춘 책과 논문을 쓴다. 마치 시詩 같은 건 이 세상에 존재하지 않는다고 주장하면서, 시의 형태로 의견을 진술하는 것과 같다.

심리학자와 철학자들이 이런 갈등을 해결할 때 자주 쓰는 방법 중 하나는 대부분의 사람들이 이성적으로 숙고할 능력이 없다고 주장하는 것이다. 물론 그들 자신(과 자기 독자들)은 예외다. '우리'는 가슴뿐 아니라 머리를 사용하는 특별한 사람들이다. '우리'는 동성 간 결혼이나 고문과 같은 쟁점에 대해 충분히 사고할 수 있지만, 다른 사람들은 감정의 포로들이다. '우리'는 공감과 같은 감정을 대신할 대안을 가지고 있지만, 다른 사람들은 그렇지 못하다. 이것이 그들의 논리다.

물론 그럴 수도 있다. 그러나 그들의 논리는 내 경험과 일치하지 않는다. 지금까지 나는 교수들과 연구원들뿐만 아니라 고등학생, 지역

사회 단체, 종교 단체와 같은 여러 집단의 구성원을 상대로 도덕심리학을 이야기했다. 도덕심리학 이야기를 할 때는 공감이 우리를 한쪽 길로 몰아가는 사례와 객관적 분석이 우리를 다른 쪽 길로 몰아가는 사례를 함께 제시한다. 윌리 호턴의 사례에서 보듯이, 피해자들이 겪은 고통을 전해들을 때 우리 마음속에 자연스럽게 솟아나는 감정은 실보다 득이 많은 귀휴제도를 폐지하도록 우리를 몰아가기 쉽다. 이제 여러분은 공감이 우리를 엇나가게 한다는 말을 들어도 까무러치지는 않을 것이라 생각한다. 논쟁과 반론의 여지는 많다. 그러나 나는 7살이 넘은 사람들 중에 이 주장의 설득력을 인정하지 않는 사람을 본 적이 없다. 특정 상황에서 (사실관계를 제대로 이해했다는 가정 아래) 이성을 믿고 직감을 무시할 때, 우리가 더 나은 사람이 될 수 있다는 점에 다들 동의했다.

나는 고집 세고 편견에 사로잡혀 있으며 일부러 둔감한 척하고 머리 회전이 느리고 의견 차이를 쉽사리 받아들이지 못하고 말도 안 되게 방어적인 태도를 취하는 사람들을 만난 적이 있다(사실 나도 자주 이런다). 하지만 도덕의 영역에서 자료와 논거에 둔감한 사람, 어쩌다 가끔이라도 도덕적 추론을 통해 직감을 무시하는 능력이 전혀 없는 사람은 만나본 적이 없다.

우리는 주변의 도움이 있을 때 추론을 가장 잘한다. 그리고 특별히 이성을 잘 발휘하도록 도와주는 공동체가 있다. 과학 연구는 특정 관행을 받아들이는 개개인이 어떻게 자신의 한계를 뛰어넘을 수 있는지를 보여주는 아주 훌륭한 사례다. 예를 들어, 공감에 대한 나의 공격을 살펴보자. 나는 정말로 공정하고 정직하고 객관적인 태도로 논쟁

공감의 배신

에 임하고 싶다. 그러나 나는 한낱 인간에 불과하다. 따라서 이 책에는 설득력 없는 주장, 내게 유리한 내용만 선별한 자료, 교활하고 과장된 움직임, 내가 동의하지 않는 주장에 대한 부당한 진술이 더러 담길지도 모른다.

다행스러운 것은 나와 달리 공감을 지지하는 사람들이 많다는 점이다. 그들은 내 주장에서 허점을 찾아내고 반대되는 증거를 제시하려는 의욕에 가득 차 있다. 나는 거기에 대응할 것이고, 그들은 내 대응에 다시 대응할 것이다. 나는 이런 과정을 통해 논의가 진전될 것이라고 믿는다.

나는 몽상에 젖은 눈빛으로 과학을 바라보지는 않는다. 과학자들도 한낱 인간일 뿐이다. 따라서 부패하기 쉽고, 집단의 가치관이나 논리에 순응하기 쉬우며, 진실로부터 멀어지게 하는 온갖 세력 앞에 굴복하기 쉽다. 그러나 과학자들은 놀라운 성공을 거뒀다. 과학계야말로 이성적인 주장이 번영할 수 있는 환경을 갖춘 대표적인 공동체이기 때문이다. 나는 철학, 인문학, 심지어 특정 유형의 정치 담론과 같은 다른 영역에서도 충분히 그럴 수 있다고 생각한다. 우리에게는 추론할 능력이 있고, 도덕의 영역에서도 이 능력을 발휘할 수 있다.

도덕 지침은 실제로 무엇이 옳고 그른가에 관한 판단을 수반한다. 그런 점에서 공감은 형편없는 도덕 지침이라는 사실이 심리학 연구를 통해 밝혀졌다. 걱정할 만한 결과다. 그렇다면 심리학자는 도덕에 대해 뭐라고 할까?

변명을 하자면, 내가 도덕에 대한 이야기를 처음 꺼낸 심리학자는 아니다. 대부분의 사람들이 공감을 좋은 것이라고 믿고, 많은 심리학자가 공감을 '아주' 좋은 것으로 간주한다. 그래서 심리학자들은 사람들의 공감능력을 높이기 위해 책을 쓰고 학회를 열고 교육 프로그램을 만든다. 나는 여기에 동의하지 않지만, 우리는 중요한 전제를 공유하고 있다. 우리에게는 간절히 염원하는 공통의 목표가 있다. 다만 그 목표를 이루는 수단으로서 공감이 과연 신뢰할 만한지에 관해서는 의견이 갈린다.

내게는 독특한 도덕적 견해가 몇 가지 있다(아마 여러분도 그럴 것이다). 그러나 내가 이 책에서 제시하는 견해는 대부분 논란의 여지가 없는 것들이다. 더구나 공감을 걱정스러운 시선으로 바라보는 이 책의 논의를 따라오기 위해서 굳이 동성 간 결혼 문제나 이스라엘과 팔레스타인의 갈등이나 칸트의 의무론과 밀의 목적론에 관한 내 입장에 동의할 필요는 없다. 나는 공감에 관한 주장들이 이런 도덕 문제와 직결된다고 생각하지 않는다.

그러나 (다른 조건이 모두 같다면) 1명의 목숨을 구하는 것보다는 1,000명의 목숨을 구하는 것이 낫고, 까닭 없이 누군가에게 해를 끼치거나 단지 피부색 때문에 사람들을 깔보는 행위가 잘못되었다는 점에는 우리 모두 의견을 같이 해야 한다. 만약 여러분 중에 숫자는 중요하지 않다거나 고통은 좋은 것이라거나 인종차별이 도덕적이라고 생각하는 사람이 있다면, 앞으로 이어질 논의가 그 사람에게는 기껏해야 지적 호기심을 채우는 유흥거리에 그치고 말 것이다.

이 책은 하나의 대화다. 따라서 참여자들이 특정 사안에 동의해야만 대화가 순조롭게 진행될 수 있다. 구체적으로 예를 들자면, 나는 공감이 현재의 비용은 과대평가하고 미래의 비용은 과소평가하게 만든다고 생각한다. 이는 우리의 판단을 왜곡한다. 특정한 한 아이를 지금 죽게 할 것인지, 이름도 모르는 20명의 아이들을 지금으로부터 1년 뒤에 죽게 할 것인지를 우리가 선택해야 하는 상황에 처했다고 치자.

공감은 우리로 하여금 1명을 살리는 쪽을 선택하게 할지도 모른다. 나는 이것이 바로 공감의 문제라고 생각한다. 어쩌면 여러분은 그건 공감의 잘못이 아니라거나 이 경우에는 공감이 우리를 엇나가게 했지만 다른 상황에서는 아주 훌륭한 역할을 하므로 일반적으로 공감에 의존하는 것이 옳다고 대꾸할지도 모른다. 이런 반론들은 앞으로 내가 반박해나갈 합리적인 주장들이다. 그러나 만약 여러분이 "그래서 뭐요? 아이들이 죽는다고 누가 신경이나 쓴답니까?"라고 말하거나, "죽어가는 아이가 1명이든 20명이든 아무 차이 없어요"라고 말한다면, 우리 사이에는 논의를 이어갈 만한 공통점이 없는 셈이다.

그래서 "심리학자는 도덕에 관해 무슨 말을 할까?"라는 질문에 나는 이렇게 답하려 한다. 특별한 건 없다. 그러나 심리학자에게는 공감과 같은 능력들의 본질에 관해서, 그리고 우리 모두가 공유하는 도덕적 목적을 성취하는 데 그러한 능력들이 얼마나 효과적인지에 관해서 뭔가 할 말이 있을 것이다. 이것이 최소한의 내 소망이다.

CHAPTER 2

공감
해부학

Against
Empathy

여러분에게 도움이 필요하다고 가정해보자. 여러분이 운영하는 자선단체에 자원봉사자가 필요하다. 아니면 자동차에 실린 에어컨을 집에까지 가뿐히 날라줄 힘센 사람이 필요하다. 더 심각한 상황도 생각해볼 수 있다. 긴급 수술에 필요한 돈을 당장 후원받지 못하면 여러분의 자녀가 죽는다고 치자. 어떻게 해야 사람들이 여러분을 돕고 싶어할까?

　경제학자라면 인센티브 제도를 제안할지 모른다. 가장 간단한 방법은 사람들에게 돈을 지불하는 것이다. 하지만 여러분에게 필요한 것이 바로 돈이라면, 이 방법은 쓸모가 없다. 평판이 올라가는 것을 포함한 비금전적 보상을 제시하는 방법도 꽤 효과가 있다. 사람들은 자신의 행동이 다른 사람들에게 공개된다는 사실을 인식할 때 더 친절하게 행동한다.[1] 굳이 실험해보지 않아도 다 아는 사실이지만, 이에 관한 연구가 이미 많이 나와 있다. 따라서 "지금 당신이 하는 친절한 행동을 다른 사람들이 알게 될 것"이라고 살짝 귀띔하는 방식으로 친절을 유도할 수 있다. 일부 자선단체에서 후원자들에게 머그컵이나 티셔츠를 주는 이유도 이 때문이다. 머그컵이나 티셔츠를 통해 후원자의 너그러운 마음씨를 세상에 널리 알리는 것이다.

관습의 힘도 무시할 수 없다. 인간은 사회적 동물이므로 우리가 하는 행동은 주변 사람들의 행동에 의해 상당 부분 통제된다. 심지어 어린아이들도 도움이 필요한 누군가를 도울 때 다른 사람들은 돈을 얼마나 내는지를 관찰하고 거기에 맞춰 행동한다.[2] 그러므로 다른 사람들은 이미 다 그렇게 하고 있다고 믿게 만드는 것도 선행을 유도하는 또 하나의 요령이다.

그런데 기관이나 단체에서 이 부분을 혼동하고 가끔 역효과를 내는 메시지를 전달할 때가 있다. 언젠가 시카고 대학교 구내식당에서 이런 경고문을 보았다. "이 식당에서 분기마다 1,000개가 넘는 접시와 도구가 없어진다는 사실을 알고 계십니까?" 아마도 학생들에게 충격을 줘서 규정을 준수하게 하려는 의도였을 것이다. "정말 너무하네요. 그렇게까지 심각한 줄은 몰랐어요. 다시는 그러지 않을게요!" 그러나 나는 오히려 그 표지판을 보자 재킷 주머니에다 나이프와 포크를 슬쩍 집어넣고 싶었다. 어떤 행동을 그만두게 하고 싶으면, 모든 사람이 그런 행동을 한다고 말하면 안 된다.

인센티브 제도는 사리사욕에 호소하는 방법이고, 관습은 인간의 사회적 본성에 호소하는 방법이다. 그렇다면 친절을 유도하는 또 다른 방법은 없을까? 세 번째 방법은 바로 사람들에게 공감을 독려하는 것이다. 뱃슨이 이에 관한 아주 훌륭한 연구를 수행했다. 뱃슨과 동료들은 피험자들에게 좋은 일을 할 기회를 제공했다. 돈을 기부하거나, 다른 사람을 대신해 궂은일을 도맡거나, 비용을 부담하면서 누군가와 협력할 기회를 주었다.[3] 그런 다음 연구진은 일부 피험자들에게는 아무 말도 하지 않거나 객관적인 태도를 취하라고 요청했고, 다른 피험자들에게는 공감을 독려하는 말을 했다. "다른 사람의 관점에서 생각해보세요." "저 사람의 입장이 되어보세요."

배슨은 공감을 유도하는 말을 반복할수록 피험자들이 돈을 기부하거나 궂은일을 도맡거나 협력하는 등 선행을 할 가능성이 커진다는 사실을 확인했다. 공감이 그들을 친절하게 만든 것이다.

연구에 따르면 자신을 드러내지 않고 익명으로 도울 때나, 돕지 않아도 되는 타당한 이유가 있을 때나, 도움 요청을 쉽게 거절할 수 있을 때조차도 공감을 독려하는 방법은 여전히 효과가 있었다. 결국 배슨은 평판을 높이고 싶은 욕망이나 난처한 상황을 모면하고 싶다는 바람 같은 것으로는 이러한 효과를 설명할 수 없다는 결론에 이르렀다. 그보다는 공감이 다른 사람의 삶을 개선하고 싶은 진심 어린 열망을 끌어낸다고 설명하는 것이 타당해 보였다.

이는 실로 강력한 연구 결과로, 직관적인 의미가 있다. 자신이 가진 무언가를 희생하면 여러분의 자식을 살릴 수 있는 사람이 있는데, 여러분이 그 사람과 대면했다고 치자. 여러분이 그 사람에게 던지는 첫마디는 아마도 "만약 지금 죽어가는 저 아이가 당신 자식이라면 어떨 것 같으세요?"일 것이다.

자선단체에서 바로 이런 일을 한다. 그들은 늘 사진과 이야기를 이용해서 여러분이 고통 속에 있는 사람들의 처지에 공감하도록 유도한다. 언젠가 자선단체를 운영하는 지도자를 만났다. 나는 그에게 공감능력을 억제하도록 독려하는 책을 쓰고 있다고 말했다. 그러자 그는 화가 나서 이렇게 말했다. "만약 공감을 불러일으킬 수 없다면 우리 단체에 들어오는 후원금이 줄어들 테고, 그러면 우리가 아주 오래 시간 돌봐온 아이들 중 일부가 죽게 될 겁니다!"

자선단체 문제는 이쯤에서 잠시 접어두고(3장에서 다시 다룰 생각이다), 다시 본론으로 돌아가서 공감의 힘이 얼마나 놀라운지 알아보자. 공감의 힘은 마치 마법과도 같다. 그 마법이 어떤 종류의 마법인지 이제부터 살펴보려 한다.

요즘에는 많은 사람이 뇌 스캐너로 촬영한 사진을 증거로 제시하는 경우에만 인간의 정신생활에 관한 주장을 진지하게 고려한다. 심지어 심리학자들 사이에서도 양전자 단층촬영(이하 PET)이나 기능성 자기 공명영상(이하 fMRI)으로 얻은 자료가 심리학자가 찾아낼 수 있는 그 어떤 것보다 더 과학적이고 더 사실적인 상태를 보여준다고 믿는다. 그래서 마치 어떤 기능이 뇌의 어디쯤에 위치하는지를 아는 것이 인간의 정신생활을 설명하는 열쇠라도 되는 것처럼 특정 위치를 추정하는 작업에 집착한다.

나도 대중 강연을 할 때 그런 사람들을 만나곤 한다. 사람들은 종종 이런 질문을 한다. "그런 작용은 뇌의 어디쯤에서 일어나나요?"[4] 내가 가장 두려워하는 질문이다. 이런 질문을 하는 사람은 신경과학에 관해 아무것도 모르는 경우가 많다. 내가 우스꽝스러운 이름을 대충 지어내서 말해도("그런 작용은 플러부스 머부스에서 일어납니다"), 질문자는 아마 고개를 끄덕일 것이다. 사실 그 사람에게는 지금 거론되는 이야기가 진짜 과학 이야기이고 내가 논하는 현상이 실제로 존재한다는 확신이 필요할 뿐이다. 이 말은 곧 어떤 이들에게는 뇌에 관해 구체적인 이야기를 해야 한다는 뜻이다.

이는 마음과 마음을 연구하는 방법을 둘러싼 심각한 혼란을 반영한다. 그러나 신경해부학자가 아닌 이상 구체적인 위치를 하나하나 거론하는 작업은 지루하고 따분할 뿐이다. 예를 들면, 우리가 도덕적 숙고를 하는 동안에는 후측대상회가 활성화된다는 이야기를 굳이 해야 할까? 물론 도덕적 숙고는 뇌 어딘가에서 이뤄지는 것이 맞다. 발이나 위장에서 이뤄지지는 않을 테고, 불가사의한 영적 영역에 속하지도 않으니까 말이다.

뇌 속 위치를 추정하는 작업은 졸기 딱 좋은 주제다. 그러나 신경과학이라는 도구를 적절히 활용하면 마음이 작동하는 방식에 관한 중요한 통찰을 얻을 수 있는 것 또한 분명한 사실이다. 지금은 '사회신경과학社會神經科學' 또는 '정서신경과학'에 대한 열기가 뜨겁고, 또 그럴 만하다.

신경과학자들은 공감을 연구하기 위해 영리하고 다양한 방법을 사용한다. 실험에 참가한 사람들은 대개 이런저런 경험을 마주하게 된다. 사람들의 얼굴이나 손이 찍힌 사진을 보기도 하고, 다양한 활동이나 정서 반응을 포착한 영상을 보기도 한다. 본인이 가벼운 통증을 경험하기도 하고, 가벼운 통증을 느끼는 누군가를 지켜보기도 한다. 어떤 이야기를 듣기도 하고, 그 이야기 속에 나오는 인물이나 상황에 대해 객관적인 태도를 취하라거나 공감하는 태도를 취하라는 식의 요청을 받기도 한다.

다른 접근 방식을 취하는 경우도 더러 있지만, 대개 피험자들이 이런 실험을 하는 동안 연구진은 그들이 머릿 뇌 스캐너로 촬영한다. 예를 들어, 최근 연구에서는 특정 부위를 자극하거나 둔하게 만들면 무슨 일이 일어나는지 알아보고자 전자기 에너지로 뇌에 충격을 가하는 경두개자기자극술(TMS)을 실시하기도 했다. 어떤 장애가 특정 종류의 손상과 관련이 있는지를 알아보고자 뇌 손상을 입은 사람들을 연구하는 사례는 오랜 전통에 속한다.

이런 연구들은 본질적으로 뇌의 어떤 부분이 어떤 활동에 관여하는지를 알아보는 것이다(가끔은 시간의 흐름에 따른 정신 작용, 즉 뇌 영역이 활성화되는 순서를 알아보기도 한다). 이것은 내가 별로 가치 있다고 생각하지 않는 위치 추정 작업의 일종이지만, 위치를 확인했다고 해서 연구가 끝나는 것은 아니다. 우수한 연구들은 위치를 추정하는 데서 한 걸음 더 나아가 정신활동의 상관관계를 비교하고 대조한다. 그래서 이것이 정신생활의 어떤 측면과 일치하고 정신생활에 어떤 영향을 미치는지 밝힌다.

만약 여러분이 뇌의 어디쯤에 무엇이 있는지 직접 확인하지 않고는 그것이 실재한다고 믿지 않는 부류라면, 공감이 실제로 존재한다는 이야기를 곧 듣게 될 테니 안심해도 좋다. 공감은 정말로 '딸깍' 하고 뇌에 불을 켠다. 사실 언뜻 보면 공감은 뇌의 '어디에서나' 일어나는 것처럼 보인다. 한 학자는 '뇌의 공감 회로'라는 것을 상세히 설명한다.5 그런데 이 '회로'에는 10개의 주요 뇌 영역이 포함되어 있다. 아기 손가락보다 클 정도로 뇌의 큰 부분을 차지하는 이 10개의 영역 중에는 공감과는 아무 상관이 없는 행동과 경험에 관여하는 내측전전두엽, 전측섬엽, 편도체 같은 뇌 영역도 있다.

결국 뇌 전체가 공감에 관여한다는 이런 결론이 나온 이유는 신경과학자들이 (심리학자들, 철학자들과 마찬가지로) '공감'이라는 용어를 대충 사용하기 때문이다. 어떤 연구자들은 공감을 나와 같은 의미로 이해한다. 누군가가 타인이 느끼고 있다고 믿는 것과 똑같은 기분을 느낄 때 뇌에서 벌어지는 일이 공감이라고 본다. 그런가 하면 어떤 연구자들은 우리가 타인을 이해하려고 노력할 때 뇌에서 벌어지는 일을 공감이라고 본다. 보통은 '사회 인지' 또는 '마음 이론'이라고 부르지만, 가끔은 '인지적 공감'이라고 부르는 것이다.

또 어떤 연구자들은 혐오로 일그러진 누군가의 얼굴을 볼 때 뇌에서 벌어지는 일처럼 아주 구체적인 공감의 예시에 주목한다. 그리고 또 어떤 연구자들은 한 사람이 다른 사람을 위해 친절한 행동을 하기로 결심할 때 뇌에서 벌어지는 일을 연구한다. '친사회적 관심'이라고 부르기도 하지만, 보통은 '다정' 또는 '친절'이라고 여기는 행동들이다. 일단 이렇게 다양한 현상을 하나씩 따로 떼어놓기 시작하면, 상황이 점점 더 흥미로워진다. 그리고 이렇게 다양한 능력이 어떻게 서로 연결되어 있는지 이해하게 된다.

신경과학자들은 수십만 달러를 들여 수년에 걸쳐 공감을 연구한 끝에 세 가지 사실을 알아냈다. 완전히 새로운 내용은 아니고, 수백 년 전에 철학자들이 제시했던 개념들을 강화하는 내용이다. 하지만 신경과학자들이 지식을 보태는 방식은 분명 의미가 있다.

첫 번째는 여러분이 타인의 경험에 공감할 때 관여하는 뇌 조직과 여러분이 직접 그런 경험을 할 때 활성화되는 뇌 조직이 동일하다는 사실이다. 그러니 "네 고통이 느껴져"라는 말을 감상에 치우친 비유쯤으로 폄하해선 안 된다. 그 말은 신경학적으로 볼 때 문자 그대로 사실일 수 있다. 타인의 고통을 지켜볼 때 활성화되는 뇌 영역과 여러분 자신이 고통을 느낄 때 활성화되는 뇌 영역이 동일하다. 자신의 고통과 타인의 고통이 하나로 겹쳐지는 것을 입증하는 신경학적 증거가 있다는 뜻이다.

약 15년 전, 이탈리아에 있는 지아코모 리촐라티Giacomo Rizzolatti의 연구실에서 아주 유명한 연구가 이루어졌다.6 과학자들은 돼지꼬리원숭이의 전운동피질前運動皮質에 전극을 꽂아 원숭이가 특정 행동을 할 때 나타나는 신경 활동을 기록했다. 그 결과, 원숭이가 스스로 어떤 행동도 하지 않고 단지 실험실에 있는 과학자들이 물건을 잡고 조작하는 모습을 보기만 해도 자신이 직접 그 행동을 할 때와 똑같은 신경 반응이 나타난다는 사실을 알아냈다. 특정 신경세포들은 '원숭이가 하는 행동'과 '다른 이의 행동을 원숭이가 인식하는 행동'을 구분하지 않는 것 같았다. 그래서 연구진은 이런 신경세포에 '거울 뉴런'이라는 이름을 붙였다.

많은 이들이 거울 뉴런의 기능을 연구했다. 그중 한 연구진은 "원숭이는 어떻게 물건 다루는 법을 이해하는가?"라는 문제를 해결하는 데 거울 뉴런이 도움이 된다는 이론을 제시했다. 다른 개체의 행동을 따라하는 '미러링mirroring'의 속성을 감안할 때, 다른 원숭이가 물건을 어떻게 잡는지를 관찰하고 이를 통해 물건 잡는 법을 수정하도록 거울 뉴런이 도와준다는 것이다. 사실 리촐라티와 동료들의 연구는 시작에 불과했다. 그들의 뒤를 이은 다른 많은 이들도 타인의 심리 상태를 우리가 어떻게 이해할 수 있는지를 밝히기 위해 거울 뉴런을 탐구하기 시작했고, 곧 이것을 공감 이론으로 제시했다. 신경계가 자신의 경험과 타인의 경험을 구분하지 않는다는 점은 우리가 어떻게 타인의 경험을 공유하는지를 설명해준다.

거울 뉴런은 엄청난 팬을 거느리고 있다. 한 저명한 신경과학자는 DNA가 생물학에 한 일을 거울 뉴런이 심리학에 할 것이라고 말했다.[7] 또 다른 신경과학자는 거울 뉴런을 가리켜 "하루를 무사히 보낼 수 있게 해주는 작은 기적들"이라고 했다.[8] 온라인상에서 논쟁이 길어질수록 상대방을 히틀러에 비교하는 발언을 할 가능성이 커진다는 '고드윈의 법칙Godwin's law'이란 것이 있다. 내 경험에 비추어보면 거울 뉴런도 이와 비슷하다. 공감을 포함하여 인간의 정신 능력을 논하는 자리에서는 꼭 누군가가 일어서서 우리에게 이미 훌륭한 이론이 있다는 사실을 상기시키곤 한다. 거울 뉴런 이야기다. 모두 다 거울 뉴런이 한 일이란다.

《거울 뉴런의 신화The Myth of Mirror Neurons》라는 책에서 그레고리 힉콕 Gregory Hickok은 만약 여러분이 구글에 들어가서 '거울 뉴런'을 검색하면, 게이 거울 뉴런에 관한 내용부터 대통령이 거울 뉴런을 이용해 어떻게 여러분의 뇌를 엿보는지, 신이 왜 거울 뉴런을 만들어서 우리가 더 나은 인간이 되게 하는지 등등에 관한 내용이 줄줄이 나올 것이라고 지적한다.[9] 과학 학술지에 실린 논문을 조사한 바에 따르면, 말더듬증과 조현병, 최면, 흡연, 비만, 사랑, 경영 리더십, 음악 감상, 정치적 태도, 약물 남용(몇 가지만 추린 것이 이 정도다)에 거울 뉴런이 연루되어 있다고들 주장한다.

그의 책 제목에서 짐작할 수 있듯이, 히콕은 거울 뉴런에 관한 이런 주장들에 비판적인 태도를 취한다. 거울 뉴런에 관한 주장이 과장되어 있다는 사실에는 많은 학자가 동의할 것이다.[10] 사실 도덕성, 공감능력, 언어능력과 같은 인간의 능력을 거울 뉴런으로 설명할 수 있다는 견해는 강한 반론에 부딪힐 수밖에 없다. 거울 뉴런에 관한 대부분의 연구 결과가 돼지꼬리원숭이들에 관한 연구에서 나왔기 때문이다. 원숭이들은 도덕성이나 공감능력, 언어능력이 크지 않다. 도덕성이나 공감능력, 언어능력을 설명하는 데 거울 뉴런이 도움이 될지는 모르지만, 거울 뉴런만으로는 인간의 이런 능력을 충분히 설명할 수 없다. 그렇지만 타인의 경험 및 행동과 자신의 경험 및 행동을 똑같이 취급하는 신경계가 존재한다는 사실은 정신생활에 관한 아주 중요한 발견이라 할 수 있다.[11]

이 노선을 따르는 연구들은 대부분 고통에 초점을 맞춘다.[12] 자신이 고통을 느낄 때와 고통을 느끼는 타인의 모습을 볼 때 모두 전측섬엽과 대상피질을 포함한 뇌의 특정 부위가 활성화된다는 사실이 여러 연구를 통해 밝혀졌다. 연구진은 전기 충격을 주거나, 손가락을 바늘로 찌르거나, 헤드폰으로 시끄러운 소음을 듣게 하거나, 피험자의 왼손에 열을 가하는 방식(한 연구에서는 이것을 '고통스러운 열 자극'[13]으로 묘사했다)으로 피험자들에게 고통을 주었다. 또 한편으로는, 다른 사람이 전기 충격을 받거나 바늘에 손가락이 찔리거나 헤드폰으로 시끄러운 소음을 듣거나 뜨거운 열기에 노출되는 모습을 지켜보게 함으로써 피험자들에게 타인의 고통을 전달했다. 타인이 이런 일을 겪는 동안 직접 그 사람의 얼굴을 쳐다보게 하거나, 그러한 사건을 자세히 묘사한 글을 읽게 하는 방식을 활용했다. 거의 모든 연구가 성인을 대상으로 이뤄졌지만, 아이들의 경우에도 비슷한 결과가 나왔다.[14] 어떤 방식으로 실험하든 활성화되는 신경세포는 일치했다. 타인의 고통을 목격할 때나 여러분이 직접 고통을 당할 때나 신경세포에 나타나는 반응은 비슷하다.

개중에는 혐오에 초점을 맞추는 연구도 있다.[15] 고통에 관여하는 전측섬엽은 여러분이 역겨움을 느낄 때도 활성화되고 역겨워하는 타인을 볼 때도 활성화된다. 이 연구 결과에는 직관적인 부분이 있다. 몇 해 전에 〈투 걸스 원 컵2 girls, 1 cup〉이라는 동영상이 인터넷에 올라왔다.[16] 정말로 역겨운 내용이라는 것 외에는 어떤 영상인지 구태여 설명하지 않겠다(혹시라도 인터넷에서 찾아보고 싶은 마음이 든다면, 내 말을 '유발 요인 경고'로 간주하고 다시 생각해보라). 인터넷 잡지 〈슬레이트Slate〉는 이 동영상을 시청하는 사람들의 반응을 동영상으로 보여주는 흥미로운 아이디어를 생각해냈다. 덕분에 〈투 걸스 원 컵〉 동영상을 보고 일그러지는 사람들의 얼굴을 볼 수 있었다. 사람들의 반응을 담은 동영상을 보고 있으면 재미있기도 하지만 역겨운 기분이 드는 것 또한 부인할 수 없다. 역겨워하는 타인의 얼굴을 보면 여러분 역시 역겨운 기분이 든다.

여러분은 자아와 타자가 겹쳐지는 이런 특성을 영리한 진화 수법이라고 생각할 수도 있다.[17] 사회적 존재로서 번성하려면, 인간은 타인의 내면생활을 이해해야 한다. 타인이 무슨 생각을 하고 무엇을 원하고 어떤 기분을 느끼는지 정확히 추측해야 한다. 텔레파시가 통하면 좋겠지만, 그렇지 않기 때문에 감각기관을 통해 얻은 정보를 가지고 추론하는 수밖에 없다. 식물의 성장이나 밤하늘에 떠 있는 별의 움직임처럼 다른 현상들을 이해하는 방식과 똑같은 방식으로 사람들을 이해하는 것도 방법이다. 그러나 다른 대안도 있다. 우리에게 마음이 있다는 사실을 이용하는 것이다. 우리는 자기 마음을 실험실 삼아 타인이 어떻게 행동하고 생각할지를 추론할 수 있다.

어떻게 그게 가능한지 알고 싶으면, 다음 질문에 답하라. 'fish'와 'transom'이라는 영어 단어가 있다. 누군가가 뜻을 알고 있을 가능성이 큰 단어는 둘 중에 어느 쪽일까? 여러분은 두 단어를 얼마나 자주 사용하는지, 어떤 상황에서 두 단어를 배울 가능성이 큰지, 일상에 두 단어가 얼마나 자주 등장하는지 등등을 고려해서 이 질문에 답할 수도 있다. 그러나 그보다 더 좋은 방법이 있다. 여러분에게 어떤 단어가 더 이해하기 쉬운지 재빨리 판단한 다음, 다른 사람들도 여러분과 같을 것이라고 추정하면 된다. 타인에 대해 추론하기 위해 여러분 자신이 실험용 쥐가 되는 것이다.

주관적인 경험에 대해서도 똑같은 방법을 적용할 수 있다. 돌부리에 발끝을 채는 것과 자동차 문을 세게 닫다가 손을 쾅 찧는 것 중에 어느 쪽이 더 아플까? 이 문제를 풀기 위해 새로운 종種의 생물학적 작용을 살펴보는 과학자처럼 어떠한 사전 지식도 없이 백지에서 출발할 수도 있다. 하지만 자신이 경험했던 고통의 기억을 검토하고 평가한 다음(아니면 단순하게 여러분이 그런 상황에 처했다고 상상한 다음), 다른 사람들도 여러분과 똑같이 느낄 것이라고 추정하는 것이 더 좋은 방법이다.

그러나 이런 식의 시뮬레이션에는 한계가 있다. 이런 시뮬레이션은 다른 사람들이 여러분과 비슷하다고 가정하는데, 가끔은 이 가정이 틀릴 때도 있기 때문이다. 많은 이들이 개를 껴안으면 개가 좋아한다고 믿는다. 아마도 '우리'가 누군가에게 안기는 것을 좋아하기 때문일 것이다. 그러나 우리의 추측이 틀렸다. 개 전문가들에 따르면 개들은 본래 안기는 것을 그리 좋아하지 않는다. 오히려 껴안으면 괴로워한다. 이 세상에 고통과, 안 주느니만 못한 생일선물이 많은 이유는 우리가 우리 자신을 모델 삼아 타인을 이해하기 때문이다. 이건 내 마음을 상하게 하지 않으니까 당신 마음도 상하게 하지 않을 거라고 추측한다. 내가 이걸 좋아하니까 당신도 이걸 좋아할 거라고 추측한다. 그러나 이따금 우리의 추측이 틀릴 때가 있다. 라틴어 격언에도 "취향에 관해서는 가타부타 논할 수 없다"라는 말이 있다.

다른 사람들을 이따금 제대로 이해한다고 해서 시뮬레이션으로 타인을 전부 이해할 수 있는 것은 아니다. 우리는 종종 개와 고양이의 마음을 제대로 헤아린다. 개가 짖거나 고양이가 가르랑거릴 때, 꼬리를 흔들 때나 꼬리를 위로 꼿꼿이 세울 때 무슨 뜻인지 이해하기도 한다. 그렇다고 우리가 개나 고양이의 마음을 시뮬레이션하는 것은 아니라고 힉콕은 지적한다.[18] 태어날 때부터 사지가 마비된 사람들은 움직임을 보고 사람들의 정신 상태를 이해할 정도로 타인에 대한 이해력이 뛰어난 편이다. 어떤 사람이 문을 쾅 하고 세게 닫으면 화가 났다는 걸 안다. 그렇다고 사지마비 환자들이 그 행동을 시뮬레이션해서 이해하는 것은 아니다. 나는 치즈를 싫어하지만 다른 사람들은 치즈를 즐겨 먹을 거라는 걸 안다. 마찬가지로 2살짜리 아기가 좋아할 만한 선물 중에 내가 좋아할 만한 것은 거의 없지만, 그럼에도 나는 2살짜리 아이 선물을 잘 고를 수 있다. 이처럼 우리는 시뮬레이션을 하지 않고도 타인의 마음을 이해할 수 있다.

마지막으로, 다른 사람들도 우리와 다르지 않다는 점을 과장해서는 안 된다. 사람들 사이에 일치되는 특징을 보여주는 신경과학적 증거도 있지만 다른 점을 보여주는 증거도 있다. fMRI 영상을 보면 손을 바늘에 찔린 사람과 손을 바늘에 찔린 타인을 보는 사람을 구분할 수 있다. 물론 심리적으로 차이가 있기 때문에 나와 타인의 뇌 반응에 차이가 있는 것은 당연하다. 다른 사람이 뺨 맞는 모습을 본다고 해서 여러분의 뺨이 빨갛게 부어오르는 것은 아니다. 다른 사람이 안마 받는 모습을 본다고 해서 여러분의 통증이 사라지는 것도 아니다. 우리는 제한된 의미에서 타인의 고통을 느낄 수 있지만, 다른 의미에서 보면 정말 그렇다고 할 수도 없다. 실제 경험에 비하면, 공감에 입각한 공명은 흐릿하고 약하다.

애덤 스미스는 fMRI 장치도 존재하지 않았던 수백 년 전에, 공감에 입각한 경험은 강도만 다른 것이 아니라 성질도 다르다는 점을 지적한 바 있다. 이 경험이 우리에게 실제로 일어나고 있는 일이 아니라는 우리의 인식은 "느낌의 강도를 떨어뜨릴 뿐 아니라 느낌의 성질까지도 어느 정도 바꾸어서 경험을 상당히 변형시킨다."[19]

공감 반응은 자동적으로 빠르게 일어날 수 있다. 망치로 자기 손가락을 내려치는 사람을 보면 나도 모르게 몸을 움츠리게 된다. 일종의 반사 반응이다. 그러나 알고 하든 모르고 하든, 대부분의 경우에 우리는 자신의 신념과 기대, 동기, 판단에 따라 공감을 수정한다. 공감에 입각한 경험은 우리가 그 사람을 어떻게 생각하는지, 그리고 그 사람이 처한 상황을 어떻게 판단하는지에 영향을 받는다. 이것이 신경과학이 밝혀낸 두 번째 성과다.

예를 들어, 우리는 전에 우리를 속였던 사람보다 우리를 공평하게 대하는 사람에게 공감을 더 잘한다.[20] 우리와 경쟁 관계에 있는 사람보다는 협력 관계에 있는 사람에게 공감을 더 잘한다. 피험자들에게 에이즈에 걸려 고통스러워하는 사람들의 영상을 보여주는 연구가 있었다.[21] 환자들 중 일부는 정맥 주사를 통해 마약을 복용하다 에이즈에 감염되었다고 설명했고, 일부는 수혈을 통해 에이즈에 감염되었다고 설명했다. 피험자들은 마약을 복용하다 에이즈에 감염된 사람에게는 공감이 잘 안 된다고 말했다. 신경세포 역시 별로 활성화되지 않았다. 마약을 복용하다 에이즈에 감염된 환자를 볼 때는 전대상피질과 같이 통증에 관여하는 뇌 영역이 덜 활성화되었다. 피험자들은 마약을 복용하다 에이즈에 감염된 환자들을 가리키며 본인이 자초한 운명이라며 노골적으로 비난했고, 그런 만큼 그들의 처지에 별로 공감하지 못하겠다고 했고, 해당 뇌 영역도 별로 활성화되지 않았다.

애덤 스미스는 우리가 타인에게 느끼는 공감이라는 감정은 온갖 생각에 아주 민감하게 반응한다고 말한 바 있다.[22] 애덤 스미스에 따르면, 사람들은 보통 벼락출세한 인물을 보고 그에게 감정을 이입하면서 긍정적인 반응을 보이지 않는다. 시기심 때문에 상대방의 출세를 마냥 기뻐하지 못하는 것이다. 또한 사람들은 문제의 원인이 그 사람 본인에게 있다고 생각하거나 별로 대수롭지 않은 일이라고 생각하는 경우에는 다른 사람의 고통에 공감하지 못한다. 징징대는 사람들에게 는 공감하기가 어렵다. 애덤 스미스는 자신이 이야기하는 내내 콧노래를 흥얼거렸다는 이유로 동생에게 짜증 내는 남자를 예로 든다. 여러분은 그 남자의 입장에 공감하지 못할 것이다. 오히려 그 상황을 보고 재미있어할 가능성이 크다.

공감은 상대방이 속해 있는 집단에 따라 영향을 받기도 한다. 여러분이 지금 보고 있거나 생각하고 있는 그 사람이 '우리' 사람인지 '저들' 사람인지에 따라 공감을 하기도 하고 못하기도 한다는 말이다. 유럽에서 한 연구진이 남자 축구 팬들을 상대로 실험을 진행했다.23 연구진은 피험자들의 손등에 충격을 주었다. 그리고 다른 피험자가 본인과 똑같이 충격을 받는 모습을 지켜보게 했다. 그런 다음, 연구진은 피험자에게 저 남자도 당신과 같은 팀을 응원하는 팬이라고 이야기했다. 그러자 나의 통증과 타인의 통증이 겹쳐지면서 공감에 관여하는 신경세포가 강하게 반응했다. 그러나 연구진이 피험자에게 저 남자는 상대팀을 응원하는 팬이라고 말했을 때는 신경세포가 강하게 반응하지 않았다.

이번에는 우리가 혐오스럽다고 생각하는 사람들에게 어떻게 반응하는지 생각해보자.24 라사나 해리스Lasana Harris와 수전 피스크Susan Fiske 는 피험자들에게 마약중독자들과 노숙자들의 사진을 보여주었다. 피험자들은 이들의 사진을 보고 혐오감을 드러냈다. 사회적 추론에 관여하는 뇌 부위인 내측전전두피질의 활동도 그에 상응하여 감소했다. 이 연구는 직접적으로 공감을 들여다보는 연구는 아니었다. 하지만 이 연구 결과는 우리가 어떤 사람들을 대할 때 '사회적 이해'를 차단한다는 사실을 보여준다. 한마디로 그들을 인간으로 보지 않는다는 것이다.

공감 반응을 포함하여 우리가 타인에게 보이는 반응에는 우리가 기존에 가지고 있던 편견과 선호, 판단이 반영된다. 이것은 공감이 우리를 꼭 도덕적인 사람이 되게 하지는 못한다는 사실을 보여준다. 이것은 좀 더 복잡한 문제일 수밖에 없다. 여러분이 어떤 인물에게 공감하느냐 못 하느냐는 여러분이 어떤 사람을 걱정하고 인정하고 중요하게 여기는가에 관한 사전 결정에 달려 있고, 이런 결정들은 도덕적 선택이기 때문이다. 공감이 에이즈에 걸린 마약 복용자에 대한 도덕적 평가를 끌어내는 것은 아니다. 그보다는 그 사람에 대한 여러분의 도덕적 평가가 여러분이 그 사람에게 공감하느냐 못 하느냐를 결정하는 것이다.

신경과학이 밝혀낸 세 번째로 중요한 결과는 감정과 이해의 차이에 관한 것이다.

나는 지금 애덤 스미스가 말한 'sympathy'의 의미로 'empathy'라는 단어를 사용하고 있다. 즉 '다른 사람이 느끼는 것을 느끼는 것'이 공감이라고 생각한다. 그렇다면 이런 '감정의 공유'는 사람들의 심리 상태를 이해하는 능력과 어떤 관련이 있을까? 이미 여러 번 지적했듯이, 우리는 이런 공감을 가리켜 때때로 '인지적 공감'이라고 부른다. 그렇다면 '감정의 공유'와 '인지적 공감'은 똑같은 것일까?

만약 이 둘이 똑같다면, 공감에 반대하는 나의 주장에 의문을 제기하는 것이 당연하다. 타인의 마음을 이해하는 능력이 없으면 삶을 혜쳐 나갈 수가 없기 때문이다. 따라서 타인의 고통을 느끼는 일이 일상 속에서 사회적 이해의 토대가 되는 동일한 신경계에서 이뤄진다면, 다시 말해 공감이 없이는 이해도 있을 수 없다면, 정서적 공감을 포기하는 건 너무나 많은 것을 포기하는 셈이다.

일부 학자들은 이해와 감정을 구분하지 않는 방식으로 '투사적 공감'에 관해 이야기하면서 이 둘을 하나로 묶는다. 상대방의 신발을 신고 그 사람의 입장에서 생각해보라는 유명한 비유는 한 사람의 생각을 이해하는 것과 그 사람의 기분을 느끼는 것을 한 덩어리로 묶는다.[25]

그러나 투사에 관한 이야기나 상대방의 신발을 신고 역지사지해보라는 말은 어디까지나 비유에 불과하다. 여러분이 타인을 상대할 때 실제로 어떤 일이 벌어질까? 여러분은 자신의 감각기관을 활용해 그 사람의 얼굴 표정을 보고 그가 하는 말을 들으면서 정보를 얻는다. 그리고 이 정보는 다음과 같은 방법으로 여러분의 생각과 기분에 영향을 끼친다. 첫째로, 타인의 심리 상태를 알려줌으로써 여러분에게 영향을 미친다(감각기관을 통해 들어온 정보를 근거로 여러분은 상대방이 지금 괴로운 상태라고 생각한다). 둘째로, 어떤 기분을 느끼게 함으로써 여러분에게 영향을 미친다(괴로워하는 상대방을 보니 여러분 마음이 괴롭다). 분명 한 신경계에서 이 두 가지 일이 모두 일어나고, 이해와 공유된 감정이 하나의 샘에서 나올 가능성도 있다. 그러나 이 둘이 별개의 과정일 가능성도 있다. 무엇보다 상대방의 고통을 공유하지 않고도 그가 고통 속에 있다는 사실을 이해하는 것이 얼마든지 가능하다.

사실 이 둘을 별개의 과정으로 보는 이론이 타당해 보인다. 한 논평에서 심리학자 재밀 재키Jamil Zaki와 케빈 옥스너Kevin Ochsner는 수백 건의 연구가 마음을 보는 특정 관점을 뒷받침한다고 말했다. 그들은 이 관점을 '두 신경계 이야기'라고 부른다.26 한 신경계는 타인의 경험을 공유하는 일에 관여한다. 우리가 공감이라고 부르는 일이다. 또 한 신경계는 타인의 심리 상태를 추론하는 일, 즉 '마음 헤아리기' 또는 '마음 읽기'에 관여한다. 이 둘이 동시에 활성화될 수는 있다. 하지만 이 둘은 뇌의 다른 부위에 자리하고 있다. 예를 들어 이마 바로 뒤에 있는 내측전전두피질은 '마음 헤아리기'에 관여하고, 그 뒤쪽에 자리 잡고 있는 전대상피질은 공감에 관여한다.

이런 개별성은 흥미로운 결과를 불러온다. 범죄를 저지르는 사이코패스를 어떻게 이해해야 하는지 생각해보라. 최근의 한 과학 논문은 "범죄를 저지르는 사이코패스들의 경우에는 공감능력이 높은 것인가, 낮은 것인가?" 하는 문제를 붙들고 씨름했다. 드러난 증거들은 두 가지 사실을 동시에 내비쳤다. "사이코패스 범죄자들은 피해자를 꾀어낼 때 상대방의 기분을 잘 맞춰주면서 매력적으로 행동한다. 이는 공감능력이 있다는 뜻이다. 그러나 나중에 피해자를 강간할 때는 아주 냉담하게 행동한다. 이는 공감능력에 문제가 있다는 뜻이다."27 그렇다면 대체 어느 쪽이란 말인가?

논문의 저자들은 능력(공감을 효율적으로 활용할 수 있는 능력)과 성향(기꺼이 공감하고자 하는 의지)을 구분함으로써 명백하게 드러난 이 모순을 해결하려 했다. 연구진에 따르면, 범죄를 저지르는 사이코패스들은 정상적인 공감능력을 지니고 있지만 이 능력을 라디오 다이얼처럼 조정한다. 라디오에서 흘러나오는 노래의 가사를 듣고 싶을 때는 다이얼을 돌려서 소리를 키우고, 고속도로에서 느리게 달리는 트럭을 추월하는 데 집중하고 싶을 때는 라디오 소리를 줄이지 않는가. 이렇게 우리가 라디오 음량을 조절하듯이, 사이코패스 범죄자의 경우 사람들을 매혹하고 신뢰를 얻을 방법을 알아내고 싶을 때는 공감능력을 키우고 사람들을 공격할 때는 공감능력을 줄인다는 말이다.

물론 능력과 성향은 다르다. 똑같은 공감능력을 소유하고 있더라도 그 능력을 어느 범위까지 활용할지는 개인의 선택에 달렸다. 또한 공감능력은 지금 내 앞에 있는 사람과 내가 어떤 관계를 맺고 있느냐에 따라 촉발되기도 하고 억제되기도 한다. 어쩌면 사이코패스 범죄자들의 공감능력도 이런 식으로 이해할 수 있을지 모른다.

그러나 신경과학 연구는 이보다 더 단순한 분석을 내놓는다. 사람들의 심리 상태를 이해하는 능력(타인을 매혹하는 데 유용한)이 고통을 비롯하여 타인의 경험을 느끼는 능력(타인을 공격하는 데 방해가 되는)과 같은 것이라고 생각하면, 사이코패스의 정신생활을 이해할 길이 없다. 그러나 이 둘은 같은 것이 아니다. 따라서 사이코패스 범죄자들은 공감 다이얼을 만지작거릴 필요가 없다. 간단히 말해서, 사이코패스들은 타인을 이해하는 데는 뛰어나지만 타인의 고통을 느끼는 데는 서투르다. 즉 그들은 인지적 공감능력은 높지만 정서적 공감능력은 낮다.

타인을 이해하는 행위와 타인의 기분을 느끼는 행위가 서로 관련이 있다는 사실을 부인하는 것은 아니다. 후각, 시각, 미각은 별개의 감각이다. 하지만 음식을 음미할 때는 이 세 감각이 하나로 합쳐진다. 아주 냉정한 태도로 타인의 관점을 자기 것으로 받아들이다 보면, 타인의 기분을 간접적으로 경험할 가능성이 커질지도 모른다. 또 반대로 타인의 기분을 간접적으로 경험하다 보면, 타인의 관점을 자기 것으로 받아들일 가능성이 커질지도 모른다. 그러나 그럼에도 불구하고 이 둘은 전혀 다른 과정이다. 따라서 공감의 장단점을 고려할 때는 이점을 명심해야 한다.

방금 거론한 이 연구는 한마디로 공감의 콧대를 꺾어놓는 내용이다. 우리는 타인의 감정을 거울처럼 비추고 자기도 모르게 그 감정에 젖어든다. 그러나 여기에는 한계가 있다. 우리가 타인의 고통에 공감하며 느끼는 고통은 그 사람이 느끼는 실제 고통과 다르다. 또한 내가 그 사람에게 어떤 감정을 품고 있느냐에 따라 공감의 수준이 달라진다. 그리고 우리가 그 사람에게 공감한다고 해서 꼭 그 사람에게 잘해주는 것도 아니다. 그보다는 친절한 대접을 받을 자격이 있다고(그 사람이 전에 내게 친절하게 행동했기 때문에, 또는 내가 그 사람에게 하듯 그 사람도 나를 대우해줬기 때문에) 생각하는 사람에게 공감하는 경향이 있다. 마지막으로, 정서적 공감(우리가 이 책에서 집착하는 공감의 종류)은 타인을 이해하는 능력과 실질적으로 구분된다.

그러나 이번 장의 목표는 공감의 힘을 알아보는 것이다. 이 목표를 잊어서는 안 된다. 실험실에서, 그리고 때로는 현실 세계에서 공감은 우리가 더 나은 사람이 되게 한다. 이것이 우리가 이번 장에서 파헤쳐야 할 마법이다.

공감이 우리를 친절하게 만드는 이유는 뭘까? 공감이 우리의 이기적인 동기를 타인에게 확장하게 해주기 때문이다(이 대답을 떠올린 사람이 많을 것이다). 타인의 고통을 우리 자신의 고통처럼 경험할 때 이 대답이 정말로 실감 난다. 그때 여러분은 그 사람을 도울 것이다. 그 사람을 도와야 여러분 자신의 고통이 사라지기 때문이다. 이런 시각이 잘 표현되어 있는 책이 있다. 장 자크 루소Jean Jacques Rousseau의 《에밀, 또는 교육론Emile, or On Education》이다. "그러나 내가 넘쳐흐르는 영혼의 열정으로 동료 인간들을 나와 동일시한다면, 말하자면 나 역시 고통받으면 안 되니 그가 고통받도록 내버려두면 안 된다고 생각한다면, 나는 내가 신경 쓰여서 그를 신경 쓰는 것이다. 따라서 그 계율의 근거는 인간의 본성 안에서 찾을 수 있다. 인간의 본성은 내가 어디에 있든 나 자신의 안위를 위하는 욕망을 내게 고취시킨다."[28]

간단명료하다는 것이 이 이론의 장점이다. 괴로운 걸 좋아하는 사람은 아무도 없다(물론, 예외는 있다)는 명백한 사실을 바탕으로 공감의 도덕적 힘을 설명하기 때문이다. 이 말은 공감의 동기가 결국 이기적이라는 의미다. 그렇지만 공감이 유도하는 선한 행실을 이기심으로만 설명할 수 있는지는 확실치 않다. 공감 때문에 마음이 괴로울 때 우리는 대개 거기에서 벗어나려 한다. 조너선 글로버Jonathan Glover는 나치 시대 독일에서 죽음의 수용소 인근에 살았던 한 여성의 이야기를 들려준다. 그녀의 집에서는 잔학 행위를 쉽게 볼 수 있었다. 수용소에 수감된 사람들이 총에 맞은 채로 죽을 때까지 그대로 방치되곤 했다. 그녀는 화가 나서 편지를 썼다. "그러한 잔학 행위를 본의 아니게 목격하고 있는 사람입니다. 나는 병약한 사람이에요. 신경에 거슬리는 그런 광경을 계속 견뎌낼 자신이 없습니다. 그런 비인간적 행위들을 중단해주실 것을 요청합니다. 아니면 우리 집에서 보이지 않는 곳에서 하시길 바랍니다."[29]

공감의 배신

그녀는 수감자들의 처우를 보고 괴로워했지만, 거기에 자극받아 그들을 구하고 싶어 하지는 않았다. 그녀는 그러한 고통이 계속되더라도 자기 눈에 보이지만 않으면 그것으로 만족했을 것이다. 우리 중 많은 이가 이런 감정을 이해할 것이다. 우리는 돈을 구걸하며 괴로움을 호소하는 사람들과 마주치지 않으려고 일부러 길을 돌아가곤 한다. 그 사람들이 신경 쓰이지 않아서가 아니다(신경 쓰이지 않았다면 굳이 돌아가지 않고 그냥 가던 길로 갔을 것이다). 고통 속에 있는 그 사람들이 신경 쓰여서 마주치지 않으려고 한 것이다. 본디 마주하는 것보다는 회피하는 편이 훨씬 쉬운 법이다. 핑커는 책에 이렇게 썼다. "자선단체 세이브더칠드런은 궁핍하고 불쌍한 아이들의 사진에 다음과 같은 홍보 문구를 써서 잡지에 광고를 실었다. '당신은 하루 5센트로 후안 라모스를 살릴 수도 있고, 이 페이지를 그냥 넘길 수도 있습니다.' 대부분의 사람들은 그냥 페이지를 넘긴다."[30]

허버트 조지 웰스Herbert George Wells가 쓴 소설 《모로 박사의 섬The Island of Doctor Moreau》에는 이에 관한 결정적인 예가 나온다. 소설의 화자인 에드워드 프렌딕은 모로 박사의 잔인한 실험 때문에 고통을 호소하는 동물의 울부짖음에 몹시 심란해한다. "세상의 모든 고통을 한데 뭉뚱그려놓은 소리 같았다. 바로 옆방에 그런 고통이 존재함을 알더라도 소리만 나지 않는다면 무난히 견뎌냈으리라. 고통에 소리가 입혀지고 그 소리가 우리의 신경을 들쑤실 때에야 비로소 우리는 그 고통을 동정하는 수고를 한다."[31]

통감하는 경험의 도덕적 위력과 공감의 힘을 보여주는 사례로 자주 인용되는 구절이다. 그래서 프렌딕은 어떻게 했을까? 그는 그곳을 떠났다. 끔찍한 소음을 피해 산책을 나갔다가 쉴 만한 그늘을 찾아 낮잠을 잤다.

공감의 유일한 결과가 간접적인 고통이라면, 공감은 타인을 돕게 하는 힘으로서 별로 쓸모가 없다. 타인의 삶을 개선하기 위해 애쓰는 것보다는 공감이 주는 고통을 없애는 편이 더 쉬운 법이다. 책장만 넘기면 된다. 눈길만 돌리면 된다. 귀만 막으면 된다. 다른 일을 생각하면 된다. 다 잊고 낮잠을 자면 된다.

쉽게 모면할 수 있는 상황에서 공감이 우리로 하여금 타인을 위해 긍정적인 일을 하게 하려면, 다른 방식으로 우리에게 동기를 부여해야 한다. 실제로 뱃슨과 그의 동료들은 몇 가지 영리한 실험을 통해 피험자들에게 실험을 그만두고 떠날 수 있는 선택권을 제공했다. 그러나 피험자들은 이 선택권을 사용하지 않았다. 대신에 자기가 공감하는 사람을 도왔다. '이기적 동기' 이론을 주장하는 사람들의 입장을 난처하게 만드는 연구 결과가 아닐 수 없다.

뱃슨은 '타인의 경험을 눈에 띄게 해서 사람들의 눈길을 끌고, 그리하여 사람들로 하여금 무시할 수 없게 만드는 것'이 공감의 능력이라고 분석했다.[32] 나는 뱃슨의 분석을 지지한다. 사랑하는 내 아기가 몹시 괴로워하면, 나는 아기의 고통에 감정이입하여 아기를 품에 안고 고통을 없애려고 애쓸 것이다. 그렇게 해야 내 기분이 좋아지기 때문이 아니다. 만약 내가 느끼는 간접적인 고통을 없애는 게 목적이라면, 우는 아이를 집에 두고 산책을 나가면 그만이다. 그러나 공감은 내가 사랑하는 사람이 괴로워한다는 사실을 내게 알려준다. 그리고 나는 사랑하는 사람의 기분을 좋게 하려고 노력한다.

이것은 공감에 대한 호소가 왜 그렇게 효과가 있는지를 다른 관점에서 설명해준다. 공감이 자동적으로 친절로 연결되지는 않는다. 그보다는 공감을 이미 존재하는 친절과 연결해주어야 한다. 공감은 선량한 사람들을 더 선량하게 만든다. 친절한 사람들은 고통을 좋아하지 않고, 공감은 고통을 눈에 띄게 만들어주기 때문이다. 만약 사디스트의 공감능력이 올라가면, 그는 더 행복한 사디스트가 될 뿐이다. 만약 내가 아이의 고통에 무심하다면, 아이의 울음은 나를 짜증나게 할 뿐이다.

공감은 더 폭넓은 도덕 원칙을 지지해줄 수도 있다. 어떤 사람이 나를 때리면 나는 몸과 마음으로 불쾌함을 느낄 것이다. 그러나 그것만으로 '타인을 때리는 행동은 잘못되었다'는 사실을 깨닫지는 못할 것이다. 그러나 만약 내가 따귀를 맞은 사람에게 감정을 이입하면, 즉 내가 따귀를 맞았다고 상상할 때 느껴지는 기분과 똑같은 기분을 그 사람도 느낀다는 사실을 내가 이해한다면, 타인을 때리는 행동은 잘못된 것이라는 일반화에 도달하는 데 도움이 된다. 내가 따귀를 맞는 건 있어서는 안 되는 일이다. 그러니 다른 사람이 따귀를 맞는 것도 있어서는 안 되는 일이다.

이런 식으로 공감은 여러분이 특별하지 않다는 사실을 인정하게 해준다. 나만 따귀를 맞고 싶어 하지 않는 것이 아니라 이 사람도, 저 사람도, 또 저기 있는 저 사람도 따귀를 맞고 싶어 하지 않는다. 이것은 어느 누구도 따귀를 맞고 싶어 하지 않는다는 일반화를 뒷받침해주고, 나아가 따귀를 반대하는 보다 광범위한 '폭행 금지' 원칙을 뒷받침해준다.[33] 이런 점에서 공감과 도덕은 상호보완 관계에 있다고 볼 수 있다. 공감능력을 발휘함으로써 우리는 우리가 특별하지 않다는 사실을 깨닫는다. 이러한 깨달음은 공정한 도덕 원칙의 개념을 지지한다. 그리고 이 개념은 계속해서 타인에게 공감하도록 우리를 자극한다. 공감을 지지하는 사람에게는 이것이 "왜 공감이 선을 행하게 하는 힘인가?"를 설명하는 출발점이 될 것이다.

이것이 마법이 이루어지는 방식이고, 공감이 선을 유도하는 방식이다. 그렇다면 현실 세계에서 공감은 실제로 어떤 효과가 있을까? 공감능력이 높은 사람과 도덕심이 높은 사람의 관계를 살펴보면 그 답을 찾을 수 있을지도 모른다. 공감을 많이 하는 사람들이 공감을 덜 하는 사람들보다 대체로 더 도덕적일까?

여러분의 짐작대로 이 질문을 두고 아주 많은 연구가 이뤄졌다. 그러나 결과를 살펴보기 전에, 이 연구가 매우 어려운 연구라는 점을 먼저 짚고 넘어가야겠다. 사람들의 선행을 평가하고, 그들이 얼마나 도덕적인지를 평가하는 것은 어려운 작업이다. 그리고 사람들이 얼마나 공감을 잘하는지를 평가하는 것 역시 무척 어려운 일이다.

평가의 문제를 면밀히 들여다보자. 어떤 사람들은 다른 사람들보다 공감을 더 잘한다. 그들은 타인이 느끼는 감정을 더 쉽게 느낀다. 원칙적으로 어떤 사람이 스펙트럼의 어디쯤에 위치하는지를 확인하는 방법은 많다. 공감에 관여하는 뇌 영역이 활성화되는 정도를 측정하는 것과 같은 미묘한 방법도 여기에 포함된다. 그러나 그런 방법들은 비용도 많이 들고 수행하기도 어렵다. 그래서 대규모로 이뤄지는 대다수의 실험은 나르시시즘이나 불안, 열린 사고, 심리학자들이 관심을 갖는 그 밖의 특성들을 측정할 때와 동일한 방식으로 공감능력을 측정한다. 바로 일련의 질문을 던지는 것이다. 연구진은 실험 참가자들이 이런 질문에 어떻게 반응하는지를 보고 각 사람에게 점수를 매긴다. 그런 다음 관찰이나 실험을 통해, 또는 더 많은 질문을 통해 장점과 단점을 평가하고, 이런 장단점과 관련된 특성과 이 점수가 어떤 관련이 있는지를 살펴본다.

설문지를 이용하는 방식은 비교적 쉬운 편이지만 몇 가지 문제가 있다. 우선 설문을 통해 사람들의 '실제' 공감능력을 측정하기가 어렵다. 본인의 공감능력에 대한 자신의 판단이나 다른 사람들이 나를 공감을 잘하는 사람으로 봐주기를 바라는 마음이 답변에 반영될 수 있기 때문이다. 막말로 실제로는 공감능력이 부족한데도 스스로 공감능력이 뛰어나다고 믿거나, 다른 사람들이 그렇게 믿어주기를 바라고 공감능력이 뛰어나 보이도록 답변하는 경우가 생길 수 있다.

또 다른 문제는 이런 연구들이 높은 공감능력과 관련 있는 다른 특성들을 거의 고려하지 않는다는 점이다. 이를테면 지능이나 자제력, 보다 폭넓은 사람들을 연민 어린 시선으로 바라보는 세계관 같은 것들 말이다. 비유하자면, 치아가 건강한 아이들이 그렇지 못한 아이들보다 우수한 대학에 진학할 확률이 더 높다. 모든 연구에서 이 둘의 상관관계가 밝혀졌다. 그렇다고 말 그대로 치아가 대학 진학과 관련이 있다고 말하는 것은 잘못이다. 치아 건강은 거스를 수 없는 운명이 아니다. 그보다 치아 건강과 대학 진학의 상관관계를 설명해주는 더 중요한 요소는 따로 있다. 일반적으로 치아가 건강한 아이들은 부유한 부모가 마련해주는 더 좋은 환경에서 성장했을 가능성이 높다. 실제로 이것이 치아 건강과 대학 진학의 상관관계를 설명해주는 더 유의미한 요수다. 마찬가지로, 공감이 좋은 결과를 끌어내는 것이 아니라 공감과 관련이 있는 어떤 성격 특성들이 좋은 결과를 끌어내는 것일 수 있다.

또 다른 문제는 표준 공감 등급이 공감을 측정하는 척도로 불완전하다는 점이다. 가장 인기 있는 척도에는 타인의 감정을 반영한다는 점에서 공감과 관련이 있는 질문이 포함된다. 그러나 또한 여기에는 친절이나 연민, 타인에 대한 관심 등의 다른 능력을 요구하는 질문도 포함된다.

마크 데이비스Mark Davis가 개발하고[34] 많은 학자가 사용하는 유명한 공감 척도를 예로 들어보자. 나와 내 학생들도 공감능력과는 아무 관련이 없는, '운명에 대한 믿음'을 연구하면서 이 척도를 활용했다.[35] 마크 데이비스의 공감 척도는 4개 부분으로 이루어져 있으며 각 부분은 7개 항목으로 구성되어 있다. 4개의 부분은 데이비스가 "'공감'이라는 포괄적인 개념의 독립된 측면"이라고 말한 각각의 항목을 이용할 수 있도록 개발되었다. 이 척도에는 타인의 관점에서 이해하기 위해 타인의 관심사를 파악하도록 설계된 '조망수용眺望受容' 능력이 포함되어 있다(타인의 입장에 놓인 자신의 모습을 상상함으로써 타인의 의도나 태도, 감정, 욕구를 주론하는 능력을 조망수용 능력이라고 한다-옮긴이). 또한 이 척도에는 가상의 인물과 자신을 동일시하는 성향을 알아보는 '공상', 타인의 감정에 집중하는 '공감적 염려', 타인의 부정적 경험을 목격할 때 사람들이 느끼는 불안의 수준을 나타내는 '개인적 고통'이 포함된다.

공감의 배신

'공상' 척도에는 다음과 같은 항목이 포함된다. 여러분은 아래 나오는 각각의 진술이 자신과 얼마나 비슷한지를 판단하고 "나와 전혀 다르다"부터 "나와 아주 비슷하다"까지 점수를 매겨야 한다.

- 흥미로운 이야기나 소설을 읽을 때, 만일 이야기 속에 나오는 사건이 내게 일어난다면 기분이 어떨지 상상한다.
- 소설에 등장하는 인물들의 감정에 진짜로 빠져든다.
- 주기적으로 내게 일어날지도 모르는 일들을 생각하며 공상에 잠긴다.

이런 항목들은 가상의 일에 간여하려는 욕구를 평가하는 데 적합하다. 그러나 우리가 관심을 기울이는 공감과는 별개의 영역이다. 공감능력은 높지만 소설과 같은 허구에는 별로 관심이 없는 사람이 있는가 하면, 공감능력은 낮지만 공상에 잠기는 걸 아주 좋아하는 사람도 있다.

'조망수용' 척도에는 공감과 관련이 있는 항목들이 포함되지만, 의견 충돌이 생길 때 포용력 있는 태도를 취하는지 여부도 분석한다. 이를테면 다음과 같은 항목들이다.

- 모든 문제에는 양면이 있다고 믿고 양면을 모두 보려고 노력한다.
- 결정을 내리기 전에 서로 다른 입장을 취하는 모든 사람의 의견을 살피려고 노력한다.

다시 말하지만, 공감을 전혀 할 줄 모르고 심지어 인지적 공감능력 조차도 아주 낮은데도 이 두 항목에서 높은 점수를 받는 사람이 있을 수 있다. 반대로 공감능력은 아주 높은데 이 두 항목에서 낮은 점수를 받는 사람도 있을 수 있다.

마지막 두 가지 점수, 즉 '공감적 염려'와 '개인적 고통'이 공감의 핵심을 반영하는 것으로 간주하는 이들이 많다. 그러나 이 척도들은 타인의 고통을 느끼는 것과 단순히 타인에게 마음을 쓰는 것을 제대로 구분하지 않는다. 공감적 염려를 측정하는 항목에는 다음과 같은 것들이 있다.

- 내가 목격한 일들에 크게 감동받을 때가 많다.
- 다른 사람이 문제를 겪고 있을 때 안타까운 마음이 들지 않을 때가 더러 있다. (역질문: 점수가 낮을수록 공감적 염려가 강하다.)
- 친구들을 대단히 좋아한다.
- 어떤 집단에서 외톨이를 보면 속상하다.

이러한 항목들은 분명히 한 사람의 도덕성과 관련된 것을 건드린다. 그렇다고 그 사람이 얼마나 공감을 잘하는지를 보여주는 항목은 아니고, 그보다는 그가 얼마나 타인에게 관심을 갖는지를 보여주는 항목이라 할 수 있다.

개인적 고통을 측정하는 항목에는 좀 더 심각한 문제가 포함된다. 기본적으로 이 항목은 위급한 상황이 발생했을 때 쉽게 냉정을 잃어버리는 사람인지를 알아보는 항목이기 때문이다. 예를 들면 다음과 같은 것들이다.

- 위급 상황에서 도움이 절실히 필요한 사람을 보면 몸과 마음이 무너진다.
- 위급한 상황에 맞닥뜨리면 불안하고 거북하다.
- 위급한 상황에서는 분별력을 잃는 경향이 있다.

어쩌면 이것이 공감과 관련이 있을 수도 있다. 공감능력이 높은 사람들은 위기에 처했을 때 당황할 가능성이 크다. 하지만 위급 상황이 타인의 고통과 관련이 있는지가 확실치 않기 때문에 공감능력과의 상관관계를 단언하기 어렵다. 하수관이 파열되거나 토네이도가 도로를 덮치면 누구나 자제력을 잃고 흥분할 수 있다. 그러나 이것은 공감능력이나 연민, 이타심 등등과 전혀 무관하다.

공감능력을 측정하는 또 하나의 유명한 척도는 바로 공감지수Empathy Quotient다.**36** 공감지수는 배런 코언과 샐리 휠라이트Sally Wheelwright가 "공감하기-체계화하기"라는 중요한 이론을 전개하면서 개발한 것이다. 배런 코언에 따르면 여성들은 대체로 공감능력이 뛰어나고, 남성들은 대체로 체계화 능력이 뛰어나다. 남성들은 시스템을 분석하거나 구축하는 데 관심이 많다. 그런 면에서 볼 때, 자폐증을 앓는 사람들은 유별하게 체계화에 집중하는 반면 공감능력은 떨어지는 "극단적인 남성의 뇌"를 가지고 있다. 그래서 열차 시각표나 조각그림 퍼즐과 같은 영역에는 강박적으로 매달리는 한편, 타인과 관계를 맺는 데 어려움을 겪는다.

배런 코언의 이론은 분명 흥미로운 데가 있다. 하지만 그가 '공감하는' 능력을 측정하기 위해 사용하는 척도는 뒤죽박죽이다. 몇몇 질문은 공감능력을 완벽하게 집어낸다.

- 남의 입장이 되어보는 건 아주 쉬운 일이다.
- 울고 있는 사람을 보아도 속상하지 않다. (역질문)

그러나 다른 질문들은 공감이나 연민과는 무관한 '사회적 기민성'을 확인하는 데 그친다.

- 대화에 끼고 싶어 하는 사람이 있으면 바로 알아본다.
- 함께 토론하던 사람들에게 논점이 뭔지 모르겠다는 말을 자주 듣는다. (역질문)
- 사람들과의 관계에서 뭘 어떻게 해야 할지 잘 몰라 난감할 때가 있다. (역질문)

배런 코언은 자폐증을 연구하는 학자이기 때문에 그가 개발한 공감지수라는 척도는 자폐증이 있는 사람들의 특성을 집어내는 쪽에 특화되어 있다. 그래서 공감능력을 측정하는 척도로는 직절하지 않다. 결국 공감능력이 뛰어나도 대인관계에 서툴 수 있고, 공감능력이 떨어져도 대인관계에 능숙할 수 있다.

흔히 공감능력을 측정한다고 사용하는 모든 척도들이 실제로는 여러 가지를 측정하는 것으로 밝혀졌다. 거기에는 공감도 포함되지만 염려와 연민도 포함되어 있다. 뿐만 아니라 "위급 상황에서 얼마나 냉철함을 유지할 수 있는가"와 같이 어느 면에서 보아도 공감과 무관한 특성들도 포함되어 있다.

마지막으로, 공감과 선행의 관계에 관한 연구를 살펴보는 데는 '출판 편향'의 문제가 있다. 공감의 효과를 연구하는 연구자들은 보통 공감이 효과가 있다는 결과가 나오기를 희망하고 기대한다. 아무것도 발견하지 못하기를 바라며 실험에 임하는 사람은 아무도 없다. 따라서 효과를 발견하지 못한 연구들을 출판하기 위해 제출할 가능성은 낮다(실험 결과가 서류함에 처박혀 사장되는 이른바 '파일 서랍장 문제'가 발생한다). 설사 연구자들이 그런 연구 결과를 제출한다고 해도 출판되기 어렵다. 무의미한 효과는 논문 검토자와 편집자의 흥미를 끌지 못하기 때문이다.

설문에 답할 때 사실대로 말하기보다는 자신에게 유리하거나 사회적으로 바람직한 방향으로 답변하는 자기보고 편향부터 다른 성격 특성들을 공감능력과 연관 짓는 실태, 공감능력을 측정하는 척도들의 문제, 출판 편향까지 이런 문제들이 한데 모여 결국 공감과 선행의 관계를 부풀리는 연구들이 출간되고 있다. 그렇다면 공감과 선행은 어떤 관계가 있을까?

공감의 효과를 찾아내는 데 유리한 사항들을 모두 고려해도, 공감과 선행은 그리 대단한 관계가 아니다. 어린이와 성인을 대상으로 수백 번의 연구가 이루어졌다. 하지만 전체적인 결과는 시시했다.[37] 몇몇 연구에서는 대수롭지 않은 관계를 몇 가지 찾아냈다. 그러나 다른 연구들에서는 어떠한 상관관계도 찾아내지 못하거나 불확실하고 엇

갈리는 결과를 얻었을 뿐이다. 큰 그림을 확인하기 위해 누적된 연구 결과들을 종합적으로 검토하는 '메타분석'을 해본 결과 일부는 공감이 아무런 효과가 없다는 결론에 이르렀고, 또 일부는 효과가 있기는 하지만 미약해서 찾아내기 어렵다는 결론에 이르렀다(실제 연구들과 메타분석에 대한 내용을 확인하고 싶으면 미주를 참고하라).

공감의 효과가 가장 크게 나타난 연구는 뱃슨의 실험 연구였다. 앞에서 살펴보았듯이, 실험실 안에서 공감을 유도하는 실험이었다. 설문지를 이용해 개인의 차이를 살펴보는 연구에서 확인한 공감의 효과는 그리 대단하지 않았다.

지금까지 높은 공감능력과 좋은 행실의 연관성을 살펴보았다. 그러나 만약 여러분의 공감 지수가 스펙트럼의 하단에 있다면? 공감능력이 높다고 여러분이 착한 사람이 되는 것도 아니고, 공감능력이 낮다고 여러분이 나쁜 사람이 되는 것도 아니다. 낮은 공감능력과 공격성의 관계는 어떨까?

나는 세상 누구보다 공감에 회의적이지만, 낮은 공감능력과 폭력적이고 잔인한 행동을 하는 경향성은 어느 정도 관계가 있다고 생각한다. 공감이 잔인함을 억제한다는 건 타당한 주장이다. 내가 여러분이 느끼는 통증을 느낀다면, 애초에 통증을 유발할 가능성이 낮다. 여러분이 아프면 내가 아플 테니까 말이다. 공감능력이 낮은 사람들은 잔인함을 억제하는 그런 힘이 없다. 따라서 낮은 공감능력과 못된 행동 사이에는 어느 정도 연관성이 있다고 보아야 한다.

그러나 이렇게 말하면 공감에 너무 후한 점수를 주는 셈이다. 최근 공감과 공격성의 관계를 다룬 연구들 중 확인 가능한 연구 결과를 모두 검토한 논문이 나왔다. 결과는 어땠을까? 논문 제목에 결과가 잘 요약되어 있다. "공감과 공격성의 (무)관계: 메타분석을 통해 얻은 놀라운 결과."**38**

논문에 따르면 사람들 안에 있는 공격성이 저마다 다른데, 그 차이를 공감능력 부족으로 설명할 수 있는 경우는 겨우 1퍼센트에 불과한 것으로 밝혀졌다. 이 말인즉, 어떤 사람이 얼마나 공격적인지를 예측하려면 그 사람에 관한 방대한 양의 정보에 접근해야 한다는 뜻이다. 정신과 의사와의 면담 기록, 지필 검사 결과, 범죄 전력, 뇌 촬영 영상 등. 아마 가장 마지막으로 살펴볼 자료가 그 사람의 공감능력 측정치일 것이다.

사실 이것은 연구진이 예상했던 결과가 아니었다. 연구진은 이상한 결과, 좀 더 정확히 말하자면 '예상했던 내용이 빠져버린' 이상한 결과를 이해하기 위해 씨름하느라 결론을 내기까지 오랜 시간을 허비했다. 결국 연구진은 우리가 공감을 너무 심각하게 취급한다는 결론을 내렸다. 연구진에 따르면, 우리는 공감능력이 낮은 사람을 생각할 때 타인의 행복에 전혀 관심이 없는 냉정하고 비정한 사람을 떠올린다. 그러나 그것은 착각일 뿐이다. 연구진의 말대로, "공감 외에도 다른 감정들과 고려사항이 있고, 공감이 아니라도 타인에게 관심을 가질 이유가 많다."

공감능력이 높다고 선량한 사람이 되는 것이 아니고, 공감능력이 낮다고 악한 사람이 되는 것도 아니다. 앞으로 우리는 연민이나 염려처럼 상대방과 조금 더 거리를 두는 감정들이 선량함과 관계가 있을 수 있고, 연민 부족과 타인에 대한 관심 부족, 자신의 욕구를 제어하지 못하는 무능이 세 마리에 더 관련이 있을 수 있다는 사실을 살펴볼 것이다.

CHAPTER 3

선을
행한다는 것

Against
Empathy

어떤 사람의 처지에 공감하면, 여러분은 그 사람에게 더 친절하게 대한다. 이것이 공감을 지지하는 논거 중 가장 설득력 있는 주장이다. 실험 연구뿐 아니라 일상의 경험과 상식이 이 주장을 뒷받침한다. 만약 우리가 사는 세상이 단순한 곳이라면, 앞의 주장은 흔들림 없는 사실일 것이다. 다시 말해 현재 곤경에 빠져 있는 한 사람이 해결해야 할 딜레마가 하나뿐이고 그 사람을 돕는 행위가 긍정적인 결과로 이어지는 그런 단순한 세상에 우리가 살고 있다면, 나도 공감을 지지하는 사람들의 이런 주장에 수긍할 것이다.

  그러나 이 세상은 그렇게 단순하지가 않다. 공감이 유도하는 행동이 도덕적으로 옳지 않은 경우가 종종 있다. 사실 내 눈에는 그런 경우가 아주 빈번해 보인다.

  대다수의 실험 연구는 이런 복잡한 내용은 건드리지 않는다. 그런 실험을 하는 목적은 말 그대로 선한 행동의 측면에서 공감의 효과를 측정하는 것이다. 도움이 필요한 사람의 처지에 공감하면, 더 많이 돕

고 더 많이 협력하고 더 친절해지는지를 알아보는 것이 실험의 목적
이다. 그런데 그렇지 않은 실험이 하나 있었다. 뱃슨과 그의 동료들이
수행한 아주 의미 있는 연구다.

뱃슨은 공감이 우리를 자극해 타인을 돕게 한다는 '공감-이타주의
가설'을 옹호한다. 그러나 공감이 필연적으로 긍정적인 결과를 불러
온다고 주장하지는 않는다. 뱃슨의 말대로, "공감이 유도하는 이타적
행동은 도덕적이지도 비도덕적이지도 않다. 그것은 도덕과는 상관이
없다."1

이 문제를 탐구하기 위해서 뱃슨은 사람들이 공감 때문에 대다수
사람들이 오답이라고 생각하는 대답을 할 수밖에 없는 상황을 설정했
다. 뱃슨은 피험자들에게 '삶의 질 재단Quality Life Foundation'이라는 자선
단체에 관해 이야기했다. 불치병에 걸린 아이들이 얼마 남지 않은 생
을 좀 더 편안하게 보낼 수 있도록 노력하는 자선단체였다. 그런 다음
뱃슨은 치료를 받기 위해 대기자 명단에 이름을 올려놓고 차례를 기
다리고 있는 한 아이의 인터뷰를 듣게 될 것이라고 피험자들에게 말
했다. 그러면서 한 그룹의 피험자들에게는 이렇게 말했다. "인터뷰를
듣는 동안 객관적인 입장을 취하려고 노력하세요. 인터뷰하는 아이
의 감정에 휩쓸리지 않도록 주의하세요. 사심이 없는 객관적인 태도
를 유지하려고 노력하세요." 또 한 그룹의 피험자들에게는 이렇게 말
했다. "인터뷰하는 아이가 일련의 일을 겪으며 기분이 어땠을지, 그런
일들이 그 아이의 삶에 어떤 영향을 끼쳤을지 상상해보세요. 그동안
겪어온 일들이 이 아이에게 어떤 타격을 입혔을지, 그로 말미암아 지
금 아이의 기분은 어떨지 느껴보려고 노력하세요."

공감의 배신

그 인터뷰는 셰리 서머스라는 소녀의 인터뷰였다. "아주 밝고 용감한 10살짜리" 소녀였다. 인터뷰에서는 셰리가 앓고 있는 불치병에 관한 자세한 설명이 나왔다. 그리고 셰리는 삶의 질 재단이 제공하는 의료 서비스를 너무나 받고 싶다고 이야기했다. 뱃슨은 피험자들에게 대기자 명단에서 셰리의 순서를 앞당겨달라고 특별히 요청하고 싶은지 물었다. 그리고 만약 요청이 받아들여진다면, 이것은 곧 셰리보다 앞에 있던 다른 아이들이 치료를 받기 위해 더 오래 기다려야 한다는 뜻임을 분명히 밝혔다.

효과는 강했다. 공감을 유도하는 말을 들은 피험자의 4분의 3이 셰리의 순서를 앞당기고 싶어 했다. 반면에 공감을 억제하는 말을 들은 피험자들의 경우에는 3분의 1만이 셰리의 순서를 앞당기고 싶어 했다. 공감의 효과는 정의에 대한 관심을 높이는 방향으로 발휘되지 않았다. 오히려 다른 아이들을 희생시켜서라도 공감 대상에게 특별히 더 관심을 쏟게 했다.

이는 공감을 스포트라이트에 빗대는 비유를 다시금 떠올리게 한다. 이 비유는 공감의 특징을 잘 집어낸다. 공감이 어떻게 타인의 고통을 드러내는지, 타인의 괴로움을 어떻게 실감하게 하고 눈에 띄게 하고 구체화하는지, 그래서 사람들이 공감의 대상에게 얼마나 빨리 공감하게 되는지를 여실히 보여준다. 이제 무언가 가닥이 잡히는 듯하다. 우리가 상대방에게 공감하지 않으면 그 사람을 돕지 않을 거라고 믿는 사람은 스포트라이트와 같은 공감의 성질을 아주 좋게 평가할 수도 있다.

그러나 이 비유는 공감의 약점 또한 분명하게 보여준다. 스포트라이트는 빛을 비출 특정한 공간을 골라내고 나머지는 어둠 속에 방치한다. 스포트라이트는 초점이 좁다. 여러분이 무엇을 볼지는 스포트라이트를 어디에 비추느냐에 따라 달라진다. 따라서 스포트라이트의 초점은 여러분의 편견에 영향을 많이 받는다.

우리의 도덕적 삶에서 스포트라이트처럼 쓰이는 것은 공감 말고도 많다. 분노, 죄책감, 수치심, 감사와 같은 감정들도 비슷하게 쓰인다. 그러나 모든 심리 과정이 이런 식으로 제한되는 것은 아니다. 우리는 추론을 할 수 있다. 여기에는 보다 추상적인 도덕적 추론도 포함된다. 비용과 편익을 고려하거나 일반 원칙에 입각하여 결정을 내릴 수 있다. 짐작건대 셰리 서머스의 대기 순서를 앞당기지 않기로 한 사람들은 바로 이런 추론을 통해 그런 결정을 내렸을 것이다. 그들은 셰리의 딱한 처지만 확대해서 보지 않고, 한 걸음 물러나서 객관적으로 바라보았다. 어쩌면 이렇게 덜 감정적인 시각이 너무 냉정하고 인간미가 없다고 걱정하는 사람도 있을지 모른다. 그리고 이런 공정한 추론을 조잡한 형광등 불빛에 비유할지도 모른다. 이에 관해서도 나중에 살펴볼 생각이다. 지금 내가 말하고픈 요지는 공감의 한계가 어쩔 수 없는 것이 아니라는 점이다.

공감에는 스포트라이트의 속성이 있기 때문에 공감에 의존했다가 비뚤어진 결과를 얻을 수도 있다. 합리적인 사람이라면 절대로 지지하지 않을 결과가 나올 수도 있다는 말이다. 이 사실을 확인해주는 흥미로운 심리 실험이 몇 가지 있다.

한 연구진이 피험자들에게 10달러를 주었다. 그리고 돈이 한 푼도 없는 다른 사람에게 주고 싶은 만큼 주어도 좋다고 말했다.**2** 모든 활동은 익명으로 이루어졌다. 개개인은 번호로만 식별되었고, 피험자는 제비뽑기 방식으로 번호를 뽑았다. 일부 피험자는 번호를 뽑은 다음에 얼마를 기부할지 정했고, 일부 피험자는 얼마를 기부할지를 정한 다음에 번호를 뽑았다. 묘하게도 번호를 뽑고 기부 금액을 정한 사람들이 기부 금액을 정하고 번호를 뽑은 사람들보다 훨씬 많은 돈을 기부했다. 무려 60퍼센트 이상 차이 났다. 짐작건대 번호를 먼저 뽑으니까 그저 추상적인 어떤 대상이 아니라 돈이 없는 특정인이 상상이 되어서 그랬을 것이다.

이 연구진은 또 다른 연구를 진행했다. 연구진은 집이 없는 가족에게 집을 지어주는 해비타트 운동Habitat for Humanity에 돈을 기부해달라고 사람들에게 요청했다.**3** 어떤 이들에게는 "가족을 선정했다"라고 했고, 또 어떤 이들에게는 "가족을 선정할 것이다"라고 말했다. 이번에도 이 미묘한 차이로 말미암아 결과에 차이가 생겼다. 집을 지어줄 가족을 선정했다는 말을 들은 피험자들이 더 많은 돈을 기부했다. 구체적인 대상(선정된 특정인)과 좀 더 추상적인 대상(무수한 사람들 가운데 앞으로 선정될 사람)의 차이가 불러온 결과일 것이다.

또 다른 연구에서는 우리가 한 사람의 고통에 반응하는 방식과 여러 사람의 고통에 반응하는 방식을 비교했다.**4** 심리학자들은 일부 피험자에게, 한 아이의 목숨을 살리는 약을 개발하려면 돈이 필요한데 얼마나 기부할 생각이냐고 물었다. 그리고 다른 일부 피험자에게는 8명의 아이들을 살리는 약을 개발하려면 돈이 필요한데 얼마나 기부할 생각이냐고 물었다. 사람들은 두 경우 다 비슷한 액수를 기부하겠다고 말했다. 그런데 세 번째 그룹에 속한 피험자들에게는 아이의 이름을 말해주고 사진을 보여주자 기부 액수가 급등했다. 그리고 8명의 아이들보다 1명의 아이에게 더 많은 기부금이 모였다.

이런 실험 결과는 모두 이른바 '인식 가능한 희생자 효과'가 나타난 것으로 볼 수 있다. 토머스 셸링Thomas Schelling은 40년 전에 이렇게 말했다. "갈색 머리의 6살짜리 소녀가 크리스마스까지 살아 있으려면 수술을 받아야 하는데 수술비가 수천 달러에 이른다고 하면, 여기저기서 기부금이 몰려들 것이다. 그러나 판매세를 거두지 않으면 매사추세츠 병원 시설이 악화되어 막을 수 있는 죽음을 막지 못하는 사례가 눈에 띄게 늘어날 것이라고 하면, 눈물을 흘리거나 수표책에 손을 뻗는 사람이 많지 않을 것이다."[5]

'인식 가능한 희생자 효과'는 인간의 타고난 감정에 관해 좀 더 일반적인 사실을 보여준다. 바로 인간의 감정은 간단한 산수조차 할 줄 모른다는 사실이다. 특정인의 고통을 걱정하는 방향으로 생각이 흘러가면 1,000명의 고통보다 1명의 고통을 더 중요하게 생각하는 그릇된 상황을 만들어낸다.

간단한 산수조차 할 줄 모르는 감정의 성질을 이해하고 싶으면, 머나먼 나라에서 지진으로 200명이 죽었다는 소식을 방금 들었다고 상상해보라. 기분이 어떤가? 자, 그런데 알고 보니 실제 사망자 수는 2,000명이라고 한다. 아까보다 기분이 10배 정도 나빠진 것 같은가? 아까보다 조금이라도 더 안 좋아졌는가?

그렇지 않을 것이다. 실제로 1명이 100명보다 더 중요할 수 있다. 한 사람은 다수가 할 수 없는 방식으로 감정을 불러일으킬 수 있기 때문이다. 스탈린도 이런 말을 했다지 않은가. "한 사람의 죽음은 비극이지만, 100만 명의 죽음은 통계일 뿐이다." 언젠가 마더 테레사도 이런 말을 했다. "무리를 보면 어떤 행동도 하지 않을 테지만, 한 사람을 보면 행동할 것이다."

도덕적 결정에 관한 한, 숫자가 중요하다는 사실을 인지할 수 있다면 그것은 감정이 아니라 이성 때문이다.

스포트라이트가 안고 있는 한 가지 문제가 초점이 좁다는 점이라면, 또 다른 문제는 여러분이 가리키는 곳만 빛을 비춘다는 점이다. 따라서 편견에 영향을 많이 받는다.

앞에서 살펴보았듯이, 신경과학 연구는 공감의 편향에 관해 많은 이야기를 들려준다. 공감 경험에 관여하는 뇌 영역은 공감 대상이 친구인지 아니면 적인지, 우리 편인지 아니면 남의 편인지에 민감하다. 또한 공감 대상의 겉모습이 보기 좋은지 아니면 역겨운지 등등에 예민하다.

'인식 가능한 피해자 효과'와 마찬가지로, 우리는 현실에서 이런 편견들을 볼 수 있다. 지난 수십 년간 미국인의 정서를 사로잡았던 사건들을 생각해보라. 그중에는 여자아이들이 우물에 빠진 사건도 있다. 1949년 3살 된 여자아이 캐시 피스커스Kathy Fiscus가 캘리포니아주 산마리노에서 우물에 빠졌고, 온 나라가 이 아이를 걱정했다. 40년 뒤인 1987년 10월에는 18개월밖에 안 된 아기가 텍사스에 있는 좁은 우물에 빠졌다. 제시카 매클루어Jessica McClure라는 이 아이에게 온 국민의 관심이 집중되었고, 장장 55시간에 걸쳐 구조 작업이 진행되었다. 당

시 로널드 레이건Ronald Reagan 대통령은 이렇게 말했다. "이 일이 진행

되는 동안 모든 미국인이 세시가의 내모와 대부끼 되었습니다."⁶

　군중 속에서 인식 가능한 희생자를 찾을 수만 있다면, 대규모의 사
건들도 우리의 관심을 사로잡을 수 있다. 우리는 2004년의 쓰나미,
2005년의 허리케인 카트리나, 2011년의 허리케인 아이린, 2012년의
허리케인 샌디, 그리고 2001년 9월 11일 쌍둥이 빌딩 테러와 같은 특
정 비극과 재난, 중대한 범죄에 깊은 우려를 표하며 함께 아파한다.
코네티컷주 뉴타운에 있는 샌디훅 초등학교에서 총기난사로 20명의
어린이와 6명의 성인이 살해당했을 때도 나라 전체에 슬픔이 번졌고
어떤 식으로든 주민들을 돕고자 하는 강한 열망이 사람들 사이에 퍼
져 나갔다.

　이런 사례들은 모두 다 심각한 사건이었다. 그런데 이런 사건들과
달리 사람들의 관심을 끌지 못한 사건들도 많다. 왜일까? 왜 어떤 사
건에는 온 나라가 관심을 쏟고 어떤 사건에는 그러지 않을까?

　객관적으로 볼 때 사건의 중대성과는 아무 관련이 없다. 18살의 미
국인 학생이었던 나탈리 홀러웨이Natalee Holloway가 아루바섬에서 휴가
를 보내던 중에 실종되는 사건이 벌어졌고, 아마도 납치 후 살해된 것
으로 추정되었다. 폴 슬로빅Paul Slovic은 나탈리 홀러웨이에게 쏟아진
엄청난 관심에 주목했다.⁷ 나탈리 홀러웨이가 실종되었을 당시 다르
푸르에서 집단학살이 발생했는데, 폴 슬로빅은 홀러웨이 실종 사건이
다르푸르 학살 사건보다 텔레비전에 훨씬 많이 보도되었다는 점을 지
적했다. 그러면서 허리케인 카트리나로 사망한 사람들 수보다 매일
10배나 많은 사람이 예방 가능한 질병으로 죽어가고 있으며, 13배나

많은 사람이 영양실조로 죽어간다고 말했다.

이러한 사건들이 부각된 것은 고통의 크기나 전체적인 중요성, 도울 수 있는 범위에 대한 평가가 반영된 것이라고 보기 어렵다. 그보다는 관심을 기울일 대상에 대한 우리의 편견이 반영된 것으로 보아야 한다. 우리는 곤경에 처한 어린아이들에게 마음을 빼앗긴다. 그 아이들이 우리와 비슷하고 우리와 같은 공동체에 속해 있는 경우에는 특히 더하다. 일반적으로 우리는 태도, 언어, 생김새가 우리와 비슷한 사람들에게 가장 신경을 쓴다. 앞으로도 우리와 우리가 사랑하는 사람들과 관련된 사건을 가장 신경 쓸 것이다.

1790년에 애덤 스미스는 지금도 유명한 예를 들어 이 점을 짚어냈다. 그는 중국에 있는 모든 사람이 지진으로 사망했다고 가정해보라고 했다. 그러고는 "유럽의 어느 인정 많은 사람"이 그 소식을 접하고 어떤 반응을 보일지 상상하며 이렇게 말했다. "내 생각에, 그는 무엇보다도 먼저 저 불행한 민족이 직면한 재난을 보고 자신이 느낀 비애를 강렬하게 표현하고, 위태롭기 짝이 없는 사람의 목숨에 대해서, 그리고 아무리 애쓰고 수고해도 한순간에 괴멸되고 마는 노동의 허망함에 대해서 서글픈 마음으로 숙고할 것이다. (…) 그리고 이 모든 문제에 관한 생각이 충분히 정리되고 나면, 이 모든 문제를 보고 느낀 인도적 감정을 충분히 표현하고 나면, 그런 사고가 일어나지 않았을 때와 똑같이 느긋하고 편안하게 하던 일을 계속할 것이다. 쾌락을 추구할 것이고, 휴식을 취하거나 기분전환을 할 것이다."**8**

그런 다음 애덤 스미스는 그의 이런 반응을 좀 더 개인적인 사건이 일어날 때 그가 보이는 감정 반응과 비교한다. "그에게 일어날 수 있는 가장 하찮은 재난이 오히려 더 실질적인 불안을 초래할 것이다. 만일 그가 내일 자기 새끼손가락을 잃어야 한다면, 오늘밤 그는 잠을 이루지 못할 것이다. 그러나 본인이 직접 목격한 일이 아니라면, 설령 1억 명의 인류가 파멸할지라도 안심하고 코를 골며 잠들 것이다."

애덤 스미스가 든 예시를 조금 수정해서, 내일 새끼손가락을 잃을 사람이 여러분이 아니라 여러분과 가장 가까운 사람이라고 가정해보자. 여러분의 어린 자녀가 내일 새끼손가락을 잃는다. 장담하건대, 여러분은 분명 오늘밤 잠을 이루지 못할 것이다. 머나먼 나라에서 수많은 사람이 죽었다는 소식을 들었을 때보다 훨씬 더 심란할 것이다. 솔직하게 인정하기 쉽지 않은 얘기지만, 사실 이름도 들어본 적 없는 나라에서 어떤 비극이 일어났다는 소식을 접할 때보다 인터넷이 불안정하고 속도가 느릴 때 더 화가 나는 법이다.

물론 예외도 있다. 가끔은 머나먼 곳에서 발생한 사건에 마음이 휩쓸릴 때가 있다. 그러나 대개 이런 일은 그들의 고통을 부각시키는 이미지나 이야기가 함께 제시될 때 일어난다. 이미지와 이야기가 가까운 지역에서 일어난 사건을 염려할 때 활성화되는 감정과 정서를 촉발하는 역할을 하는 것이다.

작가들과 제작자들과 저널리스트들이 어떻게 도덕적 관심을 끌어내는가 하는 질문은 책 한 권으로 엮어도 좋을 만큼 아주 매혹적인 주제다. 하지만 그런 일은 이미 실제로 일어나고 있다. 그들은 문학 작품, 영화, 텔레비전 프로그램 같은 것을 통해 낯선 이방인의 고통에 사람들이 관심을 기울이도록 유도해왔다.**9** 해리엇 비처 스토Harriet Beecher Stowe가 1852년에 발표해서 19세기 내내 베스트셀러에 올랐던 소설 《톰 아저씨의 오두막Uncle Tom's Cabin》은 노예제도에 대한 미국인의 태도를 바꾸는 데 중요한 역할을 했다. 찰스 디킨스의 《올리버 트위스트Oliver Twist》는 19세기 영국에서 아이들을 대하는 방식을 바꾸어놓았다. 알렉산드르 솔제니친Aleksandr Solzhenitsyn의 소설은 사람들에게 소련의 정치범 강제노동수용소의 공포를 생생하게 전했다. 〈쉰들러 리스트Schindler's List〉와 〈호텔 르완다Hotel Rwanda〉 같은 영화들은 그런 계기가 없었으면 우리가 전혀 신경 쓰지 않았을 사람들의 곤경에 관심을 기울이도록 인식을 확대하는 역할을 했다. 우리는 이런 작품들 덕분에 때로는 과거에 있었던 사건에 대해, 때로는 다른 나라에서 발생한 사건에 관심을 기울이게 되었다.

그런데 우리와는 거리가 먼 수많은 사건들 중 어느 사건에 초점을 맞출지는 저널리스트들과 영화제작자들, 소설가들의 직관에 의해 결정된다. 그들은 어떤 사건이 가장 의미가 있고 어떤 사건이 가장 대중의 마음을 움직일지 직감으로 선택한다. 그 결과, 어떤 것들은 많은 사람에게 아주 중요한 문제임에도 전혀 주목을 받지 못한다. 미국 교도소의 끔찍한 상황에 관한 이야기는 사람들의 관심을 끌지 못한다. 수백만 명의 삶과 관련된 문제이지만, 대부분의 사람들은 그 수백만 명에게 전혀 신경 쓰지 않기 때문이다. 예를 들어, 많은 사람들이 교도소 내 강간 문제를 우스갯소리 정도로 치부하거나 '뿌린 대로 거둔다'는 격언을 증명하는 흡족한 증거쯤으로 여긴다.

우리는 누구에게 신경 쓸지를 선택하고, 그 선택이 이런 차별을 낳는다. 약 20년 전, 작가 월터 아이작슨Walter Isaacson은 당시 수단에서 일어난 비극이 객관적으로 볼 때 더 큰 문제인데도 이것은 상대적으로

소홀히 여기고 소말리아의 위기에만 온통 관심을 쏟는 미국인들에게 딩혹감을 표했다. 그는 사람들에게 호소하듯 물었다. "소말리아가 사진을 더 잘 받는다는 이유로 수단은 무시하고 소말리아만 구조할 셈입니까?"[10]

소말리아 이전에 비아프라에도 기근이 있었다. 저널리스트 필립 고레비치Philip Gourevitch는 "한쪽 다리를 잃고, 배가 풍선처럼 부풀어 오르고, 눈이 침침해진" 아이들에 관한 텔레비전 보도에 미국인이 얼마나 울컥했는지 이야기한다.[11] 하루에 2만 5,000통이 넘는 편지가 미 국무부에 쏟아졌다. 당시 미국 대통령이었던 린든 존슨Lyndon Johnson이 국무 차관에게 "저 검둥이 아이들 좀 TV에 안 나오게 해"라고 말할 정도였다.

나는 이 책을 쓰면서 '재난 이론'이라는 연구 분야가 있다는 걸 알게 되었다.[12] 이 분야의 많은 저작이 이기적인 동기를 탐구한다. 예를 들어, 미국에서는 대통령이 선거 기간에 국가 재난을 선포할 가능성이 높고, 민주당과 공화당이 초접전 양상을 보이는 경합 주州들에는 다른 주들보다 후원금이 더 많이 들어온다. 결국 재난을 해결하라고 배정한 돈이 유인책과 보상책으로 쓰이는 일이 벌어진다. 합리적으로 판단할 때 도움이 가장 필요한 곳 또는 사람들이 최고의 선행을 할 수 있는 곳과 우리가 자의적으로 관심을 기울이는 곳이 일치하지 않을 수 있음을 보여주는 연구도 있다. 아이작슨이 푸념했던 부분이 바로 이것이다.

물론 섣불리 판단하기 어려운 경우도 있다. 수단보다 소말리아를 우선시하는 것이 잘못인지는 분명치 않다. 그러나 기름에 흠뻑 젖은

펭귄이나 에볼라에 감염된 개처럼 사랑스러운 동물들이 걱정되어 생명을 살리는 데 쓰일 돈과 관심을 모은다면, 이 경우는 옳고 그름을 판단하기가 전혀 어렵지 않다. 2014년에 댈러스 시는 에볼라에 감염된 개를 치료하는 데 2만 7,000달러를 사용했다.

내가 거론한 모든 편견이 공감의 작용에 반영된다는 말은 아니다. 그러나 그중 일부가 반영되는 것은 사실이다. 여러분과 비슷하거나 과거에 여러분에게 친절했거나 여러분이 사랑하는 사람에게 공감하기가 훨씬 쉽다. 그리고 그렇기 때문에 여러분의 도움을 받을 가능성이 큰 사람들도 바로 그들이다. 신경과학 실험에서 나타나는 것과 똑같은 공감 편향이 일상적인 대인관계에도 영향을 미친다.

그러나 다른 편향들이 나타나는 데에는 공감보다 더 깊은 원인이 있다. 우리는 낯선 사람보다 친구들과 가족들을 편애하게 되어 있다. 반대편에 있는 다른 집단 사람들보다는 같은 집단 사람들에게 더 신경을 쓰게 마련이다. 진화의 역사를 감안할 때 인간의 이런 본성은 어쩔 수 없는 것이다. 다윈의 관점에서 보면, 유전자를 공유하고 과거에 도움을 받았던 이들에게 특별한 감정을 갖지 않는 생물은 도태되게 마련이다. 좀 더 편협한 본성을 지닌 경쟁자들에 비해 쇠퇴할 수밖에 없다.

우리와 가까운 사람들을 편애하는 성향은 일반적이다. 이런 편향은 우리가 언제든 공감할 준비가 되어 있는 상대에게 영향을 준다. 그러나 또한 우리가 좋아하는 사람, 우리가 보살피는 사람, 우리가 특별한 관계를 맺을 사람, 우리가 혼내줄 사람 등등에게도 영향을 준다. 이 편견이 영향을 미치는 범위는 공감보다 훨씬 광범위하다.

나근 편향들은 주목하는 방식에 의해 모습을 드러낸다. 우리는 새것에 흥미를 느끼게 마련이다. 늘 똑같은 옛것에는 무신경하다. 항상 윙윙거리는 냉장고 소리를 무시할 수 있듯, 아프리카 아이들의 굶주림이나 미국에서 일어나는 살인사건처럼 항상 보이는 문제들에는 단련이 된다. 하루가 멀다 하고 총기 난사 사건이 텔레비전 화면과 신문 헤드라인과 인터넷을 장식한다. 주요 사건들이 우리의 집단 기억에 자리하고 있다. 컬럼바인 고등학교 총기 난사 사건, 버지니아 공대 총기 난사 사건, 오로라 총기 난사 사건, 샌디훅 초등학교 총기 난사 사건. 희생자가 여러분이 아는 사람이 아닌 한, 살인사건의 99.9퍼센트는 그저 일상 소음에 불과하다.

이런 편향들은 공감과는 별개다. 그러나 공감에는 스포트라이트와 같은 성질이 있다. 이것은 곧 공감이 이런 편향에 쉽게 영향을 받는다는 뜻이다. 공감은 초점이 좁고 특수 사례에 끌리고 간단한 산수조차 할 줄 모른다. 이것은 곧 공감이 우리의 관심을 끄는 요소와 인종에 대한 선호 등에 늘 영향을 받는다는 뜻이다. 따라서 공감에서 빠져나와 규칙과 원칙을 적용하고 비용과 편익을 계산할 때에만 우리는 조금이라도 공명정대해질 수 있다.

이런 편향들이 정말 그렇게 문제가 될까? 이런 걱정을 하는 사람들은 친절도 제로섬 게임이라고 말할지 모른다. 돈과 시간은 유한하다. 고래보호운동Save the Whales에 돈을 보내면 옥스팜Oxfam(옥스퍼드에 본부를 둔 극빈자 구제기관)에 보낼 돈이 없다. 지역 미술관 기금 마련을 위해 가가호호 방문하는 데 시간을 쓰면 노숙자들을 도울 시간이 없다.

하지만 그래서 어떻다는 것인가? 우리는 완벽하지 않다. 정말로 우리가 인종차별적이고 편협하고 편견에 가득 찬 동기로 타인을 돕는 것이 사실이라고 치자. 그렇다 하더라도 아무것도 안 하는 것보다는 낫다. 공감이나 공감과 비슷한 감정들이 잘못된 방식으로 타인을 돕도록 우리를 부추길 수도 있다. 그러나 그런 감정이 없었다면 우리는 타인을 돕지 않을 것이다. 결국 친절의 제로섬에 관한 걱정은 일단 기부를 하거나 자원봉사를 하는 경우에만 유효하다. 만약 어떤 사람이 좋은 일을 하려는데 공감이 그가 덜 좋은 일을 하도록 유도한다면, 공감을 비난해야 마땅하다. 그러나 어떤 사람이 좋은 일을 하지 않으려고 하는데 공감이 그가 좋은 일을 하도록 유도한다면, 공감은 좋은 것이다.

공감을 두고 불평하는 것은 이런 농담을 하는 것과 같다. 한 유대인 할머니가 손자와 해변을 산책하고 있었는데, 파도가 밀려드는 바람에 손자가 바다에 빠졌다. 할머니는 무릎을 꿇고 흐느끼면서 신에게 기도한다. "손자를 제게 돌려주세요. 오, 하느님, 제발 손자를 살려주세요. 오, 하느님, 뭐든 하겠습니다." 할머니는 신에게 계속해서 간청했고, 그러자 갑자기 파도가 손자를 해변으로 밀어냈다. 손자는 달려가 할머니의 품에 안겼고 할머니는 손자를 꼭 끌어안았다. 다음 순간, 할머니는 하늘을 쳐다보며 약간 짜증스럽게 말했다. "원래는 모자 쓰고 있었는데."

물론 신이 모자까지 돌려줄 수도 있었다. 그렇다고 그런 불평이 과연 적절한가?

이 내용을 명심하면서, 우리의 감정이 초점을 잘못 맞추는 사례를 살펴보자. 싱어가 이런 예를 들었다.[13] 백혈병에 걸린 5살짜리 소년 마일스 스콧Miles Scott은 메이크어위시 재단Make-A-Wish Foundation의 도움을 받아 하루 동안 슈퍼히어로 '배트키드'가 되었다. 마일스 스콧은 배트맨 복장을 하고 배트카를 타고 샌프란시스코를 달렸다. 곤경에 처한 소녀를 구하고, 악당 리들러를 생포했다. 그리고 샌프란시스코 시장에게 도시의 열쇠를 받았다. 그러는 동안 수천 명의 사람들이 마일스를 응원했다.

싱어도 이 이야기를 듣고 훈훈한 감동을 받았다고 인정한다. 그래도 비용이 얼마나 들었는지는 궁금했다. 메이크어위시 재단은 한 어린이의 소원을 이뤄주는 데 들어가는 평균 비용이 7,500달러라고 했다. 배트키드 시나리오는 틀림없이 그보다 돈이 많이 들 것이다. 7,500달러는 액수를 낮춰 잡은 것이라고 보면 된다. 싱어는 말라리아가 기승을 부리는 지역에 모기장을 제공하는 데 그 돈을 썼더라면 세 아이의 목숨을 살릴 수 있었을 것이라고 말한다. 그리고 이렇게 덧붙인다. "한 아이를 하루 동안 배트키드로 만들어주는 것보다 한 아이의 생명을 구하는 것이 훨씬 값진 일이다. 아들이 하루 동안 배트키드로 사는 것과 백혈병에서 완치되는 것 중 하나를 고르라고 하면, 마일스의 부모도 당연히 소원 대신 생명을 선택했을 것이다. 한 아이가 아니라 여러 아이의 생명이 걸린 문제라면, 선택은 더 분명하지 않을까. 말라리아예방재단(AMF)은 말라리아 위험 지역 가정에 모기장을 보급하는 자선단체다. 같은 돈을 말라리아예방재단에 기부하면 훨씬 큰 보탬이 될 텐데, 많은 사람이 메이크어위시 재단에 돈을 기부하는 이유는 뭘까?"

한 아이에게 멋진 하루를 선물하는 것보다 세 아이의 목숨을 살리는 편이 낫다는 사실을 부인할 사람은 아무도 없을 것이다. 그러나 사람들이 일반적으로 이런 선택을 하는 것은 아니라고 싱어에게 항의하는 사람은 있을 것이다. 마일스의 소원을 들어주는 데 돈을 기부하지 않는다고 해서, 말라리아에 걸린 다른 아이들을 살리는 데 그 돈을 기부하지는 않을 것이다. 사실 사람들은 그 돈을 덜 좋은 일에 쓸 수도 있었다. 더 멋진 차를 사고, 더 좋은 곳으로 휴가를 가고, 주방을 개조할 수도 있었다. 싱어가 진정한 실용주의자라면, 그 돈을 그런 데 쓰는 것보다는 한 아이를 배트키드로 만드는 데 쓰는 편이 낫다고 그도 인정할 것이다.

그래서 나는 자선에 관한 결정에 공감을 이용할 때의 가장 큰 문제가 제로섬 원리라고 보지 않는다. 내가 걱정하는 부분은 따로 있다.

공감이 동기가 된 친절은 종종 나쁜 결과를 낳는 것으로 밝혀졌다. 공감에서 비롯된 친절은 세상을 개선하기는커녕 더 악화시킬 수도 있다. 물에 빠진 아이를 구했는데 그 아이가 히틀러였다는 예처럼, 철학자나 생각할 법한 이상한 사례를 거론할 생각은 없다. 도덕적 선택을 하는 방식과는 상관없이 이따금 일이 틀어질 때가 있다. 공감에서 비롯된 행동이 나쁜 결과를 낳는 실제 사례가 있다는 뜻이다.

이런 일이 어떻게 일어나는지 알아보기 위해, 자선활동과는 전혀 다른 분야인 양육에 대해 생각해보자. 자녀의 입장을 너무 많이 생각하는 부모는 지나치게 보호하고 지나치게 걱정하고 겁내고 머뭇거리느라 제대로 된 훈육과 통제를 하지 못한다. 올바른 양육에는 자녀가 겪는 단기간의 고통에 대처하는 일도 포함된다. 실제로 가끔 부모가 자녀에게 단기간의 고통을 안겨줄 때도 있다. 아이들이 원하는 일을 못하게 하는 것도 여기에 포함된다. "저녁에는 케이크 먹으면 안 돼." "문신하면 안 돼." "평일 밤에는 늦게까지 나가 놀면 안 돼." 이럴 때는 약간의 규율을 부과하게 되고, 거의 대부분의 규율은 당연히 아이들의 생활에 불편함을 안겨준다. 공감은 규율을 잡는 데 방해가 된다. 아이들에게 정말로 좋은 것을 희생시켜서 지금 당장 아이들이 행복해하고 신나하는 것에만 초점을 맞추기 때문이다. 부모의 이기적인 관심을 무시하는 것이 양육의 어려운 문제라는 말을 가끔 듣는다. 그런데 그것 말고도 어려운 문제가 하나 더 있다. 여러분의 '공감적 염려', 즉 주변 사람들이 당면한 고통을 덜어주고픈 강한 열망을 무시하는 것이다.

이쯤에서 자선활동에 관한 논의로 다시 돌아가면, 싱어는 많은 사람이 '따뜻한 빛'을 전하는 사람이라고 지적한다.[14] 사람들은 여러 대의에 돈을 나눠주려는 생각으로 다수의 자선단체에 적은 돈을 기부한다. 예쁜 디저트가 가득 쌓여 있는 테이블에서 작지만 특별한 선물 같은 디저트를 고를 때처럼, 각각의 기부가 독특한 즐거움을 선사하기 때문이다. 그러나 기부금을 처리하는 비용이 기부금보다 더 클 수 있기 때문에 사실 소액의 기부금은 사신 단체에 손해가 될 수 있다. 또한 싱어는 이 사실을 언급하지 않았지만 자선단체는 대개 후원자에게 후속 조치를 취하는데, 여기에 돈이 많이 든다. 후원자에게 우편물을 보내는 경우에는 특히 비용이 많이 든다. 만약 여러분이 반대하는 대의를 지지하는 몇몇 단체에 해를 끼치고 싶으면, 그 단체에 5달러를 기부하는 것도 하나의 방법이다.

이보다 훨씬 더 심각한 쟁점 중 하나로, 개발도상국에 대한 서구 국가의 원조를 생각해보자.[15] 그런 원조가 실제로 얼마나 도움이 되는지를 두고 논란이 상당하고, 부정적인 영향을 많이 끼친다는 의견이 늘어나고 있다. 부유한 서구인들이 친절한 마음으로 개입한 결과 수백만 명의 삶이 악화되었다고 우려하는 사람이 많다.

이상하게 들릴 수 있는 이야기다. 배고픈 사람들에게 식량을 보내고, 아픈 사람들에게 의료 지원 활동을 펼치는 등의 행동이 어떻게 잘못된 결과를 낳을 수 있다는 말인가? 외국의 원조를 받으면, 장기적인 경제발전과 사회발전의 혜택을 가장 많이 받게 될 지역에서 이런 발전을 추진할 유인이 감소한다. 이런 점에서 문제가 발생할 수 있다. 식량 원조는 현지 농부들과 시장을 망하게 할 수 있다(이런 염려는 사람들이 복지제도와 기업 구제 금융에 반대할 때 국내에서 터져 나오는 우려와 같은 종류다. 기업 구제 금융 덕분에 사람들이 실직하지 않고 일자리를 지킴으로써 당장에는 상황이 조금 개선될지 몰라도, 이런 개입이 나중에는 부정적인 결과를 낳을 수 있다). 대량 학살에 연루된 이들이 포함된 전투원들에게 식량 원조와 의료 지원이 이뤄지면, 결국 원조 덕분에 목숨을 구하는 사람보다 목숨을 잃는 사람이 더 많을 수 있다는 우려가 있다.

또한 이 세상에는 다른 사람들을 착취하는 파렴치한이 있다. 그들은 나쁜 결과를 의도하고 전략적으로 공감을 불러일으킨다. 고아원의 경우를 생각해보자. 많은 사람들이 불우한 아이들을 보면 지속적인 공급 체계를 확립하고 싶어 한다. 캄보디아를 예로 들어보자. 캄보디아 고아원에 있는 아이들은 부모가 없는 아이들이 아니다. 대부분의 경우 엄마와 아빠 중 하나는 있다. 고아원은 결국 가난한 부모들이 자녀를 포기하게 만든다. 〈뉴욕 타임스〉에 기고한 한 작가는 이 문제를 이렇게 요약했다. "캄보디아 상황에 공감한 외국인들은 단순히 기부금을 전달할 뿐만 아니라 때로는 직접 단체를 설립한다. 이 때문에 캄보디아에는 고아원이 넘쳐난다. (…) 깨끗하게 잘 관리되는 고아원도 있지만 시설이 노후한 고아원이 많고, 유엔에 따르면 아이들이 성적 학대의 위험에 노출되어 있는 경우가 많다. (…) 프놈펜에 인권단체를 세운 우 비락Ou Virak은 '동정심이야말로 가장 위험한 감정이다'라고 말했다. '캄보디아는 거지 근성에서 벗어나야 한다. 그리고 외국인들은 순수한 감정에 반응하는 것을 이제 멈춰야 한다.'"**16** 이번 장의 주제와 일맥상통하는 이야기다.

이번에는 개발도상국에서 구걸하며 사는 아이들을 생각해보자. 잘 먹어서 얼굴에 기름기가 도는 서구인들이 앙상하게 마른 아이를 보면 충격을 받게 마련이다. 마음씨 좋은 사람이라면 그 모습을 보고 도와주지 않을 도리가 없다. 그러나 그런 행동은 결국 수많은 아이를 노예로 삼고 걸핏하면 폭행하는 범죄조직을 후원하는 것이나 마찬가지다. 구걸하는 아이들에게 돈을 줌으로써 여러분은 세상을 더 악화시키는 셈이다. 당장 눈앞에 있는 사람을 돕는 것처럼 보이는 행동이 더 많은 사람들에게 끔찍한 결과를 가져올 수 있다.

의도치 않은 결과를 논하다 보면 절대 돕지 말아야 한다는 결론에 이를 수도 있다. 물론 나는 그렇게 생각하지 않는다. 많은 자선단체가 훌륭한 일을 하고 있다. 친절과 노고와 자선 기부는 대개 원래 의도했던 대로 세상을 더 좋은 곳으로 만든다. 헌혈을 하고, 말라리아 확산을 막기 위해 모기장을 지급하고, 시각장애인에게 책을 읽어주는 등의 행동은 선한 행동이다. 모든 자선활동이 오 헨리의 소설처럼 음울한 반전으로 막을 내리는 것은 아니다. 의도치 않은 결과에 집착하며 우려를 표하는 것은 이기심과 무관심에 대한 변명에 불과하다.

그러나 단순히 좋아 보이는 일이 아니라 실제로 좋은 일을 하려면 처리해야 할 복잡한 문제가 많다. 때로는 악의적이고 탐욕스러운 경쟁 상대의 착취에도 주의해야 한다. 그러려면 공감이라는 덫에 빠지지 않도록 한 걸음 뒤로 물러서야 한다. 결론은 기부를 하면 안 된다는 말이 아니다. 기부를 하되, 결과를 내다보면서 현명하게 해야 한다는 말이다.

그러나 지금도 여전히 이렇게 걱정하는 사람이 있을 것이다. 공감에는 스포트라이트 같은 성질이 있어서 이따금 우리를 엇나가게 하지만, 그렇다고 공감하기를 포기하면 우리는 어떤 일도 하지 않게 될 것이라고 말이다. 우리는 자기 자신 외에는 어느 누구에게도, 어떤 일에도 신경 쓰지 않을 것이고 세상은 지옥이 될 것이다.

나는 이것이 빈약한 도덕적 상상력을 반영하는 견해라고 생각한다. 공감 때문에 발생하는 대가를 치르지 않고도 우리에게 공감이 주는 유익을 안겨줄 수 있는 다른 힘이 많다는 사실을 인식하지 못한 탓이다. 이미 우리는 물에 빠진 아이를 구하는 일부터 신장을 기증하는 일까지 일상생활에서 공감에 자극받지 않고 하는 선행의 사례를 여럿 살펴보았다. 선한 일을 하는 동기는 가지각색이다. 다음 장에서 다시금 살펴볼, 인류를 향한 보편적인 염려나 연민도 여기에 포함된다. 또한 평판에 대한 걱정, 분노나 자부심이나 죄책감 같은 감정, 종교적·세속적 신념 때문에 선한 일을 하기도 한다. 우리는 이 세상에서 이루어지는 옳은 일들에 대해 너무 성급하게 공감에 모든 공을 돌리는 경향이 있다.

또 다른 예를 하나 들어보자. 어렸을 때 나는 저녁 무렵 아버지가 주방 식탁에 앉아 후원을 요청하는 다양한 자선단체에 보낼 수표를 적는 모습을 지켜보았다. 아버지는 편지에 구구절절하게 묘사된 고통에 공감하며 가슴 아파하지 않았다. 사실 편지를 잘 읽지도 않았다. 그런데도 내가 편지에 대해 묻자, 아버지는 자기보다 불우한 사람들을 도와야 할 보편적인 의무가 있다고 생각한다고 말씀하셨다. 얘기했듯이, 그런 식의 무분별한 기부는 위험하다. 하지만 이 이야기가 우리에게 알려주는 사실이 하나 있다. 한 걸음 뒤로 물러서서 자신과 다른 사람이 하는 선한 일을 살펴보라. 그러면 비뚤어지고 근시안적인 공감의 힘보다 훨씬 더 많은 힘이 선행에 작용한다는 사실을 깨닫게 될 것이다.

나는 사람들의 고통을 덜어주고 세상을 더 좋은 곳으로 만들고 싶어서 타인을 보살피는 행동과, 그 일을 하는 가장 좋은 방법을 모색하는 이성적 판단이 결합할 때 비로소 우리가 선량한 사람이 될 수 있다고 생각한다. 이것을 '효율적 이타주의'라고 부르는데, 바로 여기에 초점을 맞춘 프로젝트가 있다.[17] '효율적 이타주의자'는 이 프로젝트를 "가슴과 머리를 결합하는 사회 운동"으로 정의한다. 훌륭한 모토다. 선을 행하도록 동기를 부여하는 데는 가슴이 필요하고, 선을 행하는 최선의 방법을 알아내는 데는 머리가 필요하니 말이다.

그러나 가슴과 머리를 결합하는 것이 말처럼 쉽겠는가. 자신의 신장을 생면부지 타인에게 기증한 크라빈스키는 사람들이 자신의 행동을 유별나다고 생각하는 이유가 "간단한 산수조차 할 줄 몰라서"라고 했다.[18] 그러나 이 말은 정확하지 않다. 진짜 문제는 사람들이 대개 산수에는 관심조차 없다는 점이다.

하지만 설득하면 된다. 정책 현안에 관해 이성적으로 사고하도록 사람들을 독려하면 된다. 반대되는 회의적인 주장이 있기는 하지만, 사람들은 대개 단순히 기분 좋은 일이 아니라 옳은 일을 하고 싶어 한다. 자선단체의 효율성을 감시하고 가장 큰 변화를 만들어낸 단체가 어떤 단체인지 밝히는 기브웰(givewell.org) 같은 사이트를 이용하는 사람이 많다. 제니퍼 루벤스타인Jennifer Rubenstein의 말대로다. '효율적 이타주의' 같은 운동들이 옹호하는 경험 정보를 바탕으로 판단하는 것이 "인식 가능한 희생자, 대중의 관심을 끄는 거대 동물(예: 북극곰), 카리스마 있는 초대형 스타(예: 그룹 'U2'의 보노), 지나치게 단순화된 악당(예: 우간다 반군 지도자 조지프 코니Joseph Kony), 재난 현장을 찍은 극적인 이미지를 바탕으로 자선을 호소하는 것보다 훨씬 낫다."[19]

그러나 모두가 '효율적 이타주의'를 숭배하지는 않는다.[20] 싱어가 〈보스턴 리뷰〉에 최근 기고한 글에서 효율적 이타주의를 옹호하자, 요청을 받은 학자들과 시민운동가들이 이에 관한 논평을 내놓았다. 비판적인 논평이 많았다. 어떤 이들은 행동의 긍정적 결과를 극대화하는 데 초점을 맞춰야 한다는 전제에는 동의했지만, 피터 싱어가 제시하는 세부 사항에는 반대했다. 사람들이 자선단체에 개인적으로 후원금을 보내는 데 힘을 덜 쓰는 대신, 무기 거래나 보호 무역 반대 같은 광범위한 정책 변화를 위해 로비 활동을 펼치는 데 집중하면 더 좋은 일이 이뤄질 것이라는 주장이었다. 또 어떤 이들은 가장 효과적인 조정을 이뤄내는 주체가 개인이 아니라 기업이라고 주장했다. 그런가 하면 의도치 않은 결과를 우려하는 목소리도 있었다. 이들은 개인 기부에 초점을 맞추면 미국 정부와 같은 기관들의 대규모 대응에 대한 지지가 약해질 수 있다고 우려했다.

싱어는 다양한 비판을 듣고 일부 논점에는 동의했지만 일부 논점에는 반대하면서 각 사안은 사례별로 판단해야 할 경험 문제라는 입장을 취했다. 하나 덧붙이고 싶은 것은 스콧 알렉산더Scott Alexander의 의견이다. 알렉산더는 현재 진행 중인 '효율적 이타주의' 운동을 지지하려면 인간의 인식에 한계가 있다는 점을 명심해야 한다고 강조했다.[21] 모기장을 보급해 말라리아 확산을 막는 활동이 제3세계 문제를 해결하는 궁극적이고 장기적인 해결책은 아닐 수 있지만, 대체로 좋은 결과를 가져올 가능성이 크다. 그에 반해, 보다 광범위한 정치적 개입의 결과는 불확실성이 훨씬 크다. 만약 효율적 이타주의 운동이 그 방향으로 나아갔다면, 다른 정치 운동들과 구별하기 어려웠을 것이고 이 운동만이 기여할 수 있는 독특한 부분도 사라졌을 것이다.

알렉산더는 이 점을 확대해 '인간 대 자연'의 문제와 '인간 대 인간'의 문제를 구분한다. 병자를 치료하는 일은 '인간 대 자연'의 문제이고, 효율적 이타주의자들이 초점을 맞추는 종류의 일이다. 세계자본주의와 싸우는 일은 '인간 대 인간'의 문제다. 이 문제는 긍정적인 변화를 오래 지속시킬 가능성은 있지만, 어떤 결과가 나올지는 확실치 않다. 어쨌든 많은 사람이 세계자본주의를 지지하고 있으며, 시장경제가 확대되면 이 세상이 더 좋은 곳이 될 것이라고 믿는다.

　결국 이 모든 것은 어떤 행동이 가장 큰 이익을 가져다줄 것인가 하는 경험 질문으로 귀결된다. 심리학자로서 나는 효율적 이타주의자가 되자는 제안이 이끌어낸 다양한 반응이 더 흥미로웠다. 맥파쿼는 이렇게 말했다. "설사 결과는 더 좋을지 몰라도, 사람들이 추상적으로 느껴질 만한 거리에서 그들에게 어떤 행동을 하는 것이 불편하게 느껴질 것이다."[22] 맥파쿼는 (아마 자신은 그러지 않을 테지만) 많은 사람이 그럴 것이라고 보았다. 폴 브레스트Paul Brest는 "신성한 척하는" 효율적 이타주의의 태도를 못마땅해했다.[23] 캐서린 텀버Catherine Tumber는 굶주리는 빈민들에게 기부할 돈을 벌기 위해 월스트리트에 취직한 맷 웨이지Matt Wage라는 청년의 사례를 걸고 넘어졌다. 그녀는 웨이지가 하는 일이 실제로 "무산계급의 고통을 가중시킨다"고 말했다. 그 일이 그의 평판을 떨어뜨린다고도 했다. "그가 하는 일은 극심한 소외감을 반영한다."[24]

　싱어는 이런 반응들을 꿋꿋하게 참아내지 못했다. 특히 본인이 할 수 있는 선행의 양을 정한다는 발상에 반대 의견을 피력하는 한편, 웨이지가 기부한 돈이 다른 사람들에게 아무 도움이 되지 않는다고 주장한 텀버에게 짜증을 냈다(당신이 그걸 어떻게 아느냐고 따졌다). 텀버의 말은 "같은 자원을 다른 자선단체에 기부하면 더 많은 사람이 실명을 면할 수 있는데도, 얼마 안 되는 사람에게만 혜택을 주는 자선단체를 기꺼이 후원하겠다는 뜻이다"라고 싱어는 말했다. 그러면서 이렇게 말을 마쳤다. "그런 게 좋다는데, 거기에 대고 뭐라고 해야 할지 도무지 모르겠다."[25]

나는 싱어의 마음이 이해된다. 몇 해 전, 한 라디오 프로그램에 출연해 아이들이 두덕성이 어디서 비롯되는지를 다룬 최근작에 대해 이야기했다. 그리고 개발도상국에서 구걸하는 아이들의 사례를 이용해 우리가 낯선 사람을 대하는 방식을 두고 한 목사님과 토론했다. 나는 걸인들에게 돈을 주는 행동이 더 많은 고통을 야기해서 결국은 사태를 악화시킬 수 있다고 조심스럽게 우려를 표했다. 따라서 걸인에게 돈을 주는 행동을 그만두어야 한다고 말했다. 돈을 기부하려면 더 나은 방식을 택해야 한다고 말이다.

목사의 반응은 아주 놀라웠다. 그녀는 사실 관계에 이의를 제기하지 않았다. 그저 자기는 걸인에게 돈을 주는 게 좋다고 말했다. 구걸하는 아이에게 음식이나 돈을 건네면, 그래서 아이가 만족해하는 모습을 보면 기분이 좋다고 했다. 그녀는 구걸하는 아이에게 자선을 베푸는 행동은 인간적인 교류라면서, 옥스팸에 접속해서 신용카드 번호를 입력함으로써 얻을 수 있는 경험이 아니라고 했다.

당시에는 아무 말도 하지 않았다. 말씨름하고 싶지도 않았고 머리도 멍했다. 지금 대답하라고 한다면, 그건 당신이 원하는 게 뭔지에 달렸다고 말할 것이다. 만약 개인적인 접촉이 주는 즐거움을 원하면, 가서 그 아이에게 뭔가를 줘라. 손이 닿을 때 찌르르 하는 기분이 들 것이다. 호텔로 돌아오는 내내 가슴 한쪽에 따뜻한 온기가 느껴질 것이다. 그러나 사람들의 삶을 실제로 개선해주기를 원한다면, 다른 일을 하라.

싱어를 비판하는 이들은 건강과 안전 외에도 사람들이 중요하게 생각하는 것이 있다고 지적한다. 맞는 말이다. 예를 들어 사람들은 존중

받고 싶어 하고, 자신의 삶을 개선하는 데 적극적인 역할을 하고 싶어한다. 비용과 편익을 생각할 때는 부유한 서구인들의 삶도 고려해야한다. 만약 텀버의 말이 옳고, 직장생활을 가난한 사람들을 돕는 일에몽땅 헌납함으로써 웨이지의 삶이 훼손되었다면 혼란에 빠질 수밖에없을 것이다. 일정한 거리를 두는 자선활동이 쌀쌀맞고 불만족스럽게느껴질 수 있다는 점도 인정한다. 내가 잘 아는 예일대 교수 중에 경제적으로 풍족한데도 돈을 기부하는 대신 자원봉사 활동을 고집하는사람이 있다. 그녀는 돈을 기부하면 좋은 일을 훨씬 많이 할 수 있다는 사실을 잘 알고 있다. 그런데도 한동안 뉴헤이븐에 있는 무료 급식소에서 정기적으로 봉사했다. 그녀는 접촉을 원했다. 나는 그것의 가치를 무시하지 않는다. 행동의 비용과 편익을 따질 때, 그녀가 그 행동을 하면서 만족을 얻는가는 중요한 요소다.

그러나 나는 실제로 고통받고 있는 사람들의 필요보다 자선을 베푸는 사람의 만족감이 더 중요하다고는 생각하지 않는다. 굶주림에 시달리는 아이가 있다면, 식량을 어떻게 전달하는지가 뭐가 중요할까?국제 구호원이 생긋 웃으며 식량을 전달하고 아이를 꼭 끌어안아주느냐, 윙윙거리는 드론을 이용해 하늘에서 식량을 떨어뜨리느냐는 중요한 문제가 아니다. 실제로 생명을 살리는 일에 비하면 인간과 인간의미묘한 접촉은 훨씬 덜 중요하다.

일레인 스캐리Elaine Scarry가 쓴 '타인 상상하기의 어려움The Difficulty of Imagining Other People'은 공감의 약점을 가장 사려 깊게 분석한 글로 꼽힌다.26 접근방식은 나와 다르지만, 보충 설명으로 손색이 없다.

스캐리는 우리가 타자를 대하는 방식이 그들의 삶을 우리가 어떻게 상상하느냐에 따라 결정된다면서, 공감에 찬성하는 태도로 글을 시작한다. "타인을 해치는 인간의 능력이 아주 큰 이유는 타인을 상상하는 우리의 능력이 너무 작기 때문"이라고 말하기까지 한다. 그러다 스캐리는 어떻게 하면 낯선 사람들과 외국인들을 조금 더 너그럽게 대하도록 사회 구성원에게 동기를 부여할 수 있을지 묻는다. 그리고는 공감에 입각한 해결책, 즉 "매일매일 자연스럽고도 너그러운 태도로 타인의 처지를 '상상하면서' 세계시민다운 아량을 베푸는 방식"이 과연 효과가 있을지 궁금해한다.

공감에 입각한 해결책은 국제 정책을 세우는 사람들 사이에서 많은 지지를 받고 있다. 머나먼 타국에 사는 사람들을 포함하여 타인을 대하는 우리의 태도에 공감이 얼마나 중요한 역할을 하는지를 상세히 설명한 누스바움 같은 철학자들 역시 이 방식을 지지한다.[27] 소설가들 중에도 이 견해를 지지하는 이들이 있다. 그들은 소설이 주는 유익 중 하나가 도덕적 상상력을 확장하는 것이라고 본다. 1856년에 조지 엘리엇George Eliot은 타인에게 친절을 베풀려면 감정을 자극하는 무언가가 필요하다고 주장했다. "일반화와 통계에 기반을 둔 호소에는 기성의 공감, 즉 이미 활동 중인 도덕 감정이 필요하다." 조지 엘리엇은 소설과 그 밖의 예술 작품을 통해 이런 도덕 감정을 불러일으킬 수 있다고 말했다. 그리고 이런 결론을 내렸다. "위대한 예술가가 표현하는 삶의 모습은 더없이 평범하고 이기적인 사람마저 놀라게 하고, 자신과 무관한 대상에게 관심을 갖게 한다. 이것을 도덕 감정의 원재료라고 불러도 좋을 것이다."[28]

그러나 스캐리는 공감에 입각한 해결책이 과연 효과가 있을지 확신하지 못했다. 타자의 삶을 상상하는 행위가 친절을 끌어내는 충분한 자극이 될 수 있을지 의심스러워했다. 스캐리는 우리가 이번 장에서 논의한 실험 연구를 근거로 의구심을 품은 것이 아니다. 일상의 직관과 경험을 바탕으로 의심을 품었다. 스캐리는 상대가 친한 친구라 하더라도 생생하게 상상하기가 어려운데 독일에 거주하는 터키인들, 미국에 사는 불법체류자들, 폭격으로 사망한 수많은 이라크 군인들과 시민들의 경우처럼 상당수의 낯선 사람들 처지를 상상하기란 불가능하다고 말한다.

이런 의견은 이전에 내가 했던 한탄을 떠올리게 한다. 공감은 간단한 산수도 할 줄 모르고 편견에 차 있다는 한탄 말이다. 수천 명의 타인이 끔찍하게 죽었다는 소식보다 내 아이가 살짝 다쳤다는 소식이 훨씬 더 가슴 아프다. 아버지라면 그런 태도를 취하는 것이 마땅한지도 모른다(다음 장 뒷부분에서 이 문제를 다시 살펴볼 계획이다). 하지만 정책 입안자라면 그래서는 안 된다. 이런 태도를 타인을 대하는 도덕 지침으로 삼아서도 안 된다.

대다수 사람들은 그러니 타인의 마음을 헤아리려고 우리가 더욱더 노력해야 한다고 말할 것이다. 그 사람이 나 때문에 고통당하고 있는 사람이거나 괴로워하는 걸 알면서도 내가 애써 외면하고 있는 사람이라면, 그 사람의 마음을 헤아리려고 더 노력하라는 요구가 타당할지 모른다. 그러나 내가 전혀 모르는 사람들을 비롯한 다수가 관련되어 있는 경우에는 올바른 충고라고 볼 수 없다. 우리가 사랑하는 사람에게 품는 마음이 낯선 사람에게도 똑같이 형성되지는 않는다. 100만

명이 겪고 있는 고통을 목격한다고 해서 한 사람의 고통을 목격했을 때보다 100만 배 더 가슴이 아프지는 않다. 직감은 잘못된 시가時價로 도덕적 행동을 평가하게 한다.

스캐리가 제시한 대안은 내가 제시한 대안과 비슷하다. 스캐리의 말에 따르면, 공감에 입각한 해결책을 지지하는 사람은 타인의 삶을 중시하고 타인이 느끼는 즐거움과 괴로움, 경험을 자신의 것만큼 중시하는 개개인에게 초점을 맞출 것이다. 듣기엔 좋지만 말처럼 쉬운 일이 아니다. 예를 들어, 부유한 미국인은 굶주리는 아프리카 어린이의 삶을 자기 자식의 삶만큼 중요하게 생각하지 않는다. 지구 온난화나 미래 전쟁이 불러올 결과를 개인의 삶보다 더 중요하게 여기는 사람은 아무도 없다. 지구 온난화나 미래 전쟁으로 피해를 보는 사람은 구체적인 대상이 아니라 추상적인 다수이기 때문이다.

스캐리는 우리에게 정반대의 길을 제시한다. 여러분이 사랑하는 사람들과 똑같은 수준으로 타인의 위상을 높임으로써 평등과 정의를 확립하려고 하지 마라. 타인을 중요하게 여기려고 하지 마라. 차라리 여러분 자신을 하찮게 여겨라. 여러분 자신의 위상을 낮춤으로써 모든 사람을 동등하게 만들어라. 여러분 자신과 여러분이 사랑하는 사람의 위상을 낯선 타인의 위상에 맞춰라.

버트런드 러셀Bertrand Russell은 신문을 읽을 때 좀 더 공정한 시각에서 사건을 이해하려면 해당 나라의 이름 대신 다른 이름을 넣어보아야 한다고 충고했다. '이스라엘'을 '볼리비아'로 바꾸어 읽고, '미국'을 '아르헨티나'로 바꾸어 읽어보라는 말이다(국가 이름 대신 X, Y, Z 같은 기호를 사용하는 편이 더 나을 것이다). 편견을 없애는 아주 훌륭한 방법

공감의 배신

이다. 스캐리의 말대로, "무지의 장막은 수백만 명의 타자에게 자신과 동등한 가치를 부여하는 대신에 자신을 꽉 채우고 있는 고유한 속성을 지워버리는, 훨씬 효율적인 전략을 통해 평등을 촉진한다."[29]

스캐리가 제시한 방안은 모두를 높이기보다는 모두를 낮춤으로써 대상을 객관화하는 방식이다. 냉정하게 들릴 것이다. 목표를 너무 낮게 잡은 것처럼 보일 수도 있다. 원하는 몸을 갖는 법을 알려준다며 루이스 C.K.가 했던 충고와 비슷하다. "그냥 보잘것없는 몸을 원하면 됩니다. 그러면 돼요. 보잘것없고 추하고 혐오스러운 몸을 원하시면 됩니다."[30] 모든 사람에게 똑같은 정도로 공감할 수 없으니, 어쩌면 이것이 최선의 방법일 수도 있다.

현명한 정책의 핵심에는 그런 몰개성화가 있다. 편견 없는 공정한 방식으로 고용할 사람과 포상할 사람을 정하고 싶을 때, 우리는 각 개인의 특수한 사정과 인성을 충분히 알아봄으로써 모든 사람에게 같은 중요성을 부여하려고 상상하지 않는다. 오히려 블라인드 서류전형이나 블라인드 오디션 같은 절차를 통해 후보자를 X, Y, Z로 압축한다. 후보자의 성별, 인종, 외모, 그 밖에 평가 대상에 포함되어서는 안 되는 것들에 대한 선입견이 의식적으로든 무의식적으로든 판단에 영향을 끼치는 것을 막기 위해서다. 아니면 특정 집단의 대표성이 충분히 담보될 수 있도록 할당 제도와 다양성 요건을 마련할 수도 있다. 각기 다른 정치적 비전에 바탕을 둔 이런 해법들은 서로 상충되지만, 과정을 객관화하고 타고난 선호와 편견을 차단하려 한다는 공통점이 있다.

예를 들어, 여러분이 권위 있는 상의 수상자를 정하는 심사위원인

데 여러분의 딸이 후보에 올랐다고 가정해보자. 그러면 여러분은 딸을 사랑하는 김정을 다른 후보 저위에게 확대해서 모든 후보를 똑같이 사랑하려고 노력하겠는가? 그러면 공정한 것인가? 전혀 아니다. 여러분의 딸을 나머지 후보들과 동등한 위치에 두고 평가할 수 있는 심사위원들에게 심사를 맡기고 자리에서 물러나야 마땅하다.

공정과 공평을 촉구하는 이런 호소를 오해하는 사람이 많다. 나는 이와 비슷한 제안을 지지하는 글을 쓴 적이 있다. 그러자 배런 코언이 내 글을 논하면서 공감하는 의사결정자가 없는 세상이 얼마나 암울할지 한탄했다. "만약 의사결정을 하면서 공감을 빼버리면, 우리는 나치가 했던 일을 할 위험이 있다. 나치는 '최종 해결책'과 같은 지극히 이성적인 시스템을 설계하고, 유럽 전역에서 유대인들을 기차에 태워 강제수용소에 가두고 완벽하게 설계된 가스실과 오븐에 집어넣었다. 더러운 피를 가진 모든 사람을 박멸하는 것이 목표였던 나치의 관점에서 보면 이 모든 것이 전부 이치에 맞는 행동이었다. 놓친 것이 있다면, 그것은 유대인 희생자들에 대한 공감뿐이었다."

배런 코언은 비용·편익 분석에 입각한 의사결정의 결과라고 생각하는 일들을 계속 설명한다. "학습 장애가 있는 사람들을 조직적으로 박멸하기 위해 나치가 어떻게 안락사 프로그램을 실계했는지 생각해보라. 비용·편익 논리를 논박할 도리가 없었다. 안락사는 국민들에게서 '병에 걸린 유전자'를 제거하고 돈을 절약해준다. 평생 학습장애에 시달리는 사람을 부양하려면 비용이 많이 들기 때문이다. 이런 법적 결정이 가능했던 이유는, 입법자들이 자기들의 행위가 도덕적이라고 믿

을 수 있었던 이유는 학습장애를 겪는 사람들에 대한 공감이 부재했기 때문이다."³¹

배런 코언은 비용과 편익을 금융상의 비용과 편익으로만 이해했다. 학습장애가 있는 사람들을 박멸하는 나치의 안락사 프로그램이 정부 자금을 절약해주기 때문에 합리적 관점에서 본다면 비용·편익 논리를 논박할 도리가 없다고 결론내린 이유도 그 때문이다.

이런 식의 비용·편익 계산은 정말로 말도 안 된다. 그러나 내가 제안하는 것은 이런 계산이 아니다(내가 아는 한 그 누구도 이런 식의 비용·편익 계산을 제안하지는 않는다). 공감 대신에 내가 제안하는 대안에는 타인에 대한 연민이 포함되어 있다. 그래서 합리적인 의사결정 과정은 행복과 번영과 고통을 계산에 넣는다. 배런 코언의 말대로 비용·편익을 분석했다면, 학습장애자들을 대량 학살하는 데 드는 비용은 감당할 수 없을 정도였을 것이다.

여러분도 비용·편익을 분석하는 방식에 정이 안 갈 수 있다. 그리고 이성적으로 숙고하는 사람들을 비웃는 사람이 비단 배런 코언만은 아니다. 그러나 나는 이런 접근방식을 지지하고, 이는 이 책에서 가장 논란이 되는 부분이 될 것이다.

이제 경제학자들에 대해 좋은 평가를 해보겠다. 나로서는 쉽지 않은 일이다. 교수로서 자신 있게 말하지만, 경제학자들은 대학에서 아주 인기 있는 이들이 아니다. 경제학자들은 터무니없이 높은 봉급을 받고 멋진 정장을 입고 다니면서도 번번이 경제가 완전히 붕괴하려는 시기를 사전에 경고하지 못했다. 그러나 가끔씩 냉정한 경제 논리를 내세워 정의의 편에 설 때가 있다. 직업상 대다수 사람들이 휩쓸리기 쉬운 선입견과 편견에 면역이 되어 있기 때문이다.

예를 들어, 대부분의 경제학자들은 자유무역의 가치를 신봉한다. 이 부분이 중요한 이유는 경제학자들은 정치인들이나 많은 시민들과 달리 자국민의 삶과 타국민의 삶을 원칙적으로 구분하지 않기 때문이다. 멕시코인 가정도 미국인 가정만큼이나 중요하니 미국 시민의 일자리를 지키려고 싸우면 안 된다고 주장하는 미국 대통령이 있다면, 그는 재선에 성공하지 못할 것이다. 그러나 경제학자들은 이것이 세상을 더 악화시키는 편견일 뿐이라고 일축한다.

경제학이 가끔씩 '음침한 학문dismal science'이라고 불리는 이유를 생각해보자.**32** 1800년대에 영국의 비평가 토머스 칼라일Thomas Carlyle이 생각해낸 경멸적인 표현으로, 음악과 시를 가리키는 '즐거운 학문gay science'과 대비시키려고 만든 용어다. "이 학문은 우리가 들었던 그런 '즐거운 학문'이 아니다. 음울하고, 우울하고, 극도로 비참하고, 괴로움을 주는 학문이다. 그 유명한 표현대로, 우리가 '음침한 학문'이라고 부르는 학문이다."**33**

칼라일은 구체적인 문제를 염두에 두고 있었다. 그는 자신이 열정적으로 옹호했고 감정과 마음을 많이 쏟았던 주제에 반대하는 경제학자들을 조롱하고 싶어 했다. 칼라일이 경제학자들을 그토록 부정적으로 보게 만든 그 주제는 뭐였을까? 바로 노예제도다. 칼라일은 경제학자들이 노예제도에 반대하는 것 때문에 화가 났던 거였다. 칼라일은 서인도제도에 노예제도를 다시 도입하자고 주장했고, 경제학자들이 이 의견을 맹렬히 비난하자 성을 냈다.

경제학자들과 그들이 세상일을 대하는 냉정한 태도를 경멸하고 싶

공감의 배신

을 때, 사람들이 강렬한 감정을 선량함과 동일시하고 차가운 이성을 비열함과 동일시하는 것을 볼 때, 이 이야기를 생각해보라. 우리가 살펴보았듯이, 현실 세계에서 진실은 대체로 정반대다.

공감의 정치학

공감에 대한 반론을 펼 때면 정치적 견해를 의심받곤 한다. 저 사람이 지금 보수적 입장을 밀어붙이고 있는 건 아닌가? 진보주의자들을 모욕하려는 의도로 공감에 반대하는 것은 아닌가?

당연히 물어볼 만한 질문이다. 공감이 진보주의 좌파의 견해와 관련이 있다고 생각하는 사람이 많다. 미국에서는 동성결혼 찬성, 총기 규제 강화, 낙태 접근성 확대, 국경 개방 확대, 보편적 의료보험과 같은 정부 프로그램이 여기에 포함된다. 대개 이런 견해를 지지하는 사람들은 특별히 공감능력이 높은 사람으로 간주된다.

진보주의자가 보수주의자보다 공감을 더 잘한다는 말에는 미묘하게 다른 두 가지 의미가 담겨 있다. 첫째는 정지철학에 관한 부분이다. 진보적 대의를 열렬히 지지하는 레이코프는 아주 강한 어조로 말했다. "모든 진보 정책 뒤에는 한 가지 도덕적 가치가 있다. 그것은 바로 공감이다."1 둘째는 개개의 진보주의자와 개개의 보수주의자에 관한 부분이다. 혹시 공감을 더 잘하는 사람들이 보수적인 견해보다는 진보적인 견해를 취하는 경향이 있는 것일까? 아니면 진보적인 사상에 노출되면 공감을 더 잘하게 되고, 보수적인 사상에 노출되면 공감을 덜 하게 되는 것일까?

정치적 입장에 관한 주장과 개인에 관한 주장은 논리적으로 별개다. 예를 들어, 진보주의자들이 공감을 더 잘할 수는 있지만 진보주의 철학이 공감과 특별한 관련이 있는 것은 아니다. 하지만 정치적 입장과 개인에 관한 두 가지 주장이 관련이 있는 것 또한 분명하다. 공감을 잘하는 사람들은 공감에 바탕을 둔 정치적 비전을 지지하고, 공감을 덜 하는 사람들은 공감에 근거하지 않은 정치철학을 지지한다고 보는 것이 이치에 맞다. 어쨌든 진보주의 정책이 공감에 뿌리를 두고 있는 게 맞고 공감이 형편없는 도덕 지침이라는 내 생각이 옳다면, 여러분이 이 책에서 보고 있는 주장은 좌파에 대한 공격이라고 보아도 무방하다. 이런 논리가 흥미롭기는 하다.

그러나 이것은 내가 주장하는 바와 다르다. 여러분의 예상대로, 공감과 정치적 견해가 어느 정도 연관이 있는 것은 사실이다. 그러나 이 둘의 연관성은 사람들이 생각하는 것만큼 그리 강하지 않다. 공감에 깊게 뿌리내린 보수적 입장이 있는가 하면, 공감에 근거하지 않은 진보적 입장도 있다. 어떤 사람이 공감에 반대한다고 해서 총기 규제, 과세제도, 건강보험 등의 문제에 관한 그 사람의 입장을 예측할 수 있는 건 아니다. 여러분이 공감에 반대한다고 해서, 여러분이 누구에게 투표하고 어떤 정치철학을 지지하는지 단언할 수 있는 건 아니다.

나는 공감에 반대한다. 그러나 좋든 싫든 공감에 반대하는 내 입장에는 당파성이 없다. 좀 더 적극적으로 표현하자면 여러분의 정치 성향이 어떻든, 진보주의자든 보수주의자든 자유의지론자든 극우파든 극좌파든, 우리는 손에 손을 맞잡고 공감에 반대하는 투쟁에 협력할 수 있다.

이 문제에 관해 이야기하려면, 자유주의/진보주의/좌파 또는 보수주의/우파가 무엇을 의미하는지 생각해보아야 한다. 이런 단어들은 시간이 흐르며 의미가 변해왔다. 정치언어 자체가 치열한 정치 토론의 주제가 되기도 한다. '자유주의자'와 '자유주의'를 싫어하고 무엇보다도 '신자유주의'를 극렬히 싫어하는 극좌파들도 있다. '보수주의'와 관련된 견해들이 어떤 의미에서는 전혀 보수적이지 않은 경우도 많다. 오랫동안 추진해온 정부 프로그램을 폐지하는 경우처럼 실제로는 아주 급진적인 경우도 있다. 자유시장 정책을 열렬히 지지하고 특정 사회복지 프로그램을 경멸하기 때문에 현대 정치사회에서 자유주의자로 분류되지 않는 자유의지론자들은 자신들이야말로 진정한 자유주의자요, 존 로크John Locke와 존 스튜어트 밀 같은 자유주의 창시자들이 만든 정책의 수호자라고 주장할 것이다.

이는 복잡하고 난해한 문제다. 나는 이런 문제를 모두 피해갈 생각이다. 그래서 학계에 몸담고 있지 않은 보통의 미국인들과 유럽인들이 쓰는 방식으로 좌파/자유주의자/진보주의자, 우파/보수주의자 같은 표현을 사용하려 한다. 이런 방식이 사람들이 흔히 진보주의자가 보수주의자보다 공감을 더 잘한다고 말할 때 이야기하는 바와 일치하기 때문이다. 즉 진보주의자와 공감을 연관 지을 때, 사람들은 진보주의자를 일상적인 이야기에서 흔히 등장하는 방식으로 생각하곤 한다.

공감의 배신

성소수자와 소수 인종의 법적 보호를 강화하기를 원하고, 총기 확산을 우려하고, 낙태에 대한 법적 접근성을 높이는 데에 찬성하고, 대학 내 다양성 프로그램을 지지하고, 보편적 의료보험 등을 지지하는 사람들이 진보주의자라고 생각한다는 뜻이다.

최소한 미국에서는 사람들이 정치 세계를 이런 식으로 나눌 정도로 비논리적이지는 않다는 말을 덧붙여야겠다. 진보주의자와 보수주의자에 대한 상식적인 범주는 사람들이 가지고 있는 관점들을 놀라울 정도로 잘 담아내는 것처럼 보인다. 그러나 꼭 그렇게 구분되는 것은 아니다. 구체적인 정치적 견해들은 서로 독립되어 있다. 말하자면, 총기 규제에 관한 견해는 동성 결혼에 관한 견해와 아무 상관이 없다. 여러분이 좋아하는 피자 토핑이 무엇인지와 여러분이 〈미션 임파서블〉이라는 영화를 좋아하는지가 전혀 관련이 없는 것과 같다. 그러나 지금까지 정치적 견해를 알아보면서 사람들에게 진보주의자인지 보수주의자인지를 묻는 연구가 수없이 진행되었고, 이런 식의 조잡한 평가가 갖가지 구체적인 견해를 예측하는 데 효과가 있는 것으로 나타났다. 예를 들어, 한 연구는 사람들에게 다음 다섯 가지 쟁점을 어떻게 생각하는지 물었다.[2]

• 미국의 총기 규제법 강화
• 보편적 의료보험
• 최고 소득 구간에 속하는 사람들의 소득세 인상
• 소수자에 대한 차별 철폐 조치
• 지구 온난화 완화를 위한 더 엄격한 탄소 배출 기준 도입

여러분이 미국인이거나 유럽인이라면 이런 쟁점과 관련하여 어떤 입장이 진보 진영의 입장이고 어떤 입장이 보수 진영의 입장인지 바로 직감할 것이고, 여러분의 판단이 맞을 것이다. 게다가 이런 견해들은 서로 잘 붙어 다닌다. 이 쟁점 중 하나를 찬성하는 사람은 다른 쟁점도 찬성하는 경향이 있고, 이 중 하나를 반대하는 사람은 다른 것도 반대하는 경향이 있다. 다양한 쟁점을 놓고 찬성 또는 반대 패턴을 광범위하게 조사하면 대개 사람들의 정치 성향과 일치한다. 그 사람이 좌파인지 우파인지, 진보주의자(또는 자유주의자)인지 보수주의자인지에 따라 일관된 입장을 취한다는 말이다. 그러므로 어떤 쟁점에 관한 사람들의 견해를 알고 싶으면, "당신은 진보주의자입니까, 보수주의자입니까?"라고 물으면 된다.

실제로 어떤 사람들은 좌파부터 우파까지 한 선으로 이어진 정치적 연속체가 일반적이라고 생각한다.**3** 존 스튜어트 밀은 정치체계에 "질서 또는 안정을 추구하는 정당과 진보 또는 개혁을 추구하는 정당"이 있다고 지적했다. 랠프 월도 에머슨Ralph Waldo Emerson은 "국가를 분열시키는 두 정당, 보수 정당과 혁신 정당은 역사가 아주 오래되었고, 세상이 만들어진 이래로 세상의 소유권을 두고 분쟁해왔다"라고 말했다. 그러고는 "타협이 불가능한 반목이 인간 조건에 오랜 역사만큼 깊숙이 자리하고 있다"라고 결론을 내렸다.

사회 문제를 만나면 이런 반목은 더 강해진다. 그리고 일부 학자들의 말대로, 우리의 정치적 본성은 "재생산, 외집단과의 관계, 내집단의 이단자에 대한 적절한 처벌, 전통적/혁신적 생활방식 간의 문제"를 만날 때 가장 확실하게 드러난다.**4** 자유무역이나 은행에 대한 규제

공감의 배신

완화와 같이 덜 친숙한 쟁점에 관한 견해는 예측하기가 쉽지 않다. 한 사람의 광범위한 정치 성향과의 연관성이 확실하지 않기 때문이다.

미국의 경우 정치 성향과 주요 정당의 당원 사이에는 대략적인 상관관계가 있다.[5] 스스로 진보주의자라고 생각하는 사람은 민주당에 투표하는 경향이 있고, 스스로 보수주의자라고 생각하는 사람은 공화당에 투표하는 경향이 있다. 그러나 이 관계가 완벽한 건 아니다. 0에서 1까지 점수를 매겨보면, 정치적 견해와 당원의 연관성은 약 0.5에서 0.6이다.

이 관계가 완벽하지 않은 이유는 당원이 이념 이외의 요소들로 결정되기 때문이다. 쟁점 사안이 성소수자 인권이나 낙태가 아니라 폭설 대응과 재산세인 경우에는 특히 더 심하다. 또한 이데올로기 측면에서 볼 때 두 주요 정당은 여러 종으로 이루어져 있다. 예를 들어, 2012년 미 대선에서 공화당 예비선거에 도전한 사람들 중에는 릭 샌토럼Rick Santorum과 자유의지론자 론 폴Ron Paul이 있었다. 성적 순결, 공직 생활의 핵심이 되는 종교의 역할, 강한 군대에 지대한 관심을 보인 샌토럼은 보수적 세계관을 완벽하게 구현한 인물이었다. 그런가 하면 폴은 일상생활에서 개인의 자유를 극대화하고 훨씬 덜 공격적인 외교 정책을 펴야 한다는 철학을 가지고 있었다.

그러면 진보주의자가 공감을 더 잘할까? 보기에는 그런 것 같다. 역사상 어떤 대통령보다 공감에 대한 이야기를 많이 한 오바마가 민주당원이라는 사실은 우연이 아닐 것이다. 오바마의 전임자로 미국인들에게 "저는 여러분의 고통을 함께 느낍니다"라고 말했던 빌 클린턴

Bill Clinton도 민주당 소속이었다. 그 밖에 저명한 민주당 정치인들도 다 [판단 어려운 부분] 곤간이 어어를 사용한다. 에릭 가너Eric Garner가 뉴욕 경찰의 손에 목이 졸려 숨진 일이 있고 나서, 힐러리 클린턴Hilary Clinton은 전략을 바꾸라고 경찰에 촉구했다. 그리고 이렇게 말했다. "우리 각 사람이 할 수 있는 가장 중요한 일은 이웃의 눈으로 세상을 보려고 더 열심히 노력하는 것입니다. (…) 우리가 그들의 입장이라면 어떨지 상 상해보세요. 그들의 고통, 그들의 소망, 그들의 꿈을 함께 나눠보세 요."[6]

이런 사고방식이 진보적인 세계관의 핵심을 반영한다고 보는 사람 이 많다. 공감을 높인다는 특성이 진보주의자들의 정책이 가지는 공 통점이라고 보는 것이다. 정치와 공감의 관계를 연구하는 심리학자들 은 다음과 같이 분석했다. "타인의 고통과 자신의 고통을 동일시하는 시민들은 자신이 목격한 고통을 완화시키고 싶어 할 것이다. 정치 영 역에서는 이런 행동이 피해자를 대신해 공권력 발동을 요구하는 형태 로 나타나기 쉽다. 그러므로 타인의 고통을 보고 함께 가슴 아파하는 이들은 일반 사람들이 고통스러워하는 문제를 해결해줄 방안으로 진 보적인 정책을 선호할 것이다."[7]

한 정당은 이민 제한을 완화하거나 최저 임금을 인상해서 어려운 사람들을 도와야 한다고 말한다. 이 정당에 속한 사람들은 이런 입장 에 반대하는 사람들보다 공감에 영향을 많이 받는다고 볼 수 있다. 그 렇다면 다른 쪽의 발언은 어떤지 살펴보자. 2012년 대선 때 오바마와 맞붙었던 공화당 후보 밋 롬니Mitt Romney는 다음과 같은 발언으로 조롱 을 받았다. "나는 내게 서비스를 제공하는 사람들을 해고할 수 있는

게 좋습니다."**8** 롬니는 자기가 선호하는 경제체제의 운용 방식과 궁극적으로 모두의 형편을 개선해줄 것이라고 믿는 방식의 정당성을 주장한 것이었다. 그러나 이는 우스꽝스러울 정도로 공감능력을 조금도 엿볼 수 없는 입장이다.

롬니의 발언을 들은 진보주의자들은 다음과 같이 입장을 요약했다. 진보주의자는 배려심이 많은 데 비해 보수주의자는 비열하고 잔인하고 가혹하고 무정하다. 진보주의자는 가난한 사람들에게 마음을 쓰기 때문에 최저 임금을 인상하고 싶어 하지만, 보수주의자는 그렇지 않다. 진보주의자는 총기 폭력의 피해자들을 염려하기 때문에 총기 규제법을 강화하고 싶어 하지만, 보수주의자는 그렇지 않다. 진보주의자는 여성에게 관심을 기울이기 때문에 낙태할 권리를 지지하지만, 보수주의자들은 여성의 자유를 제한하고 싶어 한다. 레이코프는 낙태에 반대하는 입장을 다음과 같이 분석했다. 보수주의자들은 사회를 권위주의적인 전통 가족으로 생각한다. 그래서 낙태에 관해 다음과 같은 입장을 고수한다. "여성이 자신의 생식이나 자신의 몸, 남자의 자손 등에 관한 결정을 스스로 할 수 있다는 생각은 '엄격한 아버지 도덕'과 충돌하고, 이런 도덕 개념에 위협이 된다."**9**

이것이 적들의 눈에 비친 보수주의의 초상이다. 보수주의자들이 공감을 덜 한다는 주장에는 그들도 동의할지 모른다. 보수주의자들은 진보주의자들이 머리가 모자라고 감정적이라고 비난한다. "'블리딩 하트bleeding hearts(타인의 고통에 함께 아파하는 마음)'나 '트리 허거tree hugger(벌목을 막기 위해 나무를 껴안거나 에워싸는 사람들을 일컫는 말로, 급진적인 환경운동가를 낮추어 부르는 은어-옮긴이)'는 칭찬이 아니다." 보수주의자들은 윈스턴 처칠Winston Churchill이 종종 하던 말을 만족스럽게 되풀이할지도 모른다. "20살에 진보주의자가 아니라면 가슴이 없는 것이고, 40살에 보수주의자가 아니라면 뇌가 없는 것이다." 보수주의자들은 공감과 상관없는 도덕 가치의 중요성을 옹호할지도 모른다. 종교 전통을 포함한 전통을 더욱 강조해야 한다거나 개인의 권리와 자유를 더욱 강조해야 한다고 말이다.

또한 보수주의자들은 인간의 친절을 회의적인 시각으로 바라보는 경향이 있다. 특히 가족이나 친구가 아닌 타인에게 인간이 어디까지 친절할 수 있는지 의구심을 품고, 국가 기관들 역시 부패하기 쉬워서 신뢰하기 어렵다고 우려를 표한다. 진보주의자들은 정부 프로그램을 옹호한다. 보편적 건강보험이나 헤드스타트Head Start 같은 보편적인 조기 교육 프로그램이 세상을 더 좋은 곳으로 만든다고 믿기 때문이다. 반면에 보수주의자들은 이런 프로그램이 절대 계획대로 진행될 리 없다고 우려한다.¹⁰

하이트는 인간에게 배려, 공정, 충성, 권위, 존엄 등에 대해 뚜렷한 도덕 기반이 있다는 이론을 바탕으로 진보주의와 보수주의의 차이를 전혀 다른 시각에서 분석한다.¹¹ 하이트는 인간의 도덕 기반이 서서히 보편화되었다고 보지만, 차이는 인정한다. 하이트와 그의 동료들이 연구한 바에 따르면, 진보수의자들은 다른 도덕 기반보다 배려와 공정을 강조하는 반면, 보수주의자들은 모든 도덕 기반을 거의 똑같이 신경 쓴다. 하이트에 따르면, 보수주의자들이 진보주의자들보다 국기에 대한 존중(충성), 부모에 대한 자식의 순종(권위), 순결(존엄)에 더 신경을 쓰는 이유가 여기에 있다. 이 관점에서 보면, 보수주의자들이 진보주의자들보다 공감과 상관없는 도덕 가치를 더 중시한다고 할 수 있다.

마지막으로, 진보주의자와 보수주의자의 실제 사고방식에 관한 연구를 살펴보자. 한 연구진은 온라인 설문조사를 이용하여 7,000명의 사람들에게 어느 정당을 지지하는지 묻고, 두 가지 표준 공감 척도로 그들의 공감능력을 검사했다.12 하나는 '공감적 염려' 수준을 측정하기 위해 데이비스가 개발한 것이고, 또 하나는 공감하는 두뇌를 타고난 '공감자'인지를 알아보기 위해 배런 코언이 개발한 것이다. 앞 장에서 나는 이 두 가지 척도 모두 결함이 많다고 지적한 바 있다. 둘 다 공감 이외의 성격 특성을 측정하는 데다가 자기보고 편향과 자기지각 편향에 취약하다(그 때문에 여러분이 실제 어떤 사람인지를 평가하는 대신 여러분이 자기 자신을 어떻게 생각하는지만 확인하게 된다). 그렇긴 하지만 공감과 관련 있는 성격 특성을 포착해내는 것 또한 사실이다. 예상대로, 두 가지 평가 모두에서 진보주의자를 자처하는 사람들이 보수주의자를 자처하는 사람들보다 공감을 더 잘하는 것으로 나타났다. 엄청난 차이는 아니지만, 차이가 있는 것은 사실이다.

마지막으로, 공감을 잘하는 사람들에게 진보주의자가 더 매력적으로 보이는 게 맞는다면, 여성이 남성보다 공감을 잘하는 편이므로 통계적으로 여성이 남성보다 진보적일 확률이 높다는 사실이 이해가 된다.13 공감, 성별, 정치 성향을 조사한 한 연구진은 남성이 여성만큼 공감을 잘하면, 정치 현안에 관한 젠더 격차gender gap(사회여론이 남녀의 성별로 갈라지는 현상-옮긴이)가 완전히 사라질 것이라고 결론지었다.14

그러니 진보주의 세계관이 보수주의 세계관보다 공감에 예민하다는 생각은 일리가 있다. 그러나 정치 이념과 공감의 연관성은 생각만큼 그리 깅하지 않다. 우선 고정관념에도 미묘한 차이가 있다. 몇몇 유명한 진보주의 정치인들(듀카키스가 떠오른다. 앨 고어도)은 이성적인 기술관료이자 신중한 문제 해결자로 간주되고, 스스로 그런 이미지를 제시하기도 한다. 그런가 하면 레이건같이 좀 더 보수적인 정치인들 몇몇도 타인의 처지에 공감을 잘하는 이미지를 만드는 데 아주 탁월하다.

더 중요한 점은 진보적인 정책을 공감과 연결시키는 것이 너무 유치하다는 점이다. 표준 공감 평가에서 가장 낮은 점수를 받은 자유의지론자들도 진보주의와 관련된 많은 정책을 지지한다는 점을 생각해 보라.[15] 진보주의자와 자유의지론자는 동성 결혼, 일부 마약 합법화, 경찰의 군대화 같은 쟁점에 대해 공통의 대의를 공유한다. 이런 정책들이 공감에 기반을 두고 있다면, 지구상에서 공감능력이 가장 낮은 사람들이 왜 이런 정책을 지지하는지 의문이다.

게다가 보수적인 정책들 중에서도 어떤 정책은 구체적인 개인들에 대한 공감적 염려에 바탕을 두고 있다. 진보주의자들이 공감하는 사람들과는 다른 이들에게 공감하는 것뿐이다. 국경 개방에 찬성하는 진보주의자들은 난민들의 고통에 공감하는 여론을 조성하려고 애쓰는 반면, 국경 개방에 반대하는 보수주의자들은 외국인들 때문에 일자리를 잃을지도 모르는 미국인의 입장에 대해 이야기할 것이다. 진보주의자들은 경찰에게 학대당하거나 위협당하는 소수자들에게 깊이 공감하지만, 보수주의자들은 경찰에 항의하다 일어난 폭동으로 생계 수단을 잃은 중소기업 소유주들과 경찰관들에게 공감할 것이다.

공감의 배신

관점에 따라 전경과 배경이 바뀌는 것, 다시 말해 관심 대상이 뒤집히는 것이 정치 논쟁의 고질병이다. 일반적으로 정치 논쟁에서는 공감해야 하는지 말아야 하는지가 아니라 공감해야 할 대상이 누구인지를 놓고 격론이 벌어진다.

총기 규제를 예로 들어보자. 진보주의자들은 대개 총기 폭력의 피해자들에게 초점을 맞추어 총기 규제에 찬성하는 의견을 편다. 그러나 보수주의자들은 총기를 빼앗기면 극악무도한 만행을 무방비 상태로 당할 수밖에 없는 사람들을 가리킨다. 똑똑한 정치인들은 이런 균형을 높이 평가한다. 덴버 경찰대학Denver Police Academy 강연에서 오바마는 아이오와에서 선거 운동을 할 때 미셸 오바마Michelle Obama가 이런 말을 했노라고 이야기했다. "만약 제가 아이오와에 있는 농장에 살았다면, 저도 총을 소지하고 싶어 했을 겁니다. 여러분이 집에 없을 때 누군가 차를 몰고 진입로로 들어서도, 여러분은 그 사람들이 누군지 모릅니다. 신고를 받고 보안관이 도착할 때까지 얼마나 걸릴지도 모릅니다. 여러분이 왜 총을 소지하고 싶어 하는지 이해할 수 있습니다. 자신을 보호하기 위해서죠."16

특유의 성격대로, 오바마는 공감적 염려가 충돌할 때 이를 해결할 방법은 공감을 더 많이 하는 거라고 말했다. 그리고 우리가 "서로 상대방의 입장에서 생각해야" 한다면서, 사냥꾼과 스포츠맨은 마구잡이식 폭행에 아들을 잃은 어머니의 심정이 어떨지 상상해보아야 하고, 그 반대도 마찬가지라고 말했다.

이번에는 CIA와 미군이 심문의 일환으로 고문을 활용하는 문제를 생각해보자. 얼핏 보면 고문당한 사람들의 고통을 염려하는 쪽에서만 공감을 이야기할 것 같다. 그러나 현실은 그렇게 단순하지 않다. 2014년 말에 고문 실태 보고서가 발간된 뒤, 전 부통령 딕 체니Dick Cheney는 그동안 고문을 활용해온 미국의 입장을 옹호해달라는 요청을 받았다. 여러분은 체니의 주장이 안보와 안전에 대한 관념적인 호소였을 거라고 생각할 수도 있다. 하지만 체니는 미국이 한 건 고문이 아니라 심문이라고 했다. 반대편 토론자가 그럼 대체 뭐가 고문이냐고 묻자 그는 이렇게 답했다. "9.11 당시 뉴욕 시 무역센터 상층부에서 불에 타 죽기 직전에 휴대전화로 어린 네 딸에게 마지막 전화를 건 미국 시민이 당한 게 고문이죠."[17] 인식 가능한 한 사람의 고통을 언급함으로써 고문을 옹호하는 이 논거는 공감에 입각한 주장이다.

특정 표현에 관한 염려에 관해서도 생각해보자. 진보주의자들은 인종차별적이고 성차별적인 발언에 상처받는 사람들을 걱정하고, 보수주의자들은 전통적인 가치관을 폄하하는 발언에 상처받는 사람들을 걱정한다. 이유는 다르지만 진보주의자와 보수주의자 둘 다 성욕을 노골적으로 드러내는 것에 반대한다. 포르노그래피와의 전쟁에서는 공통의 대의를 발견하기도 한다. 누군가 소셜 미디어에 모욕적인 글을 올려서 자기들이 존경하는 인물을 조롱하면, 진보주의자와 보수주의자 둘 다 격렬히 항의한다. 그리고 그 사람을 해고하라거나 톡톡히 망신을 주라거나 당장 사과하게 하라고 요구한다.

정치생활에서 공감의 역할을 걱정해야 하는 경우가 바로 이런 경우다. 문제는 이런 염려가 모두 잘못되었다는 것이 아니다. 표현의 자유를 아주 열렬히 옹호하는 사람들마저도 약간의 규제는 필요하다고 믿는다. 대부분의 사람들이 나치 이데올로기를 가르치는 초등학교 교사

공감의 배신

를 해고하고, 길거리에서 사람들에게 인종차별적인 욕설을 하는 사람의 입을 막는 것은 정당하다고 말한다. 그리고 소셜 미디어에 올라오는 일부 발언들은 신랄한 비판을 받아 마땅하다. 문제는 공감이 늘 검열의 편이라는 것이다. 누군가의 발언에 화가 난 사람의 고통을 이해하기는 쉽다. 특히 그 사람이 여러분과 같은 공동체에 속해 있고 여러분 역시 같은 일을 당한다면, 그 사람이 느끼는 고통을 쉽게 이해할 수 있다. 정말로 상처 입은 사람에게 그냥 받아들이라고 말하는 건 너무도 무정해 보인다.

그에 반해서 표현의 자유는 공감과 거리가 멀다. 다른 사람의 발언을 제한하는 것을 꺼려야 하는 이유를 두고 여러 주장이 있다. 개중에는 결과론적 염려에 기초한 주장(나쁜 생각을 포함하여 모든 생각이 공표되면 장기적으로는 세상이 더 좋아진다)도 있고, 자신을 표현할 권리를 최고로 여기는 인간의 자유에 대한 신념에 기초한 주장도 있다. 그런가 하면 표현의 자유를 옹호하는 계몽된 형태의 이기심도 있다. "당신은 당신이 하고 싶은 말을 할 권리가 있다. 그 대신 나도 내가 하고 싶은 말을 할 권리가 있다." 그러나 이들 중 특별히 공감을 고려하는 경우는 아무것도 없다. 그리고 다른 경우와 마찬가지로 이 경우에도 합리적인 공공정책은 보다 일반적이고 덜 편향된 동기에 의존한다.

공감은 법적 맥락에서도 당파를 초월하는 성질을 보여준다. 오바마를 비롯하여 많은 진보주의자가 공감능력이 높은 판사들이 필요하다고 주장했다. 보수주의자들은 이를 두고 진보적 대의에 유리하도록 법체계를 편향시키려는 시도라며 비판한다. 그러나 토머스 콜비는 보수적인 대법관들도 진보적인 대법관들 못지않게 공감적 염려를 제기하는 경향이 있다고 지적한다.18 판사들은 사법부의 결정을 기계적 과정으로 묘사한다. 예를 들어, 존 로버츠John Roberts는 대법관이 볼과 스트라이크를 선언하는 야구 심판과 같다고 했다. 그러나 가장 보수적인 판사들조차도 공감적 배려의 중요성을 암묵적으로 인정한다.

가끔은 명시적으로 밝히기도 한다. 클래런스 토머스Clarence Thomas는 연방대법관 인준 청문회에서 자신이야말로 "법원 판결에 영향을 받는 사람들의 입장에서 생각할 수 있는" 사람이라면서, 대법관으로서 자신이 이바지할 수 있는 독특한 역할이 있을 것이라고 말했다. 새뮤얼 얼리토Samuel Alito도 연방대법관 인준 청문회에서 이렇게 말했다. "차별에 관한 사건을 맡을 때, 저는 인종적 배경이나 종교나 성별 때문에 차별받는 제 가족을 생각하고, 그들이 처한 환경을 참작할 것입니다."

좀 더 관련성이 높은 예를 들자면, 보수적인 판사들이 내린 어떤 판결들은 명백하게 공감에 기반을 두고 있다. 콜비는 웨스트보로 침례교회 교인들이 군인의 장례식이 열리는 건물 주변에서 벌인 피켓 시위가 헌법에 규정된 표현의 자유에 해당하는지에 관한 최종심에서 반대표를 던진 얼리토를 예로 든다. 당시 얼리토는 유족들이 받았을 "심각하고 영속적인 감정 상해"와 "극심한 마음의 상처"에 대해 언급했다. 그러나 얼리토를 제외한 나머지 판사들은 이들의 행동은 비난받아 마땅하나 헌법에 보장된 표현의 자유에 해당한다고 만장일치로 판결했다. 콜비는 얼리토가 유족의 입장에 공감한 탓에 법에 어긋나는 판결을 내렸을 거라고 추측했다.

이처럼 보수주의자들도 진보주의자들 못지않게 공감에 의존한다. 사실 진보주의 철학과 관련된 어떤 관점들은 공감이 끼어들 여지가 전혀 없다.

가장 좋은 예가 바로 기후 변화다. 기후 변화는 진보주의자들이 보수주의자들보다 더 신경 쓰는 문제다. 이 문제와 관련해서는 공감능력을 발휘하지 않는 쪽을 선호한다. 만약 여러분이 이 문제에 공감능력을 발휘한다면 공감할 대상이 너무 많다. 가스 요금 인상, 사업장 폐쇄, 세금 인상 등으로 피해를 입을 실존 인물들이 모두 인식 가능한 희생자들이다. 그와 대조적으로, 우리가 지금 해야 할 일을 하지 않은 결과로 언제일지 모르는 미래에 고통을 겪게 될 수백만 또는 수십억의 인구는 통계상의 추상 개념에 불과하다. 진보주의자들이 우리에게 지금 당장 행동에 나서야 한다고 주장할 때, 공감 이외의 동기가 작용하는 경우가 많다.

보다시피 '공감 정당'은 없다. 진보적인 정책이라고 해서 공감 때문에 움직이고 보수적인 정책이라고 해서 그러지 않는 것이 아니다. 공감의 정치가 지금 눈앞에 있는 사람들을 염려하고 그들에게 관심을 쏟게 한다고 보는 것이 더 현실적이다. 공감은 일부 진보적 대의에도 꼭 맞고, 일부 보수적 대의에도 꼭 맞는다. 총기 규제와 같은 경우에는 공감이 양쪽 모두를 몰아붙인다. 표현의 자유와 기후 변화 같은 경우에는 대개 공감이 한쪽에서만 힘을 발휘하고 다른 쪽에서는 침묵을 지킨다.

물론 지금 눈앞에 있는 사람들에게 신경 쓰는 것보다 더 안 좋은 것도 있다. 만약 여러분이 고통을 덜어줄 수 있는 위치에 있다면, 당연히 행동해야 한다. 때로 장기적인 결과를 걱정한답시고 손을 놓고 있는 것은 무관심과 이기심을 합리화하는 것에 불과하다.

그럼에도 공감 정치의 대가는 엄청나다. 정부가 신중한 장기 정책을 실행하지 못하는 원인은 단기적인 해결책을 선호하는 민주정치의 인센티브 제도와 강력한 돈의 영향력에서 찾을 수 있지만, 공감 정치에도 책임이 있다. 한 국가의 시민들이 우물에 빠진 아이의 소식에는 눈을 떼지 못하면서 기후 변화에는 무관심한 이유는 공감 때문이다. 우리가 종종 잔혹한 법을 제정하고 끔찍한 전쟁에 뛰어드는 것도 공감 때문이다. 소수의 고통에 예민하게 반응하는 우리의 감정이 다수에게 비참한 결과를 초래하는 것이다.

앞날을 계획할 때는 공감이라는 직감에 의존하는 것보다 도덕상의 의무와 예상 결과에 대한 이성적이고 반反 공감적인 분석을 따르는 것이 낫다. 이것은 당파적인 주장이 아니라 합리적인 주장이다.

CHAPTER 4

친밀한
관계에서의
공감

Against
Empathy

여러분은 연애 상대에게 어떤 점을 기대하는가? 심리학자들이 여러 문화권 출신의 사람들 수천 명에게 연애 상대가 갖추었으면 하는 자질에 관해 물었다.[1] 연구진은 남녀가 어떻게 다른지를 알고 싶었다. 그래서 젊음, 순결, 권력, 재산, 외모와 같은 특성에 관해 질문했다. 모두 진화심리학의 관점에서 의의가 있는 자질들이다. 대부분 예상했던 대로 남녀의 차이가 드러났다(남성은 젊음에 더 신경을 썼고, 여성은 지위에 더 신경을 썼다). 이 논문이 나오자 평론가들은 이런 차이가 정확히 어디에서 비롯된 것인지를 두고 언쟁을 벌였다. 생물학적 힘을 반영하는 것인지 문화 규범을 반영하는 것인지를 놓고 옥신각신했다.

　그러나 이 논의에서 대체로 무시된 부분이 있다. 남녀가 짝을 지을 때 가장 중요한 한 가지 요소에 동의했다는 점이다. 나이나 외모, 재산이 아니었다. 바로 '다정함'이었다.

　많은 이들에게 다정함은 곧 공감을 의미한다. 내가 아는 한, 사람들이 연애 상대를 구할 때 공감능력을 얼마나 중요하게 따지는지를 구체적으로 묻는 연구는 이제껏 없었다. 그러나 장담하건대, 공감능력은 꽤 중요하게 작용 한다. 만약 사랑할 상대를 찾고 있는데 여러분의 공감능력이 그리 높지 않다면, 최소한 첫 데이트에서는 그런 기색을 드러내지 말라고 권하고 싶다. 공감을 잘할수록 관계가 좋아진다는 건 상식이다. 친구나 가족뿐만 아니라 의사, 상담치료사, 코치, 교사와 같이 좀 더 전문적인 관계를 포함하여 모든 관계가 그렇다.

부분적인 이유를 찾자면, 대부분의 사람들에게 '공감'이라는 단어가 연민, 따뜻함, 이해, 배려 등등 도덕적으로 좋은 모든 것을 의미하기 때문이다. 그러나 내가 이 책에서 내내 관심을 기울여온 좀 더 좁은 의미의 공감을 생각해보자. 공감을 "타인이 느끼는 것을 느끼는 능력"으로 간주한다고 가정해보자. 아마도 여전히 많은 사람들이 "공감을 잘하는 사람이 더 좋은 연인과 더 좋은 친구를 사귄다"고 말할 것이다. 그 사람들 말이 틀린 걸까?

이제까지 내가 제시한 공감에 대한 반론은 주로 정책 차원의 이야기였다. 그러나 친밀한 관계에 관해서라면 이야기가 다르다. 나는 개인의 영역에서 공감의 가치에 의문을 제기할 이유를 아직 찾지 못했다.

아마도 공감에 반대할 이유가 전혀 없을 것이다. 정책을 편향시키는 등 정책의 영역에서 공감이 문제가 되었던 요인들이 개인의 영역에서는 문제가 되지 않을 수 있다. 사실 공감이 이섬으로 작용힐 수도 있다. 애덤 스미스는 공감을 포함한 열정의 위력보다 우선시되는 도덕의 중요성에 관해 이야기한다. 그리고 "우리는 어떤 점에서도 다른 사람들보다 탁월할 것이 없는 다수 대중 가운데 한 사람에 불과하다"는 사실을 인정하는 것이 얼마나 중요한지 이야기한다.[2] 이런 태도가 공평하고 공정한 도덕적 결정을 내리는 훌륭한 비결이 될 수는 있을 것이다. 하지만 나는 내 아들이나 내 아내가, 또는 내 친구들이 나를 "다수 대중 가운데 한 사람"으로 보기를 원치 않는다! 우리는 대부분 우리가 사랑하는 사람들과 우리를 사랑해주는 사람들에게 우리가 특별한 존재이길 바란다. 이런 점에서 공감이 가지고 있는 스포트라이트의 성질이야말로 꼭 필요하다.

부모와 어린 자녀의 관계와 같은 일대일 관계를 촉진하기 위해 공감능력이 인간들 안에서 진화해왔을 수 있다는 점도 생각해보자. 공감대가 형성되지 않은 상황에서 공감을 확장해야 한다면 그 단점이 드러날 것이다. 그때 우리는 낯선 사람들로 가득 찬 세상에서 우리가 한 행동의 결과를 평가해야 한다. 그러나 친밀한 관계는 공감의 전문 분야다. 따라서 친밀한 관계에서는 공감이 유용하게 쓰일 것으로 기대하게 된다.

처음 이 주제를 다룬 글에서 나는 다음과 같이 설명했다. "공감이 정말로 중요한 분야는 개인적인 관계다. 찰스 디킨스가 희화화한 공리주의자 토머스 그래드그라인드처럼 살고 싶어 하는 사람은 아무도 없다. 토머스는 노골적으로 자식들과의 관계를 포함하여 모든 인간관계를 경제적 관점에서 대한다. 공감은 우리를 인간다운 인간이 되게 한다. 공감은 우리를 도덕적 염려의 주체 겸 대상이 되게 한다."[3]

지면의 한계 때문에 그때 담당 편집자는 이 문장들을 빼고 싶어 했지만, 당시에는 독자들이 내가 공감에 완전히 반대한다고 생각하지 않는 것이 중요했기 때문에 빼지 말라고 우겼다. 그때는 이것이 내가 발을 담그고 싶지 않은, 극단적이고 왠지 기이한 시각 같아 보였다.

그러나 이제는 확신이 서지 않는다. 공감을 주의 깊게 들여다보면 좀 더 복잡한 이야기가 드러난다. 여기에서는 공감과 이해를 구분하는 것이 중요하다. 우리 인생에 함께하는 사람들이 우리를 이해한다면, 그것은 명백하게 좋은 일이다. 공감을 연민이나 따뜻함, 친절과 구분하는 것은 훨씬 더 중요하다. 우리는 우리 인생에 함께하는 사람들이 우리에게 신경 써주길 바란다. 이 사실을 부정할 수 있는 사람은 아무도 없다.

그러나 애덤 스미스가 말한 공감의 의미대로, 타인의 괴로움과 즐거움을 느끼고 그들이 세상을 경험하는 방식으로 세상을 경험하는 감각으로서의 공감능력에 주목하면 어떻게 될까? '공감'은 얼마만큼 중요한 걸까?

앞으로 살펴보겠지만, 많은 이들이 공감이 없으면 안 된다고 믿는 것과 달리 증거는 엇갈린다. 친밀한 삶에는 공감이 가치를 더해주는 측면이 있다. 나는 이 점을 인정할 생각이다. 그러나 모든 것을 종합해보면, 내 결론은 이 책의 전반적인 주제와 일치할 것이다. 공감은 이로울 때보다 해로울 때가 많다.

공감의 대변자는 많지만, 그중 가장 사려 깊은 대변자는 배런 코언이다. 앞에서 살펴보았듯이 그는 공감능력이 부족한 정책 결정자들에게 심히 우려를 표했다. 그런데 그는 개인적 관계에서도 공감능력이 높으면 유익이 많다고 주장한다. 배런 코언은 그럴싸하게도 사람들이 공감하는 방식이 다르다고 간주하고, 사람들의 공감능력을 조사해보면 공감능력이 완전히 바닥난 상태부터 공감능력이 충만한 상태까지

종형 곡선을 그린다고 주장한다.

곡선은 0단계에서 출발한다. 0단계는 공감능력이 전혀 없는 사람들로, 일부 사이코패스와 나르시시스트가 여기에 해당한다. 그리고 곡선은 차츰 증가하여 6단계에서 정점을 찍는다. 6단계는 "끊임없이 타인의 기분에 초점을 맞추는 (…) 지속적인 과다각성 상태다. 그래서 다른 사람들은 절대로 이들의 레이더를 벗어나지 못한다." 우리가 6단계에 해당하는 사람들을 부르는 명칭은 따로 없다. 0단계에 해당하는 사람들에 관한 연구는 많지만, 6단계에 관한 연구는 많지 않다. 그래서 배런 코언은 6단계에 해당하는 사람에 관한 간단한 밑그림을 제공한다.

해나는 타인의 기분에 주파수를 맞추는 재능을 타고난 심리치료사다. 당신이 집 거실에 들어서자마자 해나는 당신의 표정, 걸음걸이, 자세를 읽어낸다. 당신을 보면 먼저 "요즘 어떻게 지내세요?"라고 물을 것이다. 하지만 그것은 의례적인 인사가 아니다. 당신은 아직 외투도 벗지 않았는데, 그녀가 독특한 어조로 당신에게 속마음을 털어놓고 내놓고 공유하라고 청한다. 그녀의 물음에 단답형으로 답해도, 당신의 말투에서는 내면의 감정 상태가 묻어난다. 해나는 당신이 대답하기가 무섭게 바로 덧붙인다. "조금 슬퍼 보이네요. 마음 상하는 일이 있었나요?"

그녀는 당신이 하는 말에 귀를 기울이다가 불쑥 위안과 염려의 말을 던지고, 마치 거울을 비추듯 당신 기분을 잘 알아주고, 당신이 소중한 존재임을 일깨우고 기운을 북돋워준다. 그런 그녀에게 당신은 자기도 모르는 사이에 마음을 열게 된다. 해나가 그렇게 하는 이유는 그게 그녀의 직업이기 때문이 아니다. 해나는 내담자들이나 친구들뿐만 아니라 심지어 방금 만난 사람들과도 마음을 터놓고 이야기하는 걸 좋아한다. 친구들은 해나가 자기들을 보살펴준다고 느낀다. 해나는 친구들과 상호신뢰와 상호지지를 바탕으로 우정을 쌓아간다. 해나에게는 도저히 멈출 수 없는 욕구가 있다. 그것은 바로 공감하고픈 욕구다.[4]

이 글을 읽으면 배런 코언이 해나에게 깊은 인상을 받은 것을 알 수 있다. 해나의 이야기에는 감동적인 부분이 있다. 살다 보면 나도 해나 같은 사람을 간절히 만나고 싶을 때가 있다. 그러나 해나의 이야기를 듣다 보면 공감에 대한 우려를 제기하지 않을 수 없다. 사실 배런 코언 역시 그런 우려를 제기했다. 그는 각주에서 지나친 공감의 위험성에 관한 연구가 있다고 언급한다. 그러나 곧이어 그는 해나 같은 사람에게 그런 위험이 있다고는 생각하지 않는다고 말한다.

글쎄, 과연 그럴까. 해나가 어떤 사람인지를 먼저 생각해보자. 배런 코언은 해나가 사람들에게 관심을 쏟는 이유가 그들을 좋아하거나 존경해서가 아니라고 분명히 밝힌다. 연민과 친절이라는 도덕 지침을 지지하기 때문에 그런 것이 아니다. 그보다는 과다각성 때문에, 다시 말해 '도저히 멈출 수 없는 충동' 때문에 그러지 않을 수가 없는 것이다. 이기적인 사람이 타인의 슬거움과 괴로움에는 관심이 없고 자신의 즐거움과 괴로움에만 관심을 기울이며 살아가듯이, 해나는 타인의 경험을 늘 상상하게끔 타고났다. 이기적인 사람들이 99퍼센트의 관심을 자신에게 쏟고 나머지 1퍼센트를 타인에게 쏟는다면, 해나는 99퍼센트의 관심을 타인에게 쏟고 나머지 1퍼센트를 자신에게 쏟는다.

공감의 배신

이러면 당연히 대가를 치르게 마련이다. 그런 점에서 배런 코언이 여성을 예로 든 것은 우연이 아니다. 비키 헬지슨Vicki Helgeson과 하이디 프리츠Heidi Fritz는 실증적이고 이론적인 일련의 논문에서 '경직된 친화성unmitigated communion'이라는 성향을 기준으로 남녀 간에 어떤 차이가 있는지를 탐구했다. 두 사람은 '경직된 친화성'을 "타인에 대한 과도한 관심", "타인의 필요를 자신의 필요보다 우선시하는 성향"이라고 정의했다.5 이들은 '경직된 친화성' 지수를 측정하기 위해 9개 항목으로 구성된 단순한 척도를 개발했다. 설문에 참가하는 사람들은 아래와 같은 진술을 읽고 '전혀 그렇지 않다'부터 '매우 그렇다'까지 자신의 성향과 유사한 정도를 점수로 매긴다.

- 다른 사람들이 행복해야 내가 행복하다.
- 누가 내게 부탁을 하면 거절을 못 한다.
- 다른 사람들 문제를 걱정하곤 한다.

일반적으로 여성이 남성보다 점수가 높다. 장담컨대 해나의 경우에는 아주 높은 점수가 나올 것이다.

'경직된 친화성' 지수가 높으면 여러모로 좋지 않다. 한 연구에 따르면, 남녀를 불문하고 이 점수가 높은 사람들은 배우자가 심장 질환을 앓을 때 과잉보호하는 경향을 보인다. 보고에 따르면, 이런 사람들은 균형 잡힌 인간관계를 맺지 못한다. 다른 사람들에게 많은 관심을 쏟지만 정작 자신은 그만큼의 관심을 받지 못하기 때문이다. 실제로 그들은 도움을 받는 존재가 되는 것이 불편하다고 말할 가능성이 크다. 다른 연구들에 따르면, '경직된 친화성' 지수가 높은 사람들은 어떤 사람에게 문제가 생겼다는 소식을 듣고 며칠 후에야 그 사람에게서 연락이 오면, 자신에게 늦게 연락한 것에 대해 화가 나고 그 생각을 도저히 떨쳐내기 힘들다고 말할 가능성이 크다.

대학생들과 그보다 나이가 많은 성인들을 대상으로 연구한 바에 따르면, '경직된 친화성'은 "과도하게 자상하고 참견하기 좋아하고 헌신적인" 사람들과 관련이 있다.**6** 경직된 친화성 지수가 높으면 사람들이 여러분을 좋아하지 않고 여러분 생각도 잘 하지 않는 것 같은 기분이 든다. 또한 사람들이 여러분에게 도움을 받고 싶어 하지도 않고 여러분이 하는 충고를 받아들이려고도 하지 않을 때 화가 난다. 실험 연구에 따르면, '경직된 친화성' 지수가 높은 사람은 친구들이 누구에게도 도움을 받지 못할 때보다 자기가 아닌 다른 사람에게 도움을 청할 때 더 괴로워한다.

경직된 친화성이 높은 사람은 신체적으로도 정신적으로도 적응 능력이 떨어지고, 심장 질환이나 당뇨병, 암에 걸릴 위험이 크다. 아마도 타인에게 관심을 쏟느라 정작 자기 자신에게는 신경을 쓰지 못하기 때문일 것이다.

헬지슨과 프리츠는 남녀의 차이가 불안과 우울에 빠지기 쉬운 여성의 성향을 설명한다고 추측한다. 바버라 오클리Barbara Oakley가 '병적인 이타주의'를 연구하면서 했던 말과 맞아떨어지는 결론이다. "놀랍게도 여성들에게서 흔히 나타나는 여러 질병과 증상들은 일반적으로 타인에 대한 관심과 공감능력이 높은 여성들의 성향과 관련이 있는 것 같다."**7**

여러분은 '경직된 친화성'에서 문제가 되는 것은 '친화성'이 아니라 '경직성'이 아닌가 생각할 것이다. 사실 이 분야의 초기 연구는 '주도성'과 '친화성'을 인간 본성의 두 핵심으로 논의한 데이비드 배컨David Bakan의 책이 기폭제가 되었다.[8] 주도성은 정형화된 남성의 특징으로 '자아'와 '분리'를 강조하고, 친화성은 정형화된 여성의 특징으로 사람들과의 '관계'를 강조한다.[9] 주도성과 친화성 모두 가치가 있고 심리적으로 완성되려면 둘 다 필요하다.

경직된 형태가 아니라 좋은 형태의 친화성을 측정하는 척도가 있다(우리 심리학자들은 척도를 좋아한다). 다음과 같은 특성에 대해 1점부터 5점까지 스스로 점수를 매겨보라.

- 도움이 됨
- 타인의 감정에 대한 인식
- 친절함
- 타인에 대한 이해

당연히 높은 친화성 지수는 건강을 포함한 온갖 긍정적인 것과 관련이 있다. 그렇다면 (긍정적인) 친화성이 높은 사람과 (부정적인) 경직된 친화성이 높은 사람은 어떤 차이가 있을까? 두 부류의 사람들 모두 타인에게 신경을 쓴다. 그러나 친화성이 우리가 관심과 연민이라는 부르는 것에 해당하는 반면, 경직된 친화성은 공감과 관련이 깊다. 좀 더 정확히 말하자면, 타인의 고통을 보고 괴로워하는 '공감적 고통'과 관련이 깊다.

나는 경직된 친화성이 높은 사람이 반드시 공감능력이 높은 사람이라고는 생각하지 않는다. 그러나 두 가지 성향은 타인과 관계를 맺을 때 동일한 취약성을 초래한다. 본인의 삶을 살아가는 데 방해가 될 정도로 과도한 개인적 고통을 야기한다는 것이다.

배런 코언이 예로 든 해나라는 여성이 걱정되는 이유는 그녀가 다른 사람들에게 마음을 쓰기 때문이 아니다. 여러분은 타인에게 관심을 기울여야 한다. 타인에게 어느 정도 관심을 기울이는 것이 도덕적으로 옳다는 분명한 사실을 차치하더라도, 이타적인 행동은 단기적인 기분과 장기적인 행복을 증진하는 것을 포함하여 갖가지 육체적·정신적 효과와 관련이 있다. 행복해지고 싶으면, 다른 사람들을 돕는 것도 아주 좋은 방법이다.**10**

해나가 타인에게 관심을 쏟는 이유는 그녀가 고통에 예민하기 때문이다. 내가 해나를 걱정하는 이유는 바로 이 때문이다. 해나는 경직된 친화성이 매우 높은 것 같다. 방금 살펴본 연구는 이것이 장기적으로 무척 해롭다는 것을 암시한다.

이러한 염려는 우리를 새로운 방향으로 안내한다. 나는 이제까지 공감에는 스포트라이트의 성질이 있기 때문에 공감은 형편없는 도덕 지침이라고 주장했다. 공감은 편향되기 쉽고 간단한 산수조차 할 줄 모른다고 이야기했다. 여기에 덧붙여서 나는 이제 공감하는 사람들이 공감 때문에 부정적인 영향을 받을 수 있다고 말하려 한다.

경직된 친화성에 관해서는 들어본 적이 없을지 모르지만, 타인의 고통에 너무 깊이 빠져들 수 있다는 이야기는 많이 들어보았을 것이다. 흔히 이것을 '소진'이라고 한다. 1970년대에 만들어진 용어다. 그러나 사실 이것은 새로운 통찰이 아니었다. 이 개념의 기원은 여러 곳에서 찾을 수 있다. 놀랍게도 불교 사상도 그중 하나다.

나는 이 사실을 불교 승려이자 신경과학자인 리카를 통해서 처음 알게 되었다. 많은 이들이 "지구상에서 가장 행복한 사람"이라고 묘사하는 인물이다. 우리는 우연히 만났다. 당시 우리 두 사람은 런던 외곽에 있는 한 호텔에서 체크인을 하고 있었다. 런던에는 학회 때문에 간 거였고, 우리 둘 다 학회에서 강연하기로 되어 있었다. 나는 프런트에서 그를 단번에 알아보았다. 짙은 황색 승복에 품위 있는 미소. 그냥 지나치기가 어려웠다. 나는 그에게 내 소개와 함께 인사를 건넸고, 나중에 우리는 함께 차를 마셨다.

흥미로운 만남이었다. 가만히 있어도 내면의 평화가 스며 나오는 사람이었다. 그는 해마다 몇 달씩 고독한 시간을 보내고, 이를 통해서 깊은 기쁨을 맛본다고 했다(명상 습관을 불규칙적으로나마 받아들인 건 이 대화 때문이었다). 어느 순간, 그는 내게 어떤 연구를 하고 있느냐고 정중히 물었다. 리카 같은 사람에게 공감에 반대하는 책을 쓰고 있다고 말하는 것은 정통 랍비에게 조개류를 지지하는 책을 쓰고 있다고 말하는 것이나 마찬가지 아닐까 싶었다. 내가 하는 작업을 어떻게 설명해야 할지 난감했다. 그러나 리카는 내 이야기를 듣고도 충격받지 않았다. 오히려 그는 아주 정확한 지적이라면서, 불교 철학뿐만 아니라 저명한 신경과학자인 타니아 싱어와 자신이 함께 연구하고 있는 내용과도 일치한다고 했다.

먼저, 도를 깨우쳤으나 열반에 들지 않기로 서약하고 몽매한 중생들을 돕기 위해 삶과 죽음의 윤회에 머물기로 선택한 관세음보살의 삶을 생각해보자. 관세음보살은 어떻게 살아야 할까?

철학자 찰스 굿맨Charles Goodman은 불교의 도덕철학을 다룬 책에서 불교 경전은 '감정적인 자비'와 '대자비大慈悲'를 구분한다고 말한다. 전자는 우리가 공감이라고 부르는 것에 해당하고, 후자는 우리가 단순하게 '연민'이라고 부르는 것에 해당한다.[11] 감정적인 자비는 "보살을 지치게 하기 때문에" 피해야 하고, 대자비는 추구해야 한다. 대자비는 연민의 대상과 일정한 거리를 유지하며 조심스럽게, 무기한으로 지속된다.

공감과 연민을 구분하는 것은 이 책의 논지에서 아주 중요하다. 신경과학 연구도 공감과 연민이 다르다는 사실을 뒷받침한다. 타니아 싱어와 올가 클리멕키Olga Klimecki는 논평 기사에서 본인들이 이 둘의 차이를 어떻게 이해하고 있는지 설명한다. "공감과 달리, 연민은 타인의 고통을 공유하는 것을 의미하지 않는다. 연민의 특징은 타인의 행복을 증진하려는 강한 동기와 더불어 따뜻함, 관심, 배려의 감정이다. 연민은 내가 타인에게 느끼는 것이지, 타인의 감정을 함께 느끼는 것이 아니다."[12]

연구진은 리카가 피험자로 참여한 일련의 fMRI 연구를 통해 공감과 연민의 신경과학적 차이를 탐구했다.[13] 연구진은 fMRI 장치 안에 들어가 있는 리카에게 고통 가운데 있는 사람들에 대해 다양한 유형의 '자비명상'을 하게 했다. 놀랍게도 리카가 명상하는 동안 '공감적 고통'에 관여하는 뇌 영역이 활성화되지 않았다. 평소에 명상을 하지 않는 일반 사람들이 타인의 고통을 생각할 때 정상적으로 활성화되는 뇌 영역이 활성화되지 않은 것이다. 게다가 리카는 명상 후 즐겁고 상쾌한 기분을 느꼈다. fMRI 장치에서 나온 리카는 자신의 상태를 이렇게 설명했다. "친親사회적 동기로 충만한 따뜻하고 긍정적인 상태."[14]

그다음에 연구진은 리카에게 타인의 고통에 공감하도록 요청했고 그 상태에서 fMRI 검사를 진행했다. 이번에는 적절한 공감 회로가 활성화되었다. 리카의 뇌는 타인의 고통에 대해 생각하는 비非명상가의 뇌와 차이가 없었다. 나중에 리카는 그때의 경험을 이렇게 설명했다. "공감을 통해 감정의 공유가 (…) 이뤄지자 금세 참기 힘들어졌다. 감정적으로 지치는 기분이었다. 소진되는 것과 흡사했다. 거의 1시간에 걸친 공감 공명 후에, 연구진은 내게 자비명상을 할지 fMRI 검사를 끝낼지 선택하게 했다. 나는 조금도 망설이지 않고 자비명상을 하면서 계속 검사를 받겠다고 했다. 공감 공명을 하고 나니까 너무 진이 빠졌기 때문이다."[15]

싱어는 명상 수련을 하지 않는 보통 사람들을 대상으로 실험을 계속했다.[16] 그는 피험자들에게 공감 훈련이나 연민 훈련을 받게 했다. 공감 훈련에서는 피험자들에게 타인이 느끼는 감정을 느끼려고 노력하라고 했다. '자애심 명상'이라고도 부르는 연민 훈련에서는 상상의 인물들에 대해 긍정적이고 따뜻한 생각을 하게 했다. 처음에는 가까운 사람부터 시작해서 낯선 사람들에게로, 그리고 원수들에게로 이동했다.

뇌 반응에 차이가 있었다. 공감 훈련을 하자 섬피질과 전대상피질이 크게 활성화되었다(둘 다 앞에서 공감에 관한 신경과학 연구를 다룰 때 살펴보았던 뇌 영역에 해당한다). 이와 달리 연민 훈련을 했을 때는 내측안

와전두피질과 배측선조체 같은 뇌의 다른 부분이 활성화되었다. 실제 석인 사이도 있었다. 고통받는 사람들의 입장에 공감할 때는 기분이 좋지 않았다. 이와 달리 연민 훈련을 했을 때는 명상자의 기분도 좋아졌고 타인에게도 더 친절해졌다.

동정과 연민의 차이에 익숙해져야 한다. 경직된 친화성의 문제를 설명하면서 나는 문제의 장본인이 괴로움이라는 결론을 이끌어냈다. 경직된 친화성은 괴로워하는 사람들을 대면할 때 여러분에게 괴로움을 안겨준다. 이로써 여러분은 스스로 괴로움이라는 비용을 치르게 되고, 그러면 여러분이 그 사람을 도와도 효과가 별로 없다. 공감 훈련이 나쁜 이유와 연민 훈련이 훨씬 나은 이유도 이것으로 설명할 수 있다. 타니아 싱어는 연구 결과를 정리하면서 조금 더 신중한 언어로 똑같은 점을 지적한 다음 더 광범위한 의미를 탐구한다.

공감적 고통을 만성적으로 경험하면 건강에 부정적인 결과가 발생할 가능성이 크다. 반면에 연민 반응은 긍정적이고 타자 중심적인 감정과 친사회적 동기 및 행동을 촉진한다. 공감적 고통이 해로운 영향을 끼칠 수 있다는 점을 감안하면, 적응성 사회적 감정의 유연성을 발견한 것은 고무적이다. 특히 연민 훈련은 친사회적 행동을 촉진할 뿐만 아니라 긍정적인 영향과 회복력을 증가시켜 스트레스 상황에 효과적으로 대처하게 도와준다. 연민 훈련은 타인을 돕는 직업에 종사하는 사람들이나 일반적으로 스트레스가 심한 환경에서 일하는 사람들에게 특히 유익한, 적응성 사회적 감정 및 동기를 개발할 기회를 많이 열어준다.[17]

이는 데스테노와 그의 동료들이 통제된 실험 연구를 통해 찾아낸 결론과 잘 연결된다. '마음챙김 명상' 훈련을 받은 피험자들은 (통제 조건에서 다른 인지 능력을 훈련한 사람들과 달리) 타인에게 더 친절해졌고 더 기꺼운 마음으로 도우려 했다.[18] 데스테노와 그의 동료들은 '마음챙김 명상'이 "사회적 소속감에 관여하는 신경망을 활성화시켜서, 고통 속에 있는 사람들의 감정을 시뮬레이션하는 데 관여하는 뇌 신경망이 활성화되는 것을 줄여준다"라고 주장한다. 그러면서 데스테노는 불교 학자 툽텐 진파Thupten Jinpa가 했던 말에 찬성한다고 했다. "명상 훈련을 하면 타인의 고통을 보고 함께 괴로워하던 임상의들이 그 고통에서 빨리 벗어날 수 있게 해준다. 그리고 타인의 고통을 덜어주기 위해 연민을 품고 행동하게 해준다."[19] 즉 공감이 줄어들면 친절이 늘어난다는 것이다.

이런 연구들은 연민과 공감이 긴밀하게 얽혀 있을 수밖에 없다고 생각하는 심리학자들과 신경과학자들의 주장과 관련이 있다. 레오나르도 크리스토프 무어Leonardo Christov-Moore와 마르코 야코보니Marco Iacoboni는 내가 전에 쓴 글을 비판하면서 "정서적 공감은 연민의 전조다"라고 주장했다.[20] 린 오코너Lynn E. O'Connor와 잭 베리Jack W. Berry도 이렇게 비판했다. "먼저 감정적으로 공감하지 않으면 연민을 느낄 수 없다. 사실 연민은 인지 과정의 수단으로써 감정적 공감의 연장선이라 할 수 있다."[21]

지금까지 수차례 언급했듯이 우리는 감정적으로 공감하지 않고도 사람들을 돌보고 돕는다. 이런 일상 속 사례를 모두 감안하면 이들의 주장을 어떻게 생각해야 할지 모르겠다. 천둥번개를 두려워하는 아이가 있다고 치자. 나는 그 아이가 느끼는 두려움을 조금도 느끼지 않고도 아이를 걱정하고, 구조하고 달랠 수 있다. 나는 배고픔을 대리 경험하지 않고도 굶주리는 사람들을 염려하고 후원할 수 있다. 우리가 조금 전에 살펴본 연구는 훨씬 더 강력한 결론을 뒷받침한다. 연민과 친절은 공감과 상관없이 따로 존재할 수 있을 뿐 아니라, 때로는 공감과 대립한다. 때로 우리는 공감에서 비롯된 감정을 억누를 때 더 나은 사람이 될 수 있다.

의사가 되려고 훈련 중인 사람들은 공감의 부정적 영향에 대한 이런 염려를 듣고 놀랄지도 모른다. 의대생들 사이에서 공감이 줄어들고 있다는 연구 결과를 염려하는 목소리가 많기 때문이다.[22] 미국의과대학협회(AAMC)는 공감을 "필수 학습 목표"로 명명했고, 의과대학에서는 공감 훈련에 중점을 두고 있다.[23]

대개의 경우 나는 여기에 대찬성이다. 앞에서 살펴보았듯이, 사람들은 온갖 좋은 것들을 포괄하는 용어로 '공감'이라는 단어를 사용한다. 그리고 의과대학에서 공감 훈련이라는 이름으로 진행하는 교육은 환자들의 말을 경청하고, 환자들과 시간을 보내고, 환자들에게 존중하는 태도를 보이도록 권장하는 것이 대부분이다. 우리에게 문제가 생기는 때는 우리가 문자적 의미 그대로의 공감을 생각할 때뿐이다.

외과의사인 크리스틴 몬트로스Christine Montross는 공감의 위험성을 고찰했다. "영안실에서 아들의 시신을 보고 비통에 빠진 어머니가 견딜 수 없을 만큼 노골적으로 시신의 상태를 묘사하는 소리를 들으면서, 만약 내가 '저기 누워 있는 저 사내가 내 아들이라면 어떨까' 하고 상상한다면, 나는 아무 일도 할 수 없는 무능력자가 되고 말 것이다. 가슴속에 차오르는 감당할 수 없는 슬픔 때문에 환자에게 정신과 치료가 필요하다는 사실을 인지하고 처리할 능력이 망가져버릴 테니 말이다. 마찬가지로 만약 내가 구급차에 실려 지역 응급 병동의 외상외과 집중치료실에 도착했고 당장 수술을 해야 목숨을 건질 수 있는 상황이라면, 나는 수술을 담당할 외상외과의가 내 통증과 고통에 공감하기 위해 하던 일을 멈추기를 바라지 않을 것이다."**24**

몬트로스가 이런 견해를 밝힌 것은 의학적인 맥락에서 공감이 일으킬 수 있는 문제를 언급한 내 글을 읽고 나서였다. 글이 발표되자마자 나는 응급의학과 전문의인 다른 의사한테서 다음과 같은 편지를 받았다. 당사자의 허락을 받아 여기에 인용한다.

저는 늘 제 공감능력이 매우 높다고 생각했습니다. 제 일에는 축복이자 저주였죠. 수년 동안 몸과 마음이 소진돼버린 것 같은 극심한 피로와 씨름했습니다. (…) 환자들의 고통에 공감하는 반응을 멈추면, 환자들에게 도움이 덜 될 것 같았습니다. 재난구조 의료팀의 일원으로 세계무역센터 현장에 파견되었을 때는 그 때문에 정말로 곤경에 빠졌습니다. 우리가 그곳에 파견된 건 11월 초였어요. 테러 현장에서 살아남은 사람은 아무도 없었습니다. 우리 의료팀이 보살필 대상은 시신을 발굴하는 작업반뿐이었죠. (…) 나는 마음을 열고 그곳에 남아 작업자들의 고통을 느끼려고 노력했습니다. 또한 제가 처한 상황을 받아들이고 제 주변의 공포와 상실을 느끼려고 노력했습니다. 그렇게 하지 않는 건 비도덕적인 것 같았습니다. 어느 날, 저는 그런 식으로 공감하는 데 성공했습니다. 대성공이었죠. 내 능력을 넘어서는 일이었습니다. 도저히 감당할 수가 없었습니다. 소방 호스에 입을 대고 물을 마시려고 애쓰는 기분이었습니다. 익사할 것 같았습니다.

그녀는 내가 설명했던 공감과 연민의 차이에 관한 연구가 도움이 되었다고 덧붙였다. 공감 때문에 문제를 겪는다고 해서 자신이 나쁜 사람이 되는 게 아니라는 사실을 인정하게 되었다고 했다.

사랑하는 사람을 위해 연명치료를 중단하기로 결정한 가족들의 고통, 사랑하는 사람의 사망 소식을 들은 가족들의 고통, 암에 걸렸다는 사실이나 태아의 머리가 기형이라는 소식을 방금 내게 들은 사람들의 고통을 내가 똑같이 느끼지 않는다고 해서 내가 인간의 의무를 회피하는 것이 아니라는 사실을 알고 나니 안심이 되었습니다. 연민을 잃지 않고도 감정적인 반응을 멈추기 위해 적극적으로 노력할 수 있다니, 정말 멋진 생각이에요.

이 직업에 종사하는 사람들에게는 공감과 관련된 이런 문제들이 익숙하다. 소아외과 의사인 친구는 내게 상태가 심각한 아이들과 부모들을 상대하는 업무 스트레스 때문에 전공을 바꿔야 했던 두 의대생의 이야기를 들려주었다. 한 연구에 따르면, 특별히 공감능력이 뛰어난 간호학과 학생들은 환자를 돌보는 데 시간을 적게 쓰고 병원 내 다른 직원에게 도움을 요청하는 데 시간을 많이 쓰는 것으로 나타났다. 아마도 고통스러워하는 사람들을 상대하기가 싫어서 그랬을 것이

공감의 배신

다.25

　공감의 위험성은 아마도 치료사들에게 가장 뚜렷하게 나타날 것이다. 우울해하고 불안해하고 망상에 빠져 있고 정신적 고통이 심각한 사람들을 끊임없이 상대해야 하니 말이다. 치료사와 내담자 사이의 복잡한 인간관계를 놓고 치료사들 사이에서 이론적 논의가 풍부하게 이루어지고 있다. 정신분석을 활용해 내담자를 상담하는 치료사들 사이에서 논의가 특히 활발하다. 그러나 우울해하거나 불안해하는 사람들을 상대하는 동안 치료사가 내담자의 우울과 불안을 느끼는 것이 중요하다고 생각하는 사람은 치료의 핵심을 놓치고 있는 것이다.

　실제로 우리 중 대부분은 공감 반응을 멈추지 못하기 때문에 치료사라는 직업을 가질 수가 없다. 좋은 치료사들은 이 부분에서 비범한 면모를 갖추고 있다. 임상심리학자로 일하는 내 친구는 아주 바쁜 일정을 소화한다. 몇 시간 동안 쉬지 않고 일하는데, 한 사람이 상담을 끝내고 나가면 바로 다음 사람이 들어온다. 나는 죽어도 그렇게는 못 살 것 같다. 나는 우울해하거나 불안해하는 사람과 잠깐만 같이 있어도 금세 진이 빠진다. 그러나 그녀는 내담자들의 문제에 관심이 많고, 도전 과제가 튀어나오는 것에 흥미를 느끼고, 그들의 삶이 향상될 수 있다는 가능성에 흥분한다.

　그 친구의 말을 들으니 작가이자 외과의사인 아툴 가완디Atul Gawande가 했던 이야기가 생각났다. 가완디는 존경심을 가지고 환자들을 대하되 환자들을 해결해야 할 문제로 인식하기도 하는 의사가 좋은 의사라면서, '상냥함과 심미안'에 관해 이야기했다.26 프로이트도 비슷한 비유를 사용했다. "외과의는 자신의 모든 감정, 심지어 인정人情마저도 제쳐두고 가능한 한 능숙하게 수술을 진행한다는 단 하나의 목표에만 정신력을 집중한다. 나는 동료들에게 정신분석 치료를 하면서 외과의를 모델로 삼으라고 성급하게 조언할 수 없다."**27**

물론 내 친구는 내담자의 머릿속을 상상하지만(만약 그러지 못한다면 임상심리학자로서 쓸모가 없을 것이다), 내담자가 느끼는 감정을 느끼지는 않는다. 그녀는 공감능력이 아니라 이해력과 상냥함을 사용한다.

지금까지 우리는 공감하는 사람에게 공감이 끼치는 영향을 살펴보았다. 그렇다면 공감받은 사람들의 경우는 어떨까? 고통 속에 있는 사람들은 분명히 존중, 연민, 친절, 관심을 원한다. 공감은 어떨까? 공감도 원할까? 그들에게 공감이 도움이 될까?

몇 해 전에 내가 무척 존경하고 사랑하는 삼촌이 항암 치료를 받고 있었다. 나는 삼촌이 병원과 재활센터에 다니는 동안 많은 의사들과 교류하는 것을 지켜보았다. 그리고 그가 의사들을 어떻게 생각하는지에 대해 이야기를 나누었다. 삼촌은 의사들이 자기 말에 귀를 기울이고 자신의 상황을 이해하려고 애쓸 때 고마워했다. 삼촌은 이런 '인지적 공감'에 공명했다. 연민과 관심과 온정을 표현하는 의사들에게도 고마워했다.

그러면 좀 더 감정적인 측면의 공감에 대해서는 어땠을까? 정서적 공감에 대해서는 심경이 좀 복잡했다. 삼촌은 자기가 느끼는 것을 느끼지 않는 의사, 자기가 불안해할 때 침착하고 자기가 자신 없어 할 때 자신 있게 말하는 의사들을 최대한 활용하는 것 같았다. 그리고 능숙함, 정직, 전문성, 존중과 같이 공감과는 직접적인 관련이 없는 덕목들을 보여줄 때 특히 고마워했다.

레슬리 제이미슨도 《공감 연습》이라는 수필집의 첫 번째 글에서 비슷한 점을 지적했다. 제이미슨은 31개 항목으로 구성된 체크리스트 중 한 항목으로, 의대생들의 실력을 평가하기 위해 가짜 환자 역할을 했던 기간에 관해 이야기한다. 제이미슨이 평가했던 항목은 "내 상황 또는 문제에 대해 말로 공감을 표현하는가"였다. 그러나 의사들과 개인적인 경험을 쌓으면서 제이미슨은 공감의 중심적 역할에 대해 회의적인 시각을 갖게 되었다.

제이미슨은 환자가 염려하는 바에 동조하지 않고 냉담한 의사에 관해서, 그리고 의사의 그런 태도 때문에 자신이 느꼈던 고통에 관해서 이야기한다. 그러나 그녀는 또한 환자를 안심시키는 일정한 거리와 객관성을 유지했던 다른 의사의 이야기도 전한다. 제이미슨은 그 의사에게 고마워했다. "그가 내 엄마가 될 필요는 없었다. 단 하루도 그럴 필요가 없었다. 자기가 하는 일을 제대로 알고 있으면 그것으로 충분했다. (…) 그는 침착하고 냉정했다. 그렇다고 버림받은 것 같은 기분이 들지는 않았다. 오히려 안심이 되었다. (…) 그에게서 보고 싶었던 모습은 내가 느끼는 두려움을 메아리처럼 반복하는 모습이 아니라 그것과는 정반대되는 모습이었다."[28]

나는 공감의 한계를 지적한 내 주장을 뒷받침하기 위해 몬트로스와 제이미슨의 글을 인용했다. 하지만 공평을 기하기 위해 공감을 옹호하는 글도 함께 인용하려 한다. 몬트로스는 내가 위에서 인용한 단락에서 자신이 환자에게 지나치게 공감하고 싶지 않은 이유와 공감이 지나친 의사를 만나고 싶지 않는 이유를 말한 다음, 한 발 뒤로 물러선다. "그럼에도 매일 환자들을 진료하는 과정에서 적당한 양의 공감이 의사와 환자 모두에게 득이 될 수 있다는 걸 쉽게 알 수 있다. 실제로 내 임상 실무에서도 그렇다. 적당한 수준의 공감대가 형성되면, 환자들은 의사들이 자기 말을 들어주고 자기를 이해해준다고 느낀다. 그리고 의사들은 환자들이 걱정하는 것을 당연하게 받아들이고 통증을 줄이기 위해 가능한 한 많은 일을 해야겠다고 느낀다."**29**

환자와 일정한 거리를 유지하는 의사의 가치를 설명한 뒤, 제이미슨은 이렇게 덧붙인다. "내가 느끼는 두려움을 메아리처럼 반복하지 않는 의사가 나를 돌봐주니 고마웠다. 그러나 공감이 없었다면, 그 의사는 내가 고맙게 생각한 그런 돌봄을 제공할 수 없었을 것이다. 내 두려움에 대안을 제시하고, 정보와 지침을 제공하고 나를 안심시켜서 두려움이 줄어들도록 도우려면, 그는 내가 느끼는 두려움의 실체를 꿰뚫고 있어야 했다."**30**

나도 여기에 상당 부분 동의한다. 관심과 이해가 중요하다는 건 이해가 된다. 그러나 나는 의사나 치료사가 환자의 감정을 '꿰뚫지' 않고도, 다시 말해 환자와 감정적으로 일정한 거리를 유지하면서도 환자에게 관심을 기울이고 이해하는 것이 가능하다고 생각한다. 실제로 의사와 환자 사이에 일정한 거리가 유지될 때 둘 모두에게 더 좋다고 생각한다.

돌봄은 그런 식으로 이루어지지 않는다고 합리적인 이의를 제기하는 사람도 있을 것이다. 어쩌면 어떤 사람이 겪고 있는 일을 진정으로 이해할 수 있는 유일한 길은 그가 느끼는 감정을 느끼는 것일지도 모른다. 내가 지금까지 이야기한 지적인 이해만으로는 충분하지 않을지

공감의 배신

도 모른다.

나는 사람들이 이 문제를 논할 때 다른 문제 때문에 산만해진다고 생각한다. 그들은 여러분이 어떤 일을 직접 경험하지 않고는 진정으로 이해할 수 없다는 생각에 집착한다. 좋은 치료사는 우울한 게 어떤 건지, 불안한 게 어떤 건지, 외로운 게 어떤 건지 이해해야 한다고 말하는 사람이 있을지도 모르겠다. 그런데 이 말은 치료사가 한때 우울감과 불안감과 외로움을 느껴보았어야 한다는 뜻이다. '그 경험이 어떤 경험인지 알려면 여러분이 직접 경험해봐야 하는 경험들.' 인지과학자 로리 폴Laurie Paul은 이것을 "변화를 가능하게 하는 경험"이라고 불렀다.31 상상으로는 충분하지 않다. 진짜 경험을 대신할 수 있는 것은 아무것도 없다.

분석철학자 프랭크 잭슨Frank Jackson은 유명한 '사고 실험'을 통해 이 점을 지적한다(이 실험은 〈엑스 마키나Ex Machina〉라는 SF 공포 영화로 확장되었다). 잭슨은 뛰어난 과학자 메리의 이야기를 들려준다. 메리는 검은색과 흰색만 있는 방 안에 처박혀 일생을 보낸다.32 텔레비전도 흑백이다. 메리는 인간의 지각 능력을 연구하다 색色을 보는 신경과학의 모든 것을 알게 된다. 메리는 색의 파장을 안다. 사람들이 녹색을 볼 때 신경세포가 움직인다는 것을 안다. 사람들이 피와 정지 신호를 '빨간색'으로 묘사한다는 것도 안다. 물감을 섞으면 어떻게 되는지도 안다. 메리는 색에 관한 모든 사실을 안다. 그러나 방에 있는 검정색과 흰색, 그리고 자기 몸 색깔을 제외하면 메리에게는 색에 대한 경험이 전혀 없다.

자, 이제 메리가 처음으로 방을 나와서 맑고 푸른 하늘을 올려다본다고 상상해보자. 대부분의 사람들은 메리가 전에는 알지 못했던 무언가를 이제 알게 되었다고 직감할 것이다. 철학 용어 중에 '감각질qualia'이라는 것이 있다. 비非지각적 지식 밖에 존재하는, 질적으로 완전히 새로운 경험을 가리킨다.

잭슨은 이 사고 실험이 마음의 본질에 관해 형이상학적으로 강렬한 의미를 갖는다고 여긴다. 이에 관해서는 많은 논란이 있지만 좀 더 신중한 해석도 있다. 잭슨의 사고 실험이 다른 어떤 방법으로도 제대로 이해할 수 없는 경험을 통해 무언가를 학습할 수 있다는 사실을 보여준다는 해석이다. 여러분이 무언가를 경험하려면 그 경험이 일어나는 자리에 있어야 한다. 메리도 마찬가지다. 파란색을 보는 게 어떤 건지 알려면, 파란색을 보아야 한다.

다시 우리의 관심 분야로 돌아가서 말하자면, 치료사에게 어떤 실제 경험들은 없어서는 안 되는 것인지도 모른다. 환자의 관점에서 보면, 지금 자기 기분이 어떤지 알아주는 치료사와 이야기하는 게 편하다. 치료사의 관점에서 보면, 환자가 지금 하고 있는 경험을 제대로 이해하는 것이 환자를 도울 방법을 알아내는 데 유용하다.

그렇다고 공감에 찬성한다는 말이 아니다. 상대방을 제대로 이해하기 위해 거울에 비추듯 그 사람의 감정을 똑같이 느낄 필요는 없다. 지금은 평온하지만 나도 과거에 그런 고통을 느껴봤기 때문에 지금 내게 괴로움을 호소하는 상대방의 고통을 이해하는 것과 지금 눈앞에서 괴로움을 호소하는 모습을 보고 그 사람의 고통을 고스란히 함께 느끼기 때문에 상대방의 고통을 이해하는 것은 하늘과 땅 차이다. 전자는 공감과는 전혀 상관이 없다. 순수하게 상대방을 이해하는 행위

　　　　　　　　　　　　　공감의 배신

일 뿐이다. 전자는 모든 면에서 후자보다 이롭고 치러야 할 대가도 전혀 없다.

우리가 사랑하는 사람들과의 관계는 어떨까? 우리는 이제까지 의사와 치료사들에 관해 살펴보았다. 어떤 면에서 보면 환자들과 친밀한 관계를 맺고 있는 이들이다. 그러나 이 관계는 여전히 일정한 거리를 지켜야 하는 관계다. 이런 전문가들은 보통 다수의 개인들을 상대하고, 또 그래야 한다. 어디까지나 보수를 받고 하는 일이기 때문이다. 그래서 이들은 하루 일과가 끝나면 집에 돌아간다.

그러나 친구와 가족은 다르다. 그들은 집에서도 여러분과 함께한다. 그들에게는 의사나 치료사들과 같은 경계가 없다. 낯선 타인과의 관계에서 통하던 것이 이런 친밀한 관계에는 통하지 않을 수 있다.

한 불교 종파에서 탐구하는 '대자비'에 관해서도 비슷한 우려가 있다. 대자비는 친밀한 관계의 필수적인 부분인 '편애'와 상극이라는 것이다. 이런 우려를 집약한 오래된 농담이 있다.

불교 진공청소기 얘기 들었어요?
아무것에도 집착하지 않는대요.

이제 우리가 친밀한 관계에서 원하는 것을 생각하되, 뻔한 얘기는 피하자. 짐작건대 대부분의 사람들은 사랑받고 싶어 하고, 이해받고 싶어 하고, 관심받고 싶어 한다. 사실 우리는 친구들과 가족이 다른 사람들에게 신경 쓰는 것 이상으로 우리에게 신경 써주길 바란다. 많은 사람들이 가깝고 친밀한 관계란 원래 그런 거라고 생각한다.

이렇게 서로에게 마음을 쓴다는 것은 내 감정이 내가 사랑하는 사람들의 감정과 일치할 것이라는 뜻이다. 나는 괴롭고 비참한데 내가 사랑하는 사람은 행복하다면, 나는 행복한데 내가 사랑하는 사람은 괴롭고 비참하다면, 이는 분명 힘 빠지는 일이다. 이러면 이 사람이 나를 사랑하긴 하는지, 또 내가 이 사람을 사랑하긴 하는지 의문이 들게 마련이다.

그러나 이것은 상대방이 내 입장에 공감하여 나와 똑같은 기분을 느끼길 바라서가 아니다. 만약 어떤 사람이 나에게 마음을 쓴다면, 내 슬픔이 그 사람을 슬프게 하고 내 행복이 그 사람을 행복하게 해야 한다. 내 조카가 장학금을 받고 기뻐하면, 그 모습을 보는 나도 행복해질 것이다. 그러나 내가 행복해지는 이유는 조카의 기쁨을 대신 경험하기 때문이 아니다. 내가 조카를 사랑하고 조카가 잘해내기를 원하기 때문이다. 실제로 조카가 장학금을 받았다는 소식을 들었다면, 조카가 행복해하는 모습을 보기 전이라도 나는 행복해했을 것이다. 따라서 어떤 '미러링'도 일어날 가능성이 없다.

감정이 갈라져야 하는 때도 있다. 정상적인 관계를 맺고 있는 사람들은 어느 정도 자율성과 독립성을 가지고 있기 때문이기도 하고, 다른 사람에게 신경을 쓴다고 해서 항상 그 사람의 기분을 따라가고 싶어 하지는 않기 때문이기도 하다. 고대 로마의 정치가 키케로Cicero가 우정의 장점에 관해 말했듯이, 우정은 "기쁨은 배로 늘리고 슬픔은 반으로 나눔으로써 행복을 증진시키고 고통을 완화시킨다." 어쩌면 이 말은 우정뿐만 아니라 일반적인 친밀한 관계를 두고 한 말일 수도 있다. 나는 나와 가까운 사람들이 내가 공황 상태에 빠져 허둥지둥할 때는 침착하게, 내가 우울해할 때는 밝고 명랑하게 대해주면 더 좋을 것 같다.

애덤 스미스가 이런 복잡한 관계를 멋지게 탐구했다.**33** 애덤 스미스를 내가 추진하는 반反 공감 운동의 동료인 것처럼 가장할 생각은 없다. 애덤 스미스는 인간사에서 공감이 아주 중요한 역할을 한다고 자주 말하곤 했다. 그러나 그것과 상관없이, 애덤 스미스는 사회적 상호작용을 잘 아는 해설가다. 특히 교우 관계에서 우정의 역할을 아주 예리하게 분석한다.

애덤 스미스는 공감의 미덕을 이야기하며 논의를 시작한다. 마음이 불안할 때는 침착한 친구에게 공감하는 것이 득이 된다. 그러면 마음이 차분해져서 상황을 이해하는 데 도움이 되기 때문이다. "따라서 친구 1명이라도 곁에 있어서 어느 정도 평온과 차분함을 되찾으면, 마음이 심하게 불안해지지는 않을 것이다. 그 친구가 우리 앞에 나타나는 순간에 마음이 어느 정도 진정되고 차분해진다. 우리는 곧바로 그가 우리의 처지를 어떤 눈으로 바라볼지 생각하고, 그와 똑같은 시선으로 자신의 처지를 생각한다. 왜냐하면 공감의 효과는 순간적이기 때문이다."**34**

우리는 침착한 사람(상담치료사)이 혼란에 빠진 사람(내담자)을 만나서, 내담자에게 깊이 공감하다가 침착했던 치료사마저 혼란에 빠지지는 않을까 걱정한다. 애덤 스미스는 우리가 걱정하는 이런 공감적 고통의 시나리오를 뒤집어버린다. 침착한 사람이 혼란에 빠진 사람을 만나니, 혼란에 빠진 사람이 침착해지는 것이다. 상담치료에서 참고할 모델로는 이것이 더 낫다. 치료사가 내담자에게 공감하는 것이 아니라 내담자가 치료사에게 공감하는 것이 요령이다.

그런데 아주 행복한 친구를 우선히 만나면, 문제가 더 복잡해진다. 우리는 행복해하는 친구를 보면서 애덤 스미스 말대로 '작은 환희'를 느끼며 그에게 공감할 수는 있지만, "벼락출세해서 하루아침에 신분이 상승한 그 사람은 친한 친구들이 건네는 축하가 100퍼센트 진심에서 우러나온 것은 아니라는 걸 잘 안다."[35] 질투심은 공감을 방해할 수 있다. 만약 내가 늘 탐내던 상을 여러분이 받으면, 나로서는 여러분의 기쁨을 온전히 나누기가 어렵다. 내 질투심과 공감능력이 싸우기 때문이다.

질투가 끼어들지 않으면, 행복에 빠진 친구가 여러분을 행복하게 만들 수 있다. 행복해하는 그 사람까지 포괄할 정도로 자아의 경계가 확장되어 그 사람의 성취가 나의 성취로 느껴져야 이런 일이 가능하다. 가장 쉬운 예는 우리 자녀가 무언가를 성취했을 때지만, 우리 공동체에 공을 돌리는 사람들을 볼 때도 이런 일이 일어날 수 있다. 대니얼 카너먼Daniel Kahneman이 노벨상을 받았을 때 나는 무척 기뻐했다. 그가 나와 같은 심리학자였기 때문이다. 로버트 실러Robert Schiller가 노벨상을 받았을 때도 나는 무척 기뻐했다. 그가 나와 같은 예일대 출신인 데다가, 무엇보다 우리 동네에 살고 있었기 때문이다. 우리 집에서 여덟 집만 건너면 그의 집이 있었다. 그래서 조금은 한심해 보일 수도 있는 이유로 그들의 위대한 성취가 나의 성취가 되었다.

그 사람이 업적을 쌓은 분야가 우리가 신경 쓰지 않는 분야라면 질투심도 줄어들 수 있다. 여러분이 가보 토마토heirloom tomato(최소 50년 이상 집안 대대로 내려온 토마토 씨앗으로 재배된 토마토-옮긴이)로 대상을 받아도 나는 질투하지 않을 것이다. 과수원을 좋아하지 않기 때문이다(그렇긴 하지만, 사람들이 이 일로 여러분에게 깊은 감명을 받으면 혹시 질투할지도 모른다). 질투의 위험 때문에 애덤 스미스는 벼락출세한 사람에게 일을 크게 만들지 말고 혼자 조용히 기뻐하고 겸손한 태도로 친구들에게 더 친절을 베풀라고 충고한다. 현명한 충고라고 생각한다.

그런데 '작은 환희'에 잘 대응하는 것에 관한 애덤 스미스의 주장은 두 가지를 흐릴 위험이 있다. 우리가 긍정적으로 반응하는 이유가 진정한 공감(애덤 스미스가 'sympathy'라고 표현한 것) 때문일 수도 있다. 그러나 내가 여러분에게 마음을 쓰기 때문일 수도 있다. 그래서 질투심쯤은 무시할 수 있다고 생각하니까, 여러분에게 들어온 행운이 나까지 행복하게 만드는 것이다.

공감과 상관없는 두 번째 반응이 아마 더 흔할 것이다. 친한 친구가 사랑에 빠졌다는 걸 알고 내 마음이 기쁨으로 가득 찼다고 상상해보자. 내가 기쁜 이유는 새로운 로맨스가 안겨주는 아찔한 현기증과 흥분을 느껴서가 아니다. 내가 그 친구를 좋아하기 때문에 기분이 좋은 것뿐이다. 우리는 이런 평범한 사례에서도 공감의 역할을 과장하지 않도록 주의해야 한다.

마지막으로, 슬픔에 빠진 친구를 상대한다고 생각해보자. 이때 우리는 공감능력을 발휘할 수도 있지만, 그러지 않기로 마음먹는 경우도 있다. 첫 번째는 그 친구가 바보 같은 이유로 슬퍼한다고 생각하는 경우다. 앞에서도 언급했지만, 애덤 스미스는 "자신이 이야기를 하는 내내 콧노래를 흥얼거렸다"는 이유로 동생에게 짜증 내는 사람의 이야기를 들려준다.**36** 그 사람은 화를 내지만, 여러분은 화내지 않는다. 화내는 이유기 우스꽝스럽다고 생각하기 때문이다. 사실 여러분은 이런 상황을 아주 재미있어 할지도 모른다. 애덤 스미스는 이런 반응을 가리켜 "사람들 속에 있는 악의"라고 칭했다.

　더 일반적으로 말하자면, 우리는 슬픔에 공감하는 걸 좋아하지 않는다. 슬픔에 공감하면 우리도 슬퍼지기 때문이다. 우리는 자기 자신의 문제만으로도 충분하다! 애덤 스미스는 이것을 좀 더 유창하게 표현한다. "조물주는 우리에게 우리 자신의 비애라는 짐을 지워주면서 그것으로 충분하다고 생각한 것 같다. 그래서 다른 이들의 짐을 덜어주도록 유도는 하되, 우리더러 그들의 어깨에 지워진 비애의 짐까지 나누어 지라고 강요하지는 않는 것 같다."**37** 슬픔에 빠진 사람은 다른 이들이 슬픔에 공감하는 걸 얼마나 꺼리는지 알아야 하고, 다른 사람과 자신의 슬픔을 나눌 때는 과묵해야 한다고 애덤 스미스는 말한다.

　《내 안에서 나를 만드는 것들How Adam Smith Can Change Your Life》이라는 탁월한 책도 있긴 하지만, 애덤 스미스에게 인생의 조언을 얻는 게 뭔가 좀 이상하다는 건 나도 인정한다. 애덤 스미스는 친하게 지내는 친구들이 있었고 어머니에게는 훌륭한 아들이었다. 그런데 그가 남자든 여자든 누군가와 로맨틱하고 성적인 관계를 가졌다는 증거가 하나도 없다(언젠가 나는 도덕에 관한 학술회의를 마치고 저녁 식사 자리에서 애덤 스미스 전문가들에게 둘러싸여 있었다. 그들은 애덤 스미스가 숫총각으로 죽었는지를 놓고 열띤 논쟁을 벌었다). 그럼에도 과도하게 감정을 공유하지 않도록 주의하고 속을 드러내지 말라는 충고는 이번 장에서 내가 주장해온 바와 잘 들어맞고, 냉철하고 감정을 억누르는 데 익숙한 캐나다인의 심장과도 잘 어울린다.

애덤 스미스는 자식이 없었다. 친구, 애인, 배우자와의 관계도 아주 친밀한 관계에 속하지만, 부모와 자식 사이의 유대감은 특별한 데가 있다. 진화의 관점에서 보아도 이보다 더 중요한 것은 없다. 자식은 우리의 유전자를 전달하는 주된 수단이다. 그래서 인간의 감정은 이 관계를 육성하는 방향으로 진화했다. 실제로 많은 학자가 공감능력 자체가 양육이라는 목적을 위해 진화했다고 주장한다.[38] 특히 엄마와 자식이 서로의 경험을 느끼고 이를 통해 엄마가 자식을 더 잘 돌볼 수 있도록 공시성共時性을 구축하게 하려고 공감능력이 진화했다고 주장한다.

그러면 아이를 잘 양육하는 데 공감은 어떤 역할을 할까? 우선, 좋은 부모는 자녀를 이해하고 사랑한다(이 책에 이보다 더 진부한 문장은 안 나오길 바란다). 시대극 〈매드 맨Mad Men〉에 나오는 베티 드레이퍼 같은 부모를 원하는 사람은 아무도 없다.

아이: 따분해요.
베티: 벽에 머리를 박으렴.
아이: 네?
베티: 따분한 사람만 따분함을 느끼는 법이지.

그러나 아이를 잘 키우려면 아이가 이루고자 하는 장기적인 목표가 지금 당장 아이가 원하는 바와 항상 일치하는 것은 아니라는 사실을 인정해야 한다. 아버지로서 최악의 순간은 내가 아이들에게 신경을 쓰지 않을 때가 아니다. 아이들에게 과도한 관심을 쏟을 때, 아이들의 좌절감이나 고통에서 헤어나오지 못할 때가 진짜 최악이다.

이해와 연민과 사랑이 아이들이 원하는 전부는 아니라고 항의해야 공평할 것이다. 이따금씩 아이들은 공감이 줄 수 있는 좀 더 친밀한 관계를 원할 수 있다. 내 동료 스티븐 다월Stephen Darwall은 우리가 다른 사람에게 "책임이 있는" 때가 언제인지를 이야기하면서 이 부분을 멋지게 설명했다. "우리는 우리 자신을 아이들 손에 넘겨주고, 우리가 책임을 져야 하는 특별한 지위를 아이들에게 부여하고, 투사적 공감을 통해 아이들의 감정과 태도에 취약해지기를 자처한다. 그게 아이들의 목표이기 때문만이 아니다. 우리 스스로 아이들의 감정을 절감하고 공유하기 때문이다."**39**

다월은 이 점을 상세히 설명하면서 마이클 슬로트Michael Slote가 제시한 사례를 거론한다. 우표 수집하는 것을 좋아하는 딸을 둔 아버지가 있다고 치자. 아버지가 딸에게 취미 생활을 인정하고 존중한다고 말해주는 건 좋은 일이다. 그러나 아버지가 딸의 흥분을 공유할 수 있다면 더 좋지 않을까? "우표 수집에 대한 딸의 관심과 열의에 '전염된' 아버지는 지금 (남의 눈을 의식하지 않고) 딸을 존중하는 마음을 표현하고 있는 것이다."**40**

다시 어른들 이야기로 돌아가자. 여러분은 누군가가 여러분이 느끼는 대로 느끼고, 여러분의 처지에 공감해주기를 바라는 경우가 많다. 애덤 스미스가 말했던 침착한 친구는 불안해하는 친구가 자신의 침착함을 알아채길 바랄 것이다. 종교적인 것(하느님에게 사랑받는 것이 어떤 건지 당신이 알 수 있으면 좋을 텐데)부터 성적인 것(당신 기분이 얼마나 좋은

지 느낄 수 있었으면 좋겠어), 평범한 일상(야, 이 타코 좀 먹어봐. 끝내줘!)까지 다양한 사례가 있다.

하지만 긍정적인 감정만 그런 것은 아니다. 우리는 종종 다른 사람들이 우리의 고통을 느끼길 바란다. 우리는 상대방의 감정에 공감하면 그 사람을 도울 가능성이 더 커진다는 사실을 알고 있다. 내가 앞 장에서 살펴본 연구들이 결정적인 증거다. 따라서 내가 지금 괴로운 상황이고 여러분에게 도움을 받고 싶다면, 여러분에게서 공감을 이끌어내는 것도 좋은 방법일 수 있다. 그러나 여기에는 약간의 위험이 따른다. 앞에서 살펴보았듯이, 공감이 너무 지나치면 무력해질 수 있기 때문에 살짝만 건드려도 효과가 있는 부분을 건드려야 한다. 그렇지 않았으면 나를 도왔을 사람이 내 입장에서 고통을 느끼다가 견디기 힘들 정도로 고통이 심하면 달아나버릴 수도 있기 때문이다.

우리가 다른 사람들이 우리의 고통을 느끼길 원하는 이유가 또 있다. 앞의 것과는 전혀 다른 이유다. 피해자가 가해자에게 자신의 감정을 설명할 때, 그들은 종종 저들이 고통받기를 원한다고 말한다. 그런데 가끔은 원하는 바를 더 정확하게 이야기할 때가 있다. 가해자가 피해자와 똑같은 고통을 느끼길 원한다고 말이다.

이번에는 사과에 대해 생각해보자. 어떤 사과가 좋은 사과인지 열거할 때 사람들은 대개 피해자의 입장에 대한 공감적 공명을 포함시킨다. 철학자 하이디 호킨스 록우드Heidi Howkins Lockwood가 정리한 좋은 사과의 요건에는 아래 요소가 포함된다.

아첨하지 않는 진실한 태도로 공감을 표해야 한다.

어떤 피해자들은 가해자가 하는 사과가 '진짜' 사과 또는 효과적인 사과가 되려면, 반드시 정서적인 요소가 엿보여야 한다고 지적한다. (…) 결과보다 훨씬 더 중요한 것은 아마도 공감일 것이다. 지난가을 발생한 성범죄 피해자 중 1명이 내게 이런 말을 했다. "나는 그(가해자)가 고통받기를 바라지 않아요. 고통은 이미 충분히 받았을 거예요. 다만 내가 무슨 일을 당한 건지 그가 어떻게든 깨달았으면 좋겠어요." 피해자가 겪은 일을 깨닫거나 이해하려면 피해자의 관점에서 공감하며 가해자와 범죄의 정황을 생생하게 재구성해보아야 한다.**41**

에런 라자르Aaron Lazare는 《사과 솔루션In On Apology》에서 비슷한 감정을 제시한다. "사과가 효과를 발휘하려면 가해자와 피해자 사이에 수치심과 권력의 교환이 이루어져야 한다. 당신은 상대방의 감정을 상하게 한 점에 대해 사과함으로써, 상대방이 당신으로 인해 느꼈던 수치심을 당신 스스로 경험하게 된다."**42**

'생생한 재구성'이 왜 필요할까? 수치심의 '교환'이 왜 필요할까? 록우드는 가해자가 고통받기를 피해자가 원치 않는다고 말하지만, 내 생각에 그 피해자는 가해자가 그저 고통만 받기를 원하지 않는 것이다. 여러분에게 고통을 준 사람이 고통을 전혀 느끼지 않는 것은 불만이지만, 그가 가한 고통과 무관한 종류의 고통을 느끼는 것 역시 충분하지 않다. 이상적으로는 피해자에게 성희롱을 한 가해자가 성희롱을 당하는 것이 어떤 건지 뼈저리게 느껴야 한다. 자녀가 병에 걸리거나 집이 전소되면 괴롭긴 하겠지만, 그 고통은 만족스럽지도 않거니와 피해자가 겪은 고통과 똑같은 고통이 아니다.

이런 대칭이 왜 그렇게 중요할까? 한 가지 이유는 우리가 전에 살펴본 것과 관련이 있는데, 바로 이해와 경험의 관계 때문이다. 피해자 입장에서는 사과가 진정성을 가지려면, 가해자가 자신이 무슨 짓을 했는지 제대로 이해해야 하고, 자신이 한 짓을 제대로 이해하려면 직접 경험해보아야 한다고 생각할 수 있다.

두 번째는 균형을 회복하려는 소망 때문이다. 패멀라 히로니미Pamela Hieronymi는 이렇게 말한다. "당신이 사과, 속죄, 응징, 처벌, 배상, 유죄 선고, 그 밖에 자신의 행동을 잘못으로 인정하는 어떤 조치도 없이 지나온 길에 버티고 서 있는 과거의 잘못이 당신에게 주장한다. 당신은 그런 대우를 받아도 된다고, 그런 대우를 받아 마땅하다고."[43] 히로니미가 사과부터 시작해서 하나하나 열거한 일들은 피해자의 지위를 회복하는 데 기여한다. 법적 표현을 빌리자면 피해자를 다시 원상회복시키는 데 기여한다.

이런 관점에서 보면, 사과는 정당한 이유 없이 누군가에게 해를 끼치는 행위는 용납될 수 없다는 인정을 담고 있다. 사과가 효력을 발휘하려면, 그에 상응하는 대가가 따라야 한다. 따라서 고통이 필요하다. 공감은 눈에는 눈으로, 이에는 이로 갚아주는 복수 방식을 허용한다. 가해자가 피해자와 똑같은 고통을 경험하게 하는 것이다.

우리는 이번 장에서 상담치료사 및 의사와 환자의 관계, 교우 관계, 양육 관계를 살펴봄으로써 한 사람의 삶에서 공감이 어떤 역할을 하는지 논의했다. 이 책 첫 부분에서 살펴보았던 공공정책이나 자선 기부의 경우처럼 낯선 사람들을 상대할 때 초점을 맞췄던 문제들과는 별개로 이 문제를 다루었다.

만약 우리가 이런 쟁점들을 계속 구분할 수 있다면 문제는 훨씬 단순할 것이다. 이 세상에 두 가지 도덕이 있다면, 하나는 가정에 적용되는 도덕이고 또 하나는 바깥세상에 적용되는 도덕이다. 그러나 우리 주변에 곁가지가 너무 많다 보니 이런 식의 엄격한 구분은 금세 허물어지고 만다. 만약 내가 수중에 100달러가 있는데 그 돈을 전부 내 아들에게 주어 학교에서 필요한 책을 사게 한다면, 그 100달러는 실명 위험에 처한 아프리카 아이들을 돕는 데 쓰이지 않을 것이다. 만약 실험실에서 연구를 도울 조수를 채용하기로 결정했는데 친구가 내게 자기 딸을 채용해달라고 부탁하면, 친구에 대한 신의와 공평하고 중립적인 후보자 선정 절차가 충돌할 것이다.

물론 모든 사람이 이런 갈등을 경험하는 것은 아니다. 한 지식인은 놈 촘스키Noam Chomsky가 다양한 사회적 대의를 후원하고, 행동하는 지식인으로 살기를 주저하지 않고, 지칠 줄 모르고 약자의 입장을 대변하고, 다른 사람들을 돕기 위해 일생을 헌신한 것에 존경을 표한 뒤 이렇게 덧붙였다. "그는 정말로 신의가 있는 사람이다. 그는 절대 당신을 배신하지 않을 것이다. 체질적으로 배신을 할 수 없는 사람이다. 내 생각에 그는 친구들이 잘못했다는 것을 알면서도 친구들을 옹호할 사람이지만, 절대 당신을 배신하지는 않을 것이다."[44]

하지만 둘 다 가질 수는 없는 법이다. 아무리 촘스키라도 지적 확신을 유지하는 일과 어떤 희생을 치르더라도 친구들을 옹호하는 일, 두 가지를 다 할 수는 없다. 우리 주변 사람들을 향한 편애, 즉 공감하는 감정에서 비롯된 애정은 모든 도덕 체계의 핵심에 있는 공평함과 충

공감의 배신

돌하게 마련이다.

어떤 이들은 공정한 도덕이야 어찌 되든 말든 난 상관없다는 식으로 이 갈등을 해결한다. 최근에 출간한 책에서 스티븐 아스마Stephen Asma는 혈연과 신의의 도덕적 중요성을 강조했다. 한마디로 여러분과 가까운 사람들을 편애하는 것이 중요하다는 말이다. 아스마는 정의와 공평이 충돌한다는 사실을 잘 알고 있다. 그의 책 제목은 《공평에 반대하며Against Fairness》(한국어판 제목은 '편애하는 인간')다. 아스마를 괴롭힐 생각은 없지만, 이보다 더 기분 나쁜 제목을 상상할 수 있을까?

아스마는 한 윤리학 토론회에 참석했던 때를 설명하면서 이야기를 시작한다. 그 토론에는 가톨릭 신부와 자신을 공산주의자라고 소개한 여성이 함께했다. 아스마는 토론장에서 이렇게 말했다. "여기 있는 모든 사람의 목을 졸라야 제 아들의 목숨을 살릴 수 있다면, 저는 기꺼이 그렇게 할 겁니다." 아스마의 입에서 이 말이 나온 순간, 참석자들은 일제히 큰 충격을 받은 표정이었다. 당시에는 아스마도 농담 삼아 한 애기였다. 하지만 집으로 돌아오는 길에 아스마는 그 말이 진심이라는 걸 깨달았다. 가능하기만 하다면, 다른 사람들의 목을 졸라서라도 자기 아들의 목숨을 살려야 한다는 생각이 들었다. 그리고 그런 생각을 하는 자신이 조금도 부끄럽지 않았다. 아스마는 이렇게 말했다. "20대에는 최대 다수의 최대 행복을 극대화해야 한다는 공리주의 사상이 그럴듯하게 들렸다. 그러나 막상 내 아들이 태어나고 보니 웃기는 소리에 불과했다."[45]

그렇다고 아스마를 걱정할 필요는 없다. 피는 물보다 진하다. 이 사실을 모르는 사람은 없다. 혹시라도 모르는 사람이 있다면 우리는 그를 우스꽝스럽게 생각하거나 뭔가 문제가 있는 사람으로 치부할 것이냐. 간디의 저서건을 논평하는 글에서 오웰은 간디의 용기에 감탄하면서도 특별한 관계를 거부한 점에 대해서는 혐오감을 드러냈다. 간디는 성적인 관계와 로맨틱한 애정 관계는 물론이고 교우 관계와 가족 관계마저 거부했다. 오웰은 이것을 '비인간적'이라고 묘사하면서 이렇게 덧붙인다. "인간됨의 본질은 완벽을 추구하지 않는 것이고, 때로는 신의를 위해 흔쾌히 죄를 저지르는 것이며, 친밀한 육체관계를 불가능하게 할 정도로 금욕주의를 강요하지 않는 것이다. 그리고 결국에는 생에 패배하여 부서질 각오를 하는 것이다. 이는 특정한 타인에게 사랑을 쏟자면 어쩔 수 없이 치러야 할 대가다."[46]

이번 장 서두에서 살펴보았던 디킨스 이야기로 돌아가겠다. 디킨스는 굉장히 훌륭한 사회적 양심을 갖춘 사람이었지만 가까운 사람들에게 특별한 감정을 품지 않는 사람들을 조롱했다. 극단적인 공리주의자 토머스 그래드그라인드와 《황폐한 집》 4장 '망원경적인 박애'에 나오는 젤리비 부인이 대표적이다. 젤리비 부인은 먼 나라에 사는 사람들은 신경 쓰면서 정작 자기 가족에게는 소홀했다. 그녀가 보리오보올라가 원주민에 관해 수다를 떠는 동안 그녀의 아들은 난간에 머리가 끼었다.

그러나 특별한 관계가 뭐 대수냐고 말하는 사람들도 있다. 많은 이들이 피부색이나 성별, 또는 성적 지향 때문에 사람들을 차별하는 행위는 잘못이라고 생각한다. 싱어 같은 사람들은 이런 차별을 더 심각하게 받아들인다. 그리고 우리와 같은 종족을 편애하는 것이 잘못이듯, 물리적으로 우리와 가깝다는 이유만으로 사람들을 편애하는 것도 잘못이라고 주장한다. 내가 전개해온 논지의 연장선에서, 싱어는 인간의 직감에 의존하다 보면 우리가 덜 도덕적이고 더 편파적인 사람이 될 수 있다고 주장한다.**47**

똑똑한 공리주의자인 싱어는 일부 편협한 행동 및 태도가 전체의 행복을 극대화하는 데 이바지할 수 있다는 사실을 인정한다. 여러분과 내가 각각 아이를 낳았다고 치자. 이 경우에 나는 내 아이를 돌보고 여러분은 여러분 아이를 돌보면 두 아이 다 살아남을 확률이 크다. 그러나 아스마 같은 사람과는 정반대로, 싱어 같은 공리주의자는 이런 편견이 본질적인 가치가 없다고 주장할 것이다. 처벌에 대한 욕구와 마찬가지로, 우리와 가까운 사람들에게 상대적으로 더 많은 관심을 쏟는 것은 필요악인지도 모른다.

친밀한 관계의 본질적 가치를 일축하는 싱어의 주장에 동조하는 이가 여럿 있다. 비단 간디만이 아니다. 맥파쿼가 지적했듯이, 아브라함은 사랑하는 아들을 희생 제물로 바칠 준비가 되어 있었다. 부처는 자기 가족을 버렸다. 예수는 누구든지 자기 제자가 되려면 "자기 아버지나 어머니나, 아내나 자식이나, 형제나 자매뿐만 아니라, 심지어 자기 목숨까지도 미워해야 한다"고 단호하게 말했다.**48**

여기 좀 더 폭넓은 두 가지 관점이 있다. 한쪽에서는 공감 같은 편협한 감정의 힘을 박수받을 만한 것, 우리를 인간답게 만들어주는 것으로 이해한다. 다른 한쪽에서는 이것을 도덕적으로 잘못된 길로 빠진 것으로 이해한다.

이 책 서두에서 나는 공감에 대한 반론이 내가 가진 옳고 그름의 개념에 어긋나지는 않을 테지만, 여러분의 개념에는 어긋날 수 있다고 말했다. 거의 모든 사람이 동의할 것이라는 생각은 잘못이다. 만약 내가 싱겅이게 공정과 공평의 입장을 지지했더라면 나는 약속을 지키지 못했을 것이다. 많은 사람이 우리에게서 멀리 있는 사람들보나 우리와 가까운 사람들에게 더 신경을 쓸 권리가 있다고 말할 것이다. 그리고 공감이 우리를 이 방향으로 안내한다면, 공감에 더 힘을 실어줘야 한다고 말할 것이다. 내 생각에 대부분의 사람들은 간디와 싱어보다는 오웰과 아스마를 선택할 것이다.

나도 어느 정도는 이들의 의견에 동의한다. 디킨스의 조롱에도 동조한다. 사랑하는 이들을 만나러 가려면 장시간 비행기를 타야 하는데 기후 변화에 일조하고 싶지 않아서 비행기를 타지 않겠다는 사람들을 나로서는 이해할 수가 없다. 심지어 공립학교의 교육 환경이 끔찍하다는 사실을 알고 있고 사립학교 학비를 감당할 여력이 충분한데도 공익에 이바지해야 한다는 원칙 때문에 자녀들을 공립학교에 보내는 부모들의 경우도 마찬가지다. 자선활동 문제와 관련해서도 나는 훌륭한 공리주의자가 아니다. 내가 자선단체에 기부하는 돈은 턱없이 적은 금액이다. 게다가 스페셜 올림픽Special Olympics처럼 내가 후원하는 일부 단체는 사려 깊고 공정한 계산을 통해서가 아니라 감상에 젖어서 어쩌다 보니 선택하게 된 사례다. 나는 고기를 먹는다. 신장은 하나만 있어도 되고, 내가 여분의 신장을 기증하면 다른 사람이 잘 사용할 수 있다는 사실도 알고 있지만 그럼에도 나는 여전히 신장을 둘 다 가지고 있다. 이 밖에도 많다. 아스마와 마찬가지로, 그리고 내가 아는 거의 모든 사람과 마찬가지로, 나는 생판 모르는 남보다는 나 자신과 내 사람들에게 훨씬 더 신경을 쓴다.

그러나 나의 이런 편애에는 한계가 있고, 분명 여러분도 그럴 것이다. 가족들과 함께 저녁을 먹기 위해 서둘러 귀가하던 중 길을 잃은 아이를 마주친다면, 나는 저녁 시간에 조금 늦어서 사랑하는 사람들에게 약간의 고통을 안겨준다 하더라도 그 아이가 부모를 찾을 수 있게 도울 것이다. 낯선 타인에게 '살짝' 무게를 두는 것이다.

여기서 우리 인간이 직면하는 가장 어려운 도덕 과제 중 하나는 적절한 균형을 맞추는 것이다. 우리 자신에게는 얼마만큼의 돈과 시간 또는 관심과 감정 에너지를 써야 하는 걸까? 우리와 가까운 사람들에게는? 생판 모르는 남에게는? 맥파쿼는 이 질문에는 금기 같은 게 있다고 말한다. "내 가족에게는 얼마만큼을 투자해야 하고 낯선 사람들에게는 얼마만큼을 투자해야 하는지 자문하는 사람, 즉 둘을 같은 저울에 올려놓고 무게를 재는 사람은 이미 너무 나간 것 같다."[49] 그러나 일상생활에서 우리는 이런 문제 상황에 부닥치게 마련이다. 어쩔 수 없이 자신과 가족과 남을 저울질해야 하는 상황에 처하게 된다. 혹시 수학을 좋아하는 성향이라면, 다음 공식의 관점에서 생각해볼 수 있다.

나 + 친한 사람들 + 남 = 100%

이제 공식에 숫자를 대입해보라. '나'가 100퍼센트인 사람은 완벽한 이기주의자일 것이고 틀림없이 괴물일 것이다. '나'가 0퍼센트인 사람은 일종의 미치광이 성인聖人일 것이다. 《선악의 진화 심리학》에서 나는 이것인 인간 본성의 초기 상태라고 주장했다. 그러나 지금 많은 이들이 이런 상태라고는 상상할 수 없다. 구조 비용이 거의 들지 않는다면, 눈앞에서 사람이 죽어가는데 모르는 사람이라고 죽게 내버려둘 사람은 별로 없다. 저 공식에 집어넣으면 안 되는 숫자가 뭔지는 안다. 그러나 나는 저 공식에 어떤 숫자를 넣으면 되는지, 그 숫자를 어떻게 알아낼 수 있는지, 심지어 이것이 이 문제를 해결하는 최선의 방법인지 아닌지도 알지 못한다.

나는 이번 장에서 어느 정도의 편애는 필요하다는 점, 가족과 친구들에게 조금 더 특별한 가치를 둘 필요가 있다는 점을 인정했다. 어쩌면 내가 공감을 위해 문을 살짝 열어둔 것처럼 보일지도 모르겠다.

그러나 그건 사실이 아니다. 공감이 편파적이고 편협한 것은 맞지만, 어디까지나 어리석은 방식으로다. 설사 우리가 이런저런 사람은 특별 대우할 가치가 있다고 결정할지라도, 이때조차도 공감은 우리를 실망시킨다. 공감은 즉각적인 생각에 따라 움직이는 까닭에, 공감에 의존하면 지나치게 관대한 부모가 되기 쉽고 지나치게 집착하는 친구가 되기 쉽다. 공감은 공평하고 공정한 도덕적 판단을 내리는 도구가 되지 못할 뿐 아니라, 종종 친밀한 관계를 망가뜨린다. 우리는 공감이 없을 때 이런 일을 훨씬 더 잘할 수 있다.

공감은 도덕의 근간인가

어쩌면 공감은 우유와 같은지도 모른다. 성인에게는 우유가 필요 없다. 우리는 우유 없이도 잘 지낸다. 하지만 아기들이 성장하려면 우유가 필요하다.

많은 동료 심리학자들과 많은 철학자들, 부모들이 공감을 도덕 발달의 핵심이라고 생각한다. 이들은 아기들이 공감을 아주 잘하는 존재라고 생각한다. 여기서 말하는 공감은 애덤 스미스가 말한 공감, 즉 타인의 감정에 자연스럽게 공명하는 것을 의미한다. 아이들이 성장하면서 공감에 기초한 도덕도 서서히 확장되고 더 추상적인 성격을 띠게 된다. 그리하여 종국에는 다른 사람의 입장이 되어보지 않고도 타인을 배려할 줄 알게 되고 객관적인 도덕 추론 능력을 갖추게 된다.

이 견해가 매력적으로 보이는 한 가지 이유는 단순하기 때문이다. 도덕성을 설명하기 위해 아기들에게 있다고 생각해야 할 것은 딱 하나다. 타인의 감정을 느끼는 능력, 즉 공감이라는 불꽃이다. 다른 모든 것은 이 불꽃에서 나온다. 미니멀리스트가 마음에 쏙 들어 할 만한 해법이다. 그렇게 조그만 뇌 안에 정신적 풍요로움이 가득하다고 생각하기는 싫은 사람들이 이런 설명에 매력을 느낀다.

스코틀랜드 계몽주의 철학자 두 사람이 조금은 다른 형태로 공감을 앞세운 이런 설명을 지지했다. 바로 애덤 스미스와 데이비드 흄이다. 현대의 발달심리학자들 중에서도 이런 설명을 지지하는 이들이 많다. 예를 들어, 호프먼은 우리가 이 책에서 이야기하는 방식과 일치하는 방식으로 공감을 정의한다. 그는 공감을 "자기 자신의 상황보다 다른 사람의 상황에 더 적합한 정서 반응"으로 정의하고, 공감이 도덕의 근간이라고 주장하면서 도덕 발달 이론을 자세하게 제시한다. 호프먼에게 공감은 "타인에 대한 인간적인 관심의 불꽃이자 사회생활을 가능하게 하는 접착제"다.[1]

만약 그렇다면 이것은 내가 지금까지 전개해온 주장과 부딪히지 않는다. 아이들에게는 공감이 기본이라 할지라도, 성인들에게는 쓸모없고 심지어 해로울 수 있다. 우유가 아기들에게 좋다는 사실을 인정하면서도 '우유에 반대하며Against Milk'라는 책을 쓸 수 있는 것이다.

나는 공감에 반대한다. 그러나 나는 사람들이 연민을 느낀다고 믿는다. 우리는 타인을 돕고 싶어 하고, 선한 목적을 이루기 위해 자신의 가슴과 머리를 사용하고 싶어 한다. 그런데 이 단순한 사실조차 의심하고, 우리 안에 친절이나 연민 어린 동기가 있다는 생각을 거부하는 이들이 있다. 사람들은 결국 이기적이고 사리를 추구한다는 것이 그들의 생각이다.

물론 이런 냉소주의자들도 우리가 이따금 다른 사람을, 심지어 생

공감의 배신

판 모르는 남을 돕는다는 사실은 인정해야 한다. 우리는 자선단체를 후원하고 헌혈하고 인터넷 사이트에 도움이 되는 비평을 올린다. 그러나 이런 행동에는 항상 저의가 있게 마련이다. 우리는 자신의 평판을 높이거나 미래에 우리를 도와줄 인맥을 얻거나 배우자감과 친구를 끌어모으고 싶어 한다. 또는 자기만족을 얻거나 죽어서 천국에 가고 싶어 한다. 우리의 의도는 절대 순수하지 않다. 만약 그렇게 생각한다면 자신에게 속고 있는 것이다. 생물학자 마이클 기셸린Michael Ghiselin의 말대로다. "이타주의자를 할퀴어 상처를 내라. 그러면 위선자의 피를 보게 될 것이다."[2]

명석한 사람들 다수가 이 결론에 이르렀다. 정치철학자 토머스 홉스Thomas Hobbes가 친구와 함께 런던 시내를 걷다가 걸인에게 돈을 주려고 걸음을 멈추었을 때의 이야기다. 홉스의 행동에 깜짝 놀란 친구는 기본적으로 인간의 본성은 이기적이라고 오랫동안 주장하지 않았느냐고 물었다. 홉스는 자신의 주장과 지금 이 행동이 전혀 모순되지 않는다고 답했다. 홉스를 자극한 건 순수한 이기심이었다. 걸인에게 돈을 주자 홉스는 기분이 좋아졌다. 홉스는 괴로워하는 걸인을 보는 것이 괴로웠던 것이다.

다음은 그 시기에 신문에 보도된 에이브러햄 링컨Abraham Lincoln의 이야기다.

어느 날, 링컨은 옛날식 역마차에 함께 탄 일행에게 모든 사람은 이기심 때문에 선을 행한다고 말했다. 마차가 진창을 가로지르는 통나무 다리를 지날 때 일행은 다리 위치에 불만을 토로했다. 다리를 건너자마자 그들은 강둑에서 등이 뾰족한 늙은 암퇘지가 소름 끼치게 울어대는 모습을 보았다. 암퇘지의 새끼들이 진창에 빠져 익사할 위험에 처했기 때문이었다. 낡은 마차가 언덕을 오르기 시작하자 링컨이 소리쳤다. "운전사, 잠깐 멈춰줄 수 없겠소?" 링컨은 마차에서 뛰어내려 뒤로 달려가 진흙과 물에 빠진 작은 돼지들을 끌어내 강둑에 올려주었다. 링컨이 자리로 돌아오자 일행이 말했다. "자, 에이브, 말해보게. 이 일화에서 이기심은 대체 어디에서 나오나?" "저런, 에드, 내 행동이 바로 이기심의 정수였네. 새끼들을 걱정하며 괴로워하는 늙은 암퇘지를 모른 체하고 그냥 지나갔다면, 오늘 하루 종일 마음이 편치 않았을 걸세. 내 마음 편하자고 한 일일세. 알겠나?"[3]

2장에서 살펴보았듯이, 공감을 열렬히 지지하는 사람들도 공감의 이타적 행동들이 이기심에서 나온다는 것을 알면 냉소적인 반응을 보인다. 여러분의 고통이 느껴지면 내가 고통스러울 것이고, 그러면 순수하게 이기적인 동기가 나를 자극하여 여러분의 고통을 덜어주게 할지도 모른다.

우리는 이 설명을 믿기 힘들다는 것도 이미 살펴보았다. 여러분의 고통을 느껴서 내가 괴롭다면, 여러분을 돕지 않고도 내 고통을 사라지게 할 훨씬 쉬운 방법이 있다. 고개를 돌리고 여러분 생각을 그만하면 된다. '공감적 연결'이 끊어지면, 내 기분도 나아질 것이다. 사람들은 쉽게 상황을 모면할 수 있을 때조차도 타인을 돕는 경향이 있음을 보여주는 뱃슨의 연구가 있다. 이 연구 결과는 공감의 힘을 이기심으로 설명하는 이론의 문제를 보여준다. 그리고 이미 존재하는 긍정적

공감의 배신

인 감정을 이용해서 공감이 선한 행동을 자극한다는 의견과 더 일치한다.

또한 내가 홉스와 링컨을 존경하긴 하지만, 각자의 행동에 대한 두 사람의 설명은 '선결문제 요구의 오류'를 범하고 있다. 그들이 이기적인 욕심에 자극을 받아 그런 행동을 한 것이 맞다고 가정해보자. 이 가정은 질문을 뒤로 미루는 것에 불과하다. 왜 홉스는 타인을 도울 때 기분이 좋은 걸까? 왜 링컨은 기회가 주어졌을 때 돕는 걸 삼가면 마음이 편치 않을까? 두 사람의 설명이 사실이라고 쳐도, 이들의 설명은 이기적인 욕망 밑에 이기적이지 않은 심리가 깔려 있다고 가정한다.

냉소적인 시각을 가진 사람들은 자기들이 냉철하고 과학적이라고 생각한다. 그들은 여러분이 인간 본성에 대한 낭만적 관념이나 종교적 관념을 포기하고 진화를 진지하게 받아들일 때 이런 '심리적 이기주의'를 받아들일 수밖에 없다고 생각한다. 도덕과는 무관한 '자연선택'이라는 힘이 우리의 생각을 빚어왔기 때문에 진정한 이타적 동기는 신화에 불과하다는 게 그들의 주장이다. 우리가 정말 원하는 것은 생존과 번식뿐이다.

나는 이런 주장을 너무 자주 들어서 무시할 수가 없었다. 그러나 이 주장은 정말로 엉망진창이다. 자연선택에 대해서도, 심리학에 대해서도 잘못 알고 있다.

은유적인 의미에서 자연선택이 이기적일 수는 있다. 하지만 그렇다 하더라도 유전자에 관해서 이기적인 것이지 개개인에 관해서 이기적인 것이 아니다. 생물학자 J. B. S. 홀데인John Burdon Sanderson Haldane은 형제를 구하기 위해 목숨을 버리겠느냐는 질문을 받았을 때 그러지 않겠다고 대답했다. 하지만 그는 형제 둘과 조카 여덟을 위해서는 기꺼이 그러겠다고 했다. 이렇게 말할 사람은 생물학자밖에 없겠지만, 홀데인은 어떻게 진화가 이루어지는지를 멋지게 보여주었다. 유전학의 관점에서 보면 홀데인은 자신에게 신경 쓰는 만큼 형제 2명과 조카 8명에게도 관심을 쏟아야 했다. 평균적으로 그들의 몸에는 홀데인의 몸과 똑같은 독특한 유전 형질이 들어 있기 때문이다. 사실 형제 '3명'과 조카 '9명'을 살리기 위해 자기 목숨을 희생하게 한 유전자는 무슨 수를 써서라도 자신의 목숨을 지키게 한 유전자보다 우월할 것이다.

자연선택의 '목표'는 우리 몸을 초월한다. 이상해 보일지 모르지만, 그래서 이기적 유전자는 이타적 동물들을 만들어 다른 동물에게 친절을 베풀도록 동기를 부여한다. 그러므로 여러분이 이기적인 사람이 되기로 선택한다면, 유전자가 이끄는 대로 따라가는 것뿐이라고 말하면서 자신을 정당화할 수 없다. 여러분 자신에게만 신경을 쓰는 것은 완전히 비非생물학적이기 때문이다.

자, 그러고 나니 심리학에 관한 혼란이 생긴다. 우리가 실제로 생존과 번식에만 신경 쓴다는 주장은, 자연선택의 목표와 나를 포함하여 자연선택을 통해 진화한 동물들의 목표를 혼동하게 만든다. 다른 영역에 관해 생각하면 이 둘의 차이가 분명해진다. 자연선택의 관점에서 식사의 '목적'은 몸을 지탱하는 것이다. 식사를 계속해야 우리가 가지고 있는 유전자가 스스로를 복제할 수 있기 때문이다. 그러나 개와 개미와 호랑이와 인간이 음식을 먹는 동기는 이와 다르다. 우리는 배가 고파서, 심심해서, 불안해서, 좋은 손님이 되고 싶어서, 자신이 싫어서, 기타 등등의 이유로 음식을 먹는다. 우리가 감자 칩을 열심히 먹는 동안 우리 머릿속에서 유전자의 생존에 관한 목적론적 사색이 진행되는 것은 아니다. 철학자 윌리엄 제임스William James의 말대로, 만약 여러분이 평범한 사람에게 왜 먹느냐고 물으면 "그는 여러분이 철학자라고 생각하지 않고, 바보라고 생각하고 웃음을 터트릴 것이다."4

마찬가지로 성교를 하는 진화론적 동기는 명백하다. 아이를 낳는 것이다. 그러나 심리적 동기는 전혀 다르다. 대부분의 시간에는 아이에 대한 욕망이 끼어들지 않는다. 다른 종들도 마찬가지다. 교미를 할 때 쥐들에게 더 많은 쥐를 만들려는 의도가 있는 건 아니다.

친절에 대해서도 똑같이 생각할 수 있다. 우리는 선천적으로 친절하다. 다른 이들에게 친절했던 조상들이 그렇지 않았던 조상들보다 더 오래 살고 번식도 더 많이 했기 때문이다. 그렇다고 해서 사람들이 음식을 먹거나 성관계를 가질 때보다 타인을 도울 때 생존과 번식을 더 많이 생각했다는 뜻은 아니다. 그보다 진화는 우리 안에 특정인의 운명에 대한 진정한 관심을 불어넣고, 타인을 가엽게 여기고 배려하게 함으로써 우리가 이타적 인간이 되게 했다.

인간만 그런 것이 아니다. 물론 많은 동물들, 그리고 모든 포유류가 자기 자손을 돌보지만, 이들의 도움과 친절은 종을 초월한다. 드 발은 인간 외에 다른 영장류의 자료를 특히 많이 수집해서 고전적인 작업을 수행했다.5 그는 침팬지들이 곤경에 처하면 서로 구해주고, 때로는 다른 침팬지의 즐거움을 늘리고 괴로움을 줄여주기 위해 행동한다는 사실을 알아냈다. 예를 들어, 한 침팬지가 다른 침팬지와의 대결에서 지고 육체적 고통을 겪고 있으면(굴욕감과 같은 정서적 고통도 함께 느낀다고 보아도 무방할 것이다), 다른 침팬지가 다가가 패자를 토닥이고 달래고 위로한다.

침팬지에게 이런 능력이 있다는 사실은 어린 인간들한테서도 이런 능력을 발견할 수 있을 거라는 사실을 암시한다. 이제 막 걸음마를 시작한 유아들도 다른 아이들을 돌보는 것처럼 보인다.[6] 몇몇 실험에서는 아이들의 이런 능력을 탐구하기 위해 어른들에게 몸이 아프고 괴로운 것처럼 행동하게 한 다음(아이 엄마가 무릎을 찧은 척하거나 실험자가 클립보드에 손가락이 낀 척한다), 아이들이 어떻게 반응하는지를 살펴보았다. 아이들은 고통을 없애주려고 애쓰면서 어른들을 달래려고 했다. 다른 연구에서는 어른들이 손이 닿지 않는 물건을 집으려고 낑낑대거나 문을 열려고 낑낑대는 모습을 보이면 아이들이 도와주려 한다는 사실을 알아냈다.[7] 아이들은 눈을 맞추는 것을 포함해서 어른들이 어떤 식으로도 행동을 유도하지 않아도 그런 반응을 보였고, 상당한 대가를 치르면서 어른들을 도왔다. 좋아하는 장난감을 가지고 놀다가도 장난감을 놔두고 걸어가서 도움을 제공했다. 아이들은 정말로 돕고 싶어 하는 것처럼 보였다.

공감은 어떨까? 타인이 느끼는 것을 느끼는 공감능력은 어디서 발생하는 걸까?

여러분은 공감의 신경학적 근거를 다룬 앞 장에서 공감의 기원에 관한 질문에 이미 답했다고 생각할지도 모르겠다. 그러나 공감능력이 뇌의 특정 부위에 존재한다는 사실을 근거로 우리가 공감능력을 가지고 태어났다고 말하는 것은 지나친 비약이다. 인간의 모든 능력은 결국 뇌 속에 존재한다(뇌 말고 어디에 있을 수 있겠는가?). 독서, 체스, 페이스북 활동은 모두 뇌 부위를 활성화시킨다. 그리고 이런 능력 중에서 타고나는 것은 전혀 없다. 아마 공감능력도 마찬가지일 것이다. 특히 어떤 이론가들은 공감에 관여하는 뇌 영역이 우리가 처음부터 가지고 태어나는 것이 아니라 세상 경험의 산물이라고 주장해왔다.**8**

그런가 하면 또 어떤 이들은 처음부터 공감능력을 타고난다는 증거가 있다고 주장한다. 가장 유명한 사례 중 하나가 앤드루 멜초프Andrew Meltzoff의 연구에서 나왔다. 멜초프는 우리가 영아에게 혀를 내밀면 아기도 우리에게 혀를 내밀 가능성이 크다는 사실을 알아냈다.**9** 이것은 다른 사람의 입장에 자신을 대입해봄으로써 아기와 어른 사이에 공감적 연결이 이루어진 것처럼 보일 수 있다.

그러나 이 주장에 대해서는 의견이 분분하다. 혀를 내미는 행동이 실제로 무엇을 의미하는지를 두고 회의적인 입장을 취하는 연구자들이 있기 때문이다.**10** 일부 연구자들은 영아들이 어른의 행동을 모방하는 것이 아닐 수 있다고 주장한다. 어른들이 자기를 보고 혀를 내밀 때 기겁해서 놀란 마음에 자기 혀를 내미는 건지도 모른다! 그러나 멜초프와 그의 동료들은 자아와 타자 간 융합의 증거를 찾는 몇 가지 최근 연구로 응수했다.**11** 예를 들어, 영아가 자기 얼굴을 쓰다듬을 때와 자기 얼굴을 쓰다듬는 다른 영아의 영상을 볼 때 뇌 활성화 패턴이 유사하게 나타난다. 그리고 확실히 생후 첫 해에는 모방에 관한 강력한 증거가 나타난다. 영아들을 관찰해보면 주변 어른들의 온갖 얼굴 표정을 따라하는 것을 알 수 있다.

그렇다면 '공감적 고통'의 경우에는 어떨까? 아기들이 주변 사람들의 고통을 똑같이 느낄까? 찰스 다윈Charles Darwin은 그렇다고 생각했다. 그러면서 아들 윌리엄을 예로 들었다. 다윈은 글에 이렇게 썼다. "공감(다윈은 'sympathy'라는 단어를 사용했지만, 19세기에는 'sympathy'가 현재의 'empathy'를 의미했다는 사실을 기억하자)과 유사한 심정에 관해서는 생후 6개월하고 11일째 되는 날에 확실한 증거를 확인했다. 간호사가 우는 척을 하자 윌리엄이 입꼬리를 내리면서 우울한 표정을 지었다."[12]

보다 최근의 연구 결과들은 다윈의 관찰 기록과 일치한다. 심지어 태어난 지 며칠밖에 되지 않은 시점에도 아기들은 다른 아기가 우는 소리를 들으면 성을 낸다. 자기 울음을 녹음한 소리를 들을 때보다 더 격하게 반응한다.[13] 한두 살짜리 아기들이 다른 사람이 괴로워하는 모습을 보면 괴로워한다는 증거가 많이 있다.

《선악의 진화 심리학》에서 나는 이 모든 연구 결과를 공감의 증거로 언급했다.[14] 하지만 지금은 그게 정말 공감의 증거인지 확신이 서지 않는다. 이 모든 일화와 연구 결과는 공감이라는 감정을 전혀 느끼지 않고도 타인에게 관심을 쏟고 타인을 보살필 수 있다는 관점에서 쉽게 설명이 가능하다. 예를 들어, 윌리엄이 슬픈 표정을 지은 것은 '간호사가 고통스러워하는 것 같아서 윌리엄이 슬퍼했다'는 사실을 반영하는 것일 수 있다. 그렇다고 해서 윌리엄이 간호사의 고통에 진짜로 공감해서 간호사가 느낀 고통을 똑같이 느꼈다는 의미는 아니다.

좀 더 결정적인 연구 결과도 있다. 영아보다 나이가 많은 유아들이 타인의 고통을 보면 처음에는 성을 내다가 나중에는 스스로 진정한다는 보고가 있다. 이것은 정말로 아이들이 공감적 고통에 빠져 있음을 암시한다. 흥미롭게도 이런 식의 반응은 비단 인간에게만 국한되지

공감의 배신

않는 것 같다. 심지어 영장류에게만 국한되는 것도 아니다. 한 연구진이 다른 쥐가 고통스러운 전기 충격을 받는 것을 막기 위해 막대를 누르도록 쥐를 훈련했다. 일부는 막대를 누르지 않았다. 하지만 그 쥐들이 막대를 누르지 않은 이유는 다른 쥐들이 당하는 고통에 무관심했기 때문이 아니다. 오히려 다른 쥐들이 당하는 고통에 압도당해서 어쩔 줄 몰랐기 때문이다. 연구진에 따르면 그 쥐들은 "고통스러워서 찍찍거리며 날뛰는 동료들에게서 가장 멀리 떨어진 상자 구석으로 도망가더니 그곳에 웅크린 채 꼼짝하지 않았다."[15]

공감에서 비롯된 이런 반응들이 과연 도덕적인 행동을 유발할까? 여러분은 자신이 타인의 고통에 반응하고 있다는 사실을 알지 못해도 타인의 고통에 반응할 수 있다. 나는 나도 모르게 우울한 기분에 빠져 있다가, 조금 전에 우울한 사람을 만나서 그렇다는 사실을 나중에야 깨달은 적이 한두 번이 아니다(심리학자들은 이따금 이것을 '감정 전염'이라고 부른다). 고통의 근원을 이해하지 못하면, 공유된 감정은 도덕적 행동을 유발하지 못한다. 우리가 지금 타인이 느끼는 감정을 느끼고 있다는 사실을 이해해야 비로소 공감이 힘을 갖는 법이다. 내가 여러분의 고통을 느껴도 그것이 여러분의 고통인 줄 모르고 내 고통이라고 생각하면, 나는 여러분을 도우려고 하지 않을 것이다. 유아들의 경우에도 마찬가지라면, 공감만으로는 유아들에게서 친절한 행동을 이끌어낼 수 없다.

이제 우리는 핵심 쟁점에 다가가고 있다. 아동 발달 초기에, 우리는 다른 사람을 달래고 돕는 아이들의 행동에서 친절과 연민을 본다. 그리고 발달 초기에(얼마나 초기인지는 논란의 여지가 있지만) 우리는 아이들이 타인의 고통에 반응하여 괴로워하는 모습을 본다. 핵심 질문은 이 둘이 연결되어 있는지 여부다. 아이들이 타인을 도울 때, 그 이유는 아이들이 타인의 고통을 느끼기 때문일까?

폴 해리스Paul Harris는 이 주제에 관한 문헌을 살펴보고, 이 둘의 관계를 입증할 증거가 없다고 주장한다.16 일례로 어린아이들이 어떤 고통도 드러내지 않고 타인을 도울 수 있다는 사실을 암시하는 일화가 많다. 렌을 예로 들어보자. "15개월 된 렌은 배가 불룩 나온 땅딸막한 남자아이다. 렌은 부모님과 특별한 놀이를 하곤 했다. 이 놀이를 할 때마다 부모님은 어김없이 웃음을 터트렸다. 특이한 걸음걸이로 부모님에게 걸어가서 티셔츠를 올리고 불룩한 배를 보여주는 놀이였다. 어느 날 렌의 형이 정원에 있는 정글짐에서 떨어져서 세차게 울었다. 렌은 침통한 표정으로 형이 우는 모습을 지켜보았다. 그러더니 형에게 다가가 티셔츠를 올리고 자기 배를 보여주고는 뭐라고 웅얼거리며 형을 바라보았다."17

렌이 형의 괴로움에 공감해서 똑같이 괴로움을 느끼면서도 내색하지 않았을 가능성을 배제할 수는 없다. 그러나 1살짜리 아이들은 감정을 잘 숨기지 못하는데, 렌에게는 괴로워하는 기색이 전혀 없었다. 만약 이 이야기를 보이는 그대로 받아들인다면, 렌은 형을 걱정하고 기분을 북돋워주고 싶어 했지만 본인이 괴로워하지는 않았다. 이것이 공감이 없는 돌봄이다.

어른들이 어린아이들 앞에서 괴로운 척하는 실험에서도 이와 동일한 현상을 발견할 수 있다. 아이들은 대개 괴로워하는 사람을 도우려고 한다. 처음에는 쓰다듬고 안아주는 간단한 신체적 행동을 한다. 그

다음에는 "괜찮아"라고 말하거나 장난감이나 도움이 되는 다른 물건을 가져다주는 등 좀 더 정교한 반응을 보인다. 하지만 이 아이들은 일반적으로 괴로운 기색을 보이지 않는다. 아이들이 확실하게 성을 내는 유일한 때는 본인이 다른 사람에게 고통을 주었을 때뿐이다. 그러나 이런 부정적인 반응은 공감에서 비롯된 것이 아니라 죄책감과 두려움 때문일 가능성이 크다.

이번에는 6개월 된 두 아이가 자기 엄마들이 있는 놀이방에서 상호작용하는 모습을 관찰한 고전적인 연구를 살펴보자.[18] 가끔씩 한 아이가 칭얼거리면, 다른 아이가 그 아이에게 몸짓을 하거나 토닥였다. 그러나 이번에도 한 아이의 고통이 다른 아이를 고통스럽게 한다는 증거는 나오지 않았다.

이제까지 영아와 유아에 관해 살펴보았지만, 마무리는 침팬지 이야기로 하려 한다. 우리는 인간 외에 다른 영장류들도 서로에게 친절을 베푼다는 증거를 살펴보았다. 그리고 침팬지들이 대결에서 진 침팬지에게 입 맞추고 포옹하고 쓰다듬으며 위로한다는 사실을 밝혀낸 드발의 흥미로운 연구에 관해서도 언급했다.[19] 이런 행동들은 가해자가 아니라 피해자에게 하는 것이기 때문에 화해를 시도하는 행동으로 볼 수 없다. 실제로 침팬지들은 피해자의 기분을 나아지게 하려는 열망으로 그런 행동을 하는 것으로 보인다. 만약 인간이 이런 행동을 했다면, 여러분은 망설임 없이 이런 행동을 '친절'이나 '연민' 같은 단어로 묘사했을 것이다.

그러나 폴 해리스는 여기서 흥미로운 지적을 한다.[20] 침팬지들이 상호작용하는 사진을 보면, 고통으로 일그러진 피해자의 얼굴이 보인다. 그러나 위로하는 침팬지의 얼굴에는 괴로운 기색이 전혀 없다. 그 서 임니비는 기새만 부이다 인간의 마음을 읽는 것이 그냥 어려운 수 준이라면, 다른 종의 마음을 읽는 것은 '정말' 어렵다. 그러나 그 침팬 지들은 대결에서 패한 침팬지의 괴로운 감정을 자기들도 똑같이 느끼 는 것이 아니라 확실히 그 침팬지를 걱정하는 것처럼 보인다.

나는 우리가 이런 결론을 100퍼센트 확신할 정도로 아이들이나 침 팬지의 발달에 관해 충분히 잘 안다고는 생각하지 않는다. 도덕성이 발달하려면 공감능력이 어느 정도 필요하다는 사실을 입증하는 새로 운 연구 결과가 나올 수도 있다. 그러나 지금 우리가 아는 바로는, 공 감은 우유와 같지 않다.

CHAPTER 5
폭력과
잔인함

Against
Empathy

1945년 4월, 다하우 강제수용소에서 여러 명의 남성이 벽을 향해 늘어선 채로 고문을 받은 뒤에 총살당했다.[1] 다하우 강제수용소에서는 이런 야만 행위가 일상이었다. 수만 명의 수감자가 그곳에서 살해당했다. 굶어 죽고, 처형당해서 죽고, 가스실에서 죽고, 기괴한 의학 실험으로 죽어갔다. 그러나 이 사건은 강제수용소가 해방된 뒤에 일어났다. 희생자들은 체포된 독일 병사들이었고, 살인을 저지른 사람들은 강제수용소를 해방시킨 미군들이었다.

데이비드 윌시David Wilsey 대위는 아내에게 쓴 편지에 그 사건을 이렇게 묘사했다. "나치 친위대원들이 벽을 향해 늘어서서 고문을 받다가 총살당하는 모습을 봤어. 에밀리, 그놈들은 우리 미국인들이 '냉혈한'이라고 부르는 놈들이야! 그 모습을 보는데도 손톱만큼도 괴롭지 않았어. 나치 친위대는 이보다 훨씬 더 짐승 같은 짓을 수없이 자행해왔어. **다 그놈들이 자초한 일이니까,** 하느님도 나를 용서하실 거야."

나중에 윌시는 또 이렇게 썼다. "친위대원들은 총살당하기 전에 몇 시간 동안 '히틀러 만세'를 외치며 두 손을 들고 서 있었어. 반나체 상태로 서 있는 그놈들 등짝에 수통컵으로 얼음장 같은 강물을 퍼부었지. 이 일에 내가 얼마나 **소극적**으로 임했는지 **고백**했던가? 캘리포니아 출신의 전투공병이 있었는데 정말 살벌해 보였어(그런 모습은 이제껏 한 번도 본 적이 없어). 사전 연습을 한다며 내게 컵을 빌려달라더니 친위대원 3명의 면전에 45구경 자동권총을 들이대고 으르렁거리더라. 그는 피에 굶주려 있었어. 무슨 짓을 해도 성에 차지 않았을 거야. 동생이 친위대 손에 죽었거든."

　이번 장에서는 살인, 강간, 고문을 비롯한 폭력과 고의적으로 고통을 안겨주는 행위에 관해 살펴볼 생각이다. 나는 이야기를 매개로 논의를 전개하려 한다. 복잡한 주제를 풀어내는 데는 이야기만 한 것이 없기 때문이다. 독일 병사들을 살해한 그 남자들은 사디스트도 사이코패스도 아니었다. 그들은 강한 도덕 감정에 자극을 받았다. 몇 달 뒤, 미군은 다하우 강제수용소에서 일어난 사건을 조사했고 군인 몇 사람을 군법회의에 회부했다. 그러나 조지 S. 패튼George Smith Patton Jr. 장군이 공소를 기각했고, 이 사건은 그렇게 사람들 뇌리에서 사라졌다. 이 사건을 거론하는 사람은 역사가들뿐이다. 이 글을 읽는 여러분 중에는 패튼 장군의 결정이 옳았다고 생각하는 사람들이 있을 것이다. 그때 그 군인들의 행위는 용납될 수 있고 또 옳은 행동이었다고 생각하는 이들이 있을 것이다.
　폭력과 잔학 행위를 설명하는 '단일 요인 이론'은 적지 않다. 단일 요인 이론이란, 한 가지 중요한 요인을 제시하고 이 세상에서 잘못된 모든 것은 다 그 이유 때문이라고 설명하는 이론을 말한다. 내가 가장 염려하는 이론은 공감 부족을 모든 문제의 원인으로 지목하는 이론이다. 여기에는 명백한 이유가 있다. 《카라마조프가의 형제들Brat'ya Karamazovy》에서 이반 카라마조프는 신이 없으면 모든 것이 허용된다고 말한다. 몇몇 심리학자는 '신'을 '공감'으로 바꾸어서 이 격언을 반복할 것이다. 그들이 옳다면, 그 격언은 이 책의 주제를 논박하는 근거가 될 것이다.

이 이론의 한 가지 버전은 사람들을 인간 이하로, 이를테면 인간이 아닌 짐승이나 물건으로 보는 비인간화와 대상화가 악을 유발한다고 주장한다. 일단 사람들을 짐승이나 물건으로 생각하면, 죽이거나 노예로 삼거나 비하하기가 쉬워진다. 만약 몇몇 사람들의 믿음대로 정말 공감이 이런 비인간화 과정을 막아준다면, 이것은 공감을 옹호하는 강력한 논거가 될 것이다. 공감이 내 안에 있는 가장 악한 나로부터 나를 구해준다고 말이다.

공감 부족을 폭력의 직접적인 원인으로 지목하지 않는 설명들도 있다. 어떤 이들은 자제력 상실 때문에 폭력적인 행동이 나타나는 것으로 본다.[2] 알코올과 다른 약물들이 여러 가지 나쁜 행실과 관련이 있다는 연구 결과가 이 논리를 뒷받침한다.[3] 알코올은 절반 이상의 폭력 범죄에 연루되어 있다고 추정된다. 충동 조절 실패에서 원인을 찾는 이런 설명은 범죄를 저지르는 사람들이 삶의 다른 영역에서도 자제력 부족을 보인다는 사실과도 일치한다. 그들은 담배를 피우고 차 사고를 내고 원치 않는 임신을 할 가능성이 크다.

이런 관점에서 보면, 폭력은 시스템상의 결함이다. 시스템에 뭔가 문제가 생긴 것이다. 심리학자 에이드리언 레인Adrian Raine은 폭력 범죄를 일종의 암에 비유했다. 둘 다 유전자와 환경이 조합된 결과고, 둘 다 치료를 받아야 하는 질병으로 볼 수 있다면서 말이다.[4]

그러나 경제학자들과 진화론자들 사이에서 인기 있는 정반대 견해도 있다. 폭력은 삶의 본질적인 부분이며, 특정 문제를 처리하는 합리적인 해결책이라고 보는 견해다.[5] 암은 정상이 아닌 것이자 질병이고, 이 세상에서 깔끔하게 제거할 수 있는 것이다. 내일 암이 완전히 퇴치된다면 나머지 인간의 삶은 온전히 행복할 것이다. 그러나 폭력은 다른 동물들과 공유하고 있고, 처벌과 방어와 포식을 위해 진화해온 인간 본성의 일부다. 우리가 천사로 변신하지 않는 한, 폭력과 폭력 위협은 우리의 가장 악한 본능을 제어하는 데 필요하다. 암이 없는 세상은 올 수 있어도 폭력이 없는 세상은 절대로 오지 않을 것이다. 폭력을 당하는 사람이 자기에게 쏟아지는 폭력을 기뻐할 리 만무하므로, 최소한 어떤 이들의 눈에 악이 없는 세상은 절대 오지 않을 것이다.

어떻게 해야 악을 가장 잘 이해할 수 있을까? 사회심리학자 로이 바우마이스터Roy Baumeister는 자기가 예로 드는 모든 사건은 실제 사례라는 말로 《악: 인간 내면의 폭력성과 잔인성Evil: Inside Human Violence and Cruelty》이라는 책의 서두를 시작한다. 바우마이스터는 소설이나 영화에 등장하는 이아고, 한니발 렉터, 프레디 크루거, 사탄, 카이저 소제, 사악한 돌연변이 형제단 같은 가공의 인물을 거론하지 않는다.

바우마이스터는 이런 가공인물들이 백해무익하다고 보았다. 소설 속 인물들은 이른바 '순수한 악의 신화'를 사실로 받아들이게 하는 경

공감의 배신

향이 있기 때문이다.**6** 악은 신비롭고 무시무시한 힘이고 우리 대부분과는 질적으로 다른 것이라는 생각을 가리켜 바우마이스터는 '순수한 악의 신화'라고 불렀다. 이런 힘을 소유한 어떤 사람들은 의도적으로 잔인하게 굴고 악의를 품고 행동하며 고통 자체를 원한다. 〈다크 나이트The Dark Knight〉에서 앨프레드가 배트맨에게 조커를 어떻게 묘사하는지 생각해보라. "어떤 놈들은 돈같이 논리적인 걸 찾지 않아요. 그런 놈들은 매수할 수도 괴롭힐 수도 설득할 수도 협상할 수도 없어요. 그냥… 그냥 세상이 불타는 걸 보고 싶어 하는 놈들이 있어요."

정신과 의사이자 연쇄살인범인 한니발 렉터는 토머스 해리스Thomas Harris의 소설에 처음 등장했다. 그 후 앤서니 홉킨스Anthony Hopkins가 출연한 〈양들의 침묵Silence of the Lambs〉을 비롯한 여러 영화와 텔레비전 드라마에서 재가공되었다. 여러 번 들었겠지만 한니발은 '괴물'이다. 그는 많은 사람을 죽이고 몇몇은 무시무시한 방법으로 살해한다(나는 두 번째 시즌 한 회를 보다가 도중에 그만두었다. 그 회에서 한니발은 다른 연쇄살인범을 생포해서 다리 한쪽을 자른 다음 그에게 강제로 먹였다). 그런데 한니발은 이상한 매력이 있는 괴물이다. 그는 교양 있고 세련됐다. 그리고 그런 짓을 당해도 싸다고 생각되는 사람들에게 폭력을 행사한다. 또한 그에게는 어떤 한계선이 있다. 예를 들어, 성폭행은 하지 않는다(왜 그렇게 많은 사람이 이런 인물을 흥미롭게 지켜보는지, 완전한 악인 중에서도 재밌게 보는 악인은 어떤 부류고 그렇지 않은 악인은 어떤 부류인지에 대해서는 따로 날을 잡아 논의해볼 주제다).

한니발은 우리들과는 다른 존재로 제시된다. 그런 존재에게는 여러 가지 이름이 붙는다. 그들은 '괴물'이고 '짐승'이고 '초超포식자'다. 초

포식자는 폭력적인 10대들을 지칭하는 용어로, 1990년대에 유행했다. 또한 그들은 '소시오패스'이자 '사이코패스'다. 이 두 용어에는 전문적인 의미가 있지만, 흔히 우리와 다르게 다른 이들에게 신경 쓰지 않는 아주 끔찍한 사람들을 가리키는 용어로 단순하게 쓰인다.

아래에서 우리는 철학자 데이비드 리빙스턴 스미스David Livingstone Smith의 주장을 살펴보려 한다. 그는 우리가 특정 사람들을 인간 이하로, 인간의 기본 자질을 결여한 존재로 취급하며 이것이 수많은 잔학 행위의 근거가 된다고 주장한다. 그러나 스미스는 우리가 인간 이하로 취급하기 쉬운 유형의 사람이 악을 저지르는 사람이라고 이야기하기도 한다.[7] 나치는 유대인을 인간 이하로 취급했고, 지금 우리는 나치를 인간 이하로 취급한다.

순수한 악의 신화에는 여러 가지 근원이 있다. 핑커가 '도덕화 간극'이라고 부른 것도 그중 하나다.[8] 도덕화 간극이란, 타인의 행동은 심각하게 받아들이면서 상대적으로 자신의 행동은 심각하게 생각하지 않으려는 성향을 말한다. 한 보고서에 따르면, 폭력적인 범죄자들은 사람들이 왜 그렇게 많은 범죄를 저지르는지 어리둥절해한다. 가장 극단적인 사례가 프레더릭 트리시Frederick Treesh다. 3인조 '연속살인범'의 일원인 그는 경찰관에게 이렇게 말했다고 한다. "우리가 죽인 2명, 우리가 부상을 입힌 2명, 우리가 권총으로 때린 여자, 우리가 사람들 입에 쑤셔 넣은 백열전구 말고는, 우린 정말 아무도 해치지 않았어요."[9]

한 연구에서 바우마이스터와 그의 동료들은 사람들에게 본인이 누군가를 향해 화를 냈던 사례나 누군가가 본인을 향해 화를 냈던 사례를 떠올려보라고 했다.10 본인이 가해자였던 사건을 회상할 때 사람들은 자신의 행동을 사소한 것으로, 그럴 만한 이유가 있어서 그런 것으로 묘사했다. 반면에 본인이 피해자였던 사건을 회상할 때는 상대방의 행동을 중대하고 여파가 오래가는 것으로, 무분별한 생각과 사디즘이 결합해서 그런 행동을 한 것으로 묘사하는 경우가 많았다. 말하자면 우리는 우리 자신이 다른 사람에게 화를 내는 것은 악의가 없거나 어쩔 수 없는 행동이라 여기고, 다른 사람이 우리에게 화를 내는 것은 미친 짓이거나 잔인한 행동이라고 여긴다.

폭력적이거나 해를 끼치는 행동을 가해자보다 피해자가 훨씬 더 심각하게 생각한다는 이런 연구 결과는 그리 놀랍지 않다. 존이 빌에게 주먹질을 했다면 보통 그 사건은 존보다 빌에게 더 큰 의미를 갖게 마련이다. 주먹질은 물리학적으로든 심리학적으로든 모두 당하는 사람에게 더 큰 영향을 끼친다. 강간이나 폭행은 피해자의 삶에 강력한 영향을 끼치지만, 강간이나 폭행을 저지른 가해자에게는 그 사건이 훨씬 덜 중요할 수 있다. 비꼬는 투로 대꾸하거나 퉁명스럽게 말을 자르는 식의 발언은 듣는 사람에게는 큰 상처가 될 수 있지만, 말한 사람은 곧바로 잊어버린다. 물론 예외는 있다. 상대방은 그런 일이 있었는지 알아채지도 못하는데, 스스로 자기가 한 행동에 집착하는 사람들도 있다. 피해자도 까맣게 잊어버린 일인데, 한참 뒤까지 자신이 저지른 일에 심한 죄책감을 느끼는 범죄자들에 관한 이야기도 있다. 그러나 심각한 행동인 경우에는 거의 항상 가해자보다 피해자에게 미치는 여파가 훨씬 크다.

도덕화 간극은 친구나 형제, 배우자 사이의 다툼처럼 일상 속에서 발생하든, 국제 분쟁 수준에서 발생하든 언제나 자연스러운 보복 강화로 이어진다. 어려분이 내게 추잡한 짓을 했다고 치자. 내 입장에서 그 행동은 여러분이 생각하는 것보다 훨씬 더 추잡하게 느껴진다(훨씬 더 중대하고 훨씬 더 부당하고 훨씬 더 비열하게 느껴진다). 그래서 내가 볼 때 적절하고 알맞은 방식으로 보복을 하면, 여러분에게는 이것이 너무 심하게 느껴진다. 그러면 여러분은 보복이 과하다고 생각하고 거기에 맞춰 내게 대응할 것이다. 이런 식으로 부부는 상대에게 점점 더 심한 말을 하고, 분쟁 중인 각국의 시민은 가혹하지만 온당한 자국의 행동이 무시무시한 잔학 행위에 부닥치면 충격을 받고 분노한다. 서로를 죽이며 끝장을 보지 않는 것이 놀라울 따름이다.

도덕화 간극은 우리가 우리 자신을 좀처럼 악당으로 보지 않는 여러 이유 중 하나다. 바우마이스터가 말한 대로다. "만약 사회과학자인 우리들이 '가해자를 포함한' 모든 사람이 사악하다고 동의하는 행동에만 초점을 맞춘다면, 우리는 연구할 것이 거의 없을 것이다."[11] 이 세상에서 가장 악한 사람들(이를테면 교도소에서 인터뷰한 강간범들)이 자신이야말로 진짜 피해자라고 생각하는 경우가 많다니, 실로 놀랍다. 그들이 스스로 결백하다고 생각하는 것도 문제지만, 우리가 그들을 우리와는 전혀 다른 존재라고 생각하는 것도 문제다.

혹시 여러분이 악에 대해서, 그러니까 진짜 악에 대해서 생각하고 싶다면 더 나은 방법이 있다. 다른 사람들이 여러분에게 한 짓을 생각하지 마라. 대신에 여러분이 다른 사람에게 상처 입혔던 행동, 그래서 그들이 여러분에게 사과와 보상을 받고 싶어 하는 행동에 대해 생각하라. 다른 나라가 여러분의 조국과 동맹국에 저지른 잔학 행위에 관

공감의 배신

해 생각하지 마라. 대신 다른 나라 국민들이 격렬한 분노를 쏟아내는 조국의 행동에 대해 생각하라.

여러분은 아마 이렇게 반응할 것이다. "글쎄요, 악한 행동은 하나도 없는데요. 물론 후회되는 행동이나 남들이 비난하는 행동을 한 적은 있어요. 그리고 우리 나라가 다른 나라에 추악한 짓을 했을 수도 있어요. 하지만 그건 어려운 선택 또는 힘든 결정이었어요. 어쩌면 순수한 실수였을 수도 있고요. 완전한 악의에서 비롯된 결과는 절대 아니었어요. 아무렴요." 이게 사람들이 일반적으로 과거의 악행을 생각하는 방식이다.

과장할 생각은 없다. 보통 사람들과는 정말 다른 사람들이 저지르는 악행도 있다. 타인의 고통에서 쾌락을 얻는 사디스트들이 있다. 물론 너무 드물어서 정신의학 진단서인 《정신질환 진단 및 통계 편람The Diagnostic and Statistical Manual》에는 이들에 관한 항목조차 없다. 앨프레드의 말처럼, 정말로 이 세상을 불태워버리고 싶어 하는 타락한 영혼들이 있다는 건 의심의 여지가 없다. 숫자는 적은데도 불구하고 상대적으로 엄청난 양의 범죄를 저지르고 고통을 야기하는 진짜 사이코패스들도 분명히 존재한다. 그러나 이런 사람들조차도 자신의 행동을 해명할 때 순수한 악이라는 개념은 재고할 가치가 없다고 여긴다.

실제로 어떤 이들은 순수한 악의 신화를 뒤집어서 생각해야 한다고 주장한다. 즉 가해자가 순수한 악인이라서 잔인한 행동을 저지르는 것이 아니라, 오히려 그들은 자신이 선을 행하고 있다고 생각해서 그런 행동을 한다는 것이다. 그들은 강한 도덕관념에 자극을 받는다. 핑커가 말한 대로다. "세상에는 도덕이 지나치게 많다. 자력구제를 통한 정의를 추구한답시고 저지른 모든 살인과 종교 전쟁과 혁명 전쟁의 사망자, 피해자 없는 범죄와 인탈 행위 때문에 처형된 사람, 이데올로기적 집단 살해의 피해자를 다 더하면, 틀림없이 도덕과 관계없는 포식과 정복으로 인한 사망자보다 많을 것이다."[12] 역사학자 헨리 애덤스Henry Adams는 남북전쟁 당시 남군 총사령관이었던 로버트 리Robert E. Lee와 관련해서 이 부분을 강하게 이야기했다. "이 세상에서 제일 해로운 짓을 하는 사람은 언제나 선한 사람들이다."[13]

비뚤어진 생각처럼 보일 수도 있다. 어떻게 선이 악으로 이어질 수 있단 말인가? 그런데 여기서 명심해야 할 사실이 하나 있다. 지금 우리의 관심사는 객관적인 의미에서 선한 것이 아니라 '믿음'과 '동기'라는 사실이다. 따라서 애덤스의 말은 악이 선이라는 뜻이 아니다. 그보다는 자신이 선을 행한다고 생각하는 사람들에 의해 악이 저질러진다는 뜻이다.

이와 관련된 주제를 연구하는 타지 라이Tage Rai도 앨런 피스크Alan Fiske와 함께 쓴 책을 정리하면서 같은 입장을 취했다. 그리고 도덕화가 폭력과 잔학 행위의 주요 원인이라고 주장하면서 이를 극단까지 밀어붙였다. "전쟁, 고문, 집단 학살, 명예살인, 동물 및 인신 제사, 살인, 자살, 가까운 파트너의 폭력, 강간, 태형, 처형, 결투 재판, 경찰의 만행, 호된 신고식, 거세, 결투…"[14] 이들의 공통점은 뭘까? 라이는 이런 행동들이 사디스트적인 욕구나 이기심이나 자제력 상실의 결과가 아니라고 주장한다. 오히려 이런 행동을 도덕성과 연결 지어 설명하는 것이 가장 타당하다는 게 그의 주장이다. 즉 이런 행동들을 본인이 "인지한 도덕적 권리와 의무를 행사"한 것으로 이해해야 한다는 말이다.

도덕성이 폭력을 조장할 수 있다는 사실은 놀랍지 않다. 도덕성은 행동으로 이어진다. 도덕성은 우리로 하여금 다른 사람 일에 참견하게 한다. 나는 건포도를 좋아하지 않는다. 이것은 도덕적 신념이 아니다. 그저 내가 건포도를 먹지 않는다는 뜻일 뿐이다. 건포도에 대한 내 취향은 나와 달리 건포도를 좋아하는 사람을 괴롭히도록 나를 자극하지 않는다. 하지만 나는 살인을 좋아하지 않는다. 이것은 도덕적 신념이다. 그래서 이 신념은 다른 사람이 살인을 저지르지 않도록 막고, 살인자를 처벌하도록 정부를 독려하는 등의 행동을 하도록 나를 자극한다. 이런 식으로 도덕적 신념은 행동을 자극한다. 여기에는 폭력적인 행동도 포함된다.

도덕성은 동기를 부여한다. 오늘 아침, 몇 년 전에 아내와 아이들과 함께 두바이에 있는 해변에 갔던 한 남자의 이야기를 읽었다.[15] 20살인 큰딸이 수영을 하러 나갔다가 물에 빠져 허우적거리며 도와달라고 소리쳤다. 아버지는 안전 요원 2명이 딸을 구하지 못하게 완력으로 막았다. 경찰에 따르면, "그는 안전 요원들에게 낯선 남자가 자기 딸을 만지는 것보다는 딸이 죽는 게 낫다고 말했다." 딸은 익사했다.

만약 아버지의 행동을 사디즘이나 무관심, 정신병의 산물로 보면 핵심을 놓치고 만다. 아버지의 행동은 도덕적 헌신의 결과였다. 그의 마음은 자기 딸이 강간당하는 걸 막으려고 몸부림치는 아버지의 마음과 다르지 않다.

이런 경우에는 보는 사람의 관점이 중요하다. 2001년 9월 11일에 쌍둥이 빌딩이 공격을 당한 뒤, 일부 팔레스타인 사람들은 거리에 나와 이를 축하했다. 많은 서구인은 이를 두고 도덕적 타락을 반영하는 행동이라는 반응을 보였다. 그러나 2011년에 오사마 빈 라덴Osama bin Laden이 사살당한 것을 축하하고, 2014년에 가자지구에 폭탄을 투하한 것에 환호했을 때, 미국인들은 자기들이 부끄러운 행동을 하고 있다고 생각하지 않았다.

특정 폭력 행위의 도덕적 성질을 전혀 다른 시각에서 바라보는 이런 행동들은 상황을 복잡하게 만든다. 라이는 이 주제에 관한 흥미로운 글을 다음과 같이 마무리했다. "모든 곳에 있는 모든 사람이 폭력은 잘못된 것이라고 진심으로 믿으면, 폭력은 종식될 것이다." 나는 여기에 동의하지 않는다. 나는 폭력이 종식될 것으로 생각하지 않는다. 폭력이 모든 상황에서 잘못되었다고는 믿지 않기 때문이다. 진심으로 믿기는커녕 그냥도 안 믿는다. 내 도덕 잣대는 이따금 내게 폭력이 옳은 일이라고 말한다.

예를 들어, 나는 사람들에게 자신과 타인을 폭행으로부터 지키기 위해 폭력을 사용할 권리가 있으며, 실제로 그렇게 해야 할 도덕적 의무가 있다고 믿는다. 그리고 경우에 따라서는 자신의 물건을 도둑질하려는 사람에게 폭력을 행사할 권리가 있다고 믿는다(누가 마지막 남은 빵 한 덩어리를 낚아채 가면, 나는 그 사람과 맞붙어 싸울 것이다). 나는 국가가 법을 위반한 자들을 처벌할 권한이 없는 세상에서 살고 싶지 않다. 거래와 같이 중요한 사회적 상호작용에는 법률 집행이라는 개념이 필요하다. 만약 내가 여러분에게 사과 값으로 1달러를 건넸는데 여러분이 돈만 받고 사과를 주지 않으면, 이 상황에 개입해서 여러분으로 하여금 내게 사과를 주든가 돈을 돌려주게 할 사람을 부를 수 있는 세상이 모두에게 이롭다. 궁극적으로 강제력이 뒷받침되지 않으면 이

공감의 배신

런 개입은 아무 효과가 없다. 따라서 폭력이나 폭력의 위협이 없으면 이 세상은 결딴나고 말 것이다.

앞의 사례는 논란의 여지가 별로 없다. 우리 자신을 폭행으로부터 방어하도록 허용해서는 안 된다고 믿는 사람은 거의 없을 테니 말이다. 그러나 앞으로 살펴볼 폭력에 관한 도덕적 주장들은 논란의 여지가 있다. 내 도덕관에 따르면, 전쟁을 포함하여 다른 나라에 행사하는 국가 폭력은 정당하다. 상황에 따라서는 꼭 필요한 경우도 있다. 그리고 국가 폭력이 꼭 자기방어 행위일 필요는 없다(다른 사항을 고려하지 않는다 하더라도, 미국이 다하우 같은 강제수용소를 해방시키기 위해 독일을 침략한 것은 옳은 행동이다). 나는 폭력적인 성질에도 불구하고 복싱과 축구와 무술이 용납할 수 있는 유형의 취미이자 오락이라고 생각한다. 또한 특정 상황에서는 국가가 시민의 자살을 강제로 막을 수 있게 허용해야 한다고 본다.

내 생각에 동조하도록 여러분을 설득하려는 것이 아니다. 그저 폭력과 관련된 도덕 문제가 복잡하다는 얘기를 하고 있는 것뿐이다. 대다수의 사람들이 '실수'를 한다는 말이 아니다. 모든 사람이 폭력은 답이 아니라는 사실을 깨닫기만 한다면, 이 세상은 훨씬 좋은 곳이 될 것이라는 말이 아니다. 우리는 언제나 폭력이 있는 세상에서 살아갈 것이다. 이 세상에 얼마나 많은 폭력이 있고, 그 폭력은 어떤 종류인가? 이것이 우리가 붙들고 씨름해야 할 질문이다.

우리는 도덕관이 폭력과 잔학 행위를 자극하는 명백한 사례를 살펴보았다. 그러나 그렇지 않을 때도 있다. 스스로 자신은 진짜 악한 사

람이 아니라고 생각하는 강간범이나 강도나 도둑이 많은 것은 사실이
나. 도리어 그들은 자기야말로 환경의 피해자라면서 다른 사람을 탓
하고, 자신은 다른 사람들보다 욕구가 강한 것뿐이라고 말할지 모른
다. 그러나 그들이 도덕적 소명을 완수하기 위해 그런 행동을 했다고
착각할 사람은 거의 없다. 돈이나 섹스나 사회적 지위 등에 관한 단순
한 욕망을 포함해 타인에게 해를 끼치는 다른 동기에 관해서도 살펴
보아야 한다.

이는 우리를 공감의 문제로 안내한다. 모든 사람이 자기가 원하는
것을 얻기 위해 기꺼이 타인을 괴롭히는 것은 아니다. 어쩌면 공감이
브레이크 역할을 하는지도 모른다. 탐욕은 누군가를 때려눕히고 돈을
빼앗고 싶게 만든다. 이때 공감이 우리를 저지한다. 분노는 눈앞에 있
는 사람에게 주먹을 날려서 우리가 받은 모욕을 갚아주고 싶게 만든
다. 이때도 공감이 우리를 저지한다.

나는 앞에서 글로버에게 들은 한 여성의 이야기를 했다. 그녀는 강
제수용소 근처에서 살면서 고문당하는 사람들에게 공감했다. 그러고
는 고문을 하려면 자기 눈에 보이지 않는 다른 곳에서 해달라고 요청
했다. 이는 공감이 꼭 우리를 선하게 만드는 것은 아니라는 사실을 보
여주는 사례 중 하나다. 그러나 공감이 우리 안에 있는 가장 악한 충
동을 저지하여 우리를 더 나은 사람으로 만드는 것처럼 보이는 사례
들도 있다. 글로버는 오웰에게 들은 이야기도 들려준다. 스페인 내전
에 참전했을 때 오웰은 양손에 바지를 들고 있는 군인과 마주쳤다.
"나는 그가 양손에 바지를 들고 있어서 총질을 하지 않았다. 나는 '파
시스트'를 쏴 죽이려고 여기 왔다. 하지만 바지를 들고 있는 사내는

'파시스트'가 아니었다. 그는 분명히 당신과 같은 인간이었다. 당신도 그를 쏠 마음이 안 생겼을 것이다."[16]

특정한 경우에는 공감이 브레이크 역할을 할 수 있다는 사실을 인정한다. 그러나 나는 공감이 액셀러레이터와 같다고 주장할 생각이다. 우선 공감은 갈등을 자극하는 요인이 될 수 있다. 어떤 사람들은 공감을 생각할 때 친절을 떠올린다. 그러나 나는 전쟁을 떠올린다.

특이한 주장이란 걸 잘 안다. 다음은 배런 코언이 내가 쓴 기사를 읽고 쓴 비평인데, 공감의 역할에 관한 좀 더 일반적인 관점을 보여준다. 그는 우리가 글을 쓸 당시 절정으로 치달았던 가자 전쟁을 예로 든다.

이스라엘 총리 베냐민 네타냐후Benjamin Netanyahu의 결정을 생각해보자. 유엔이 운영하는 학교에서 하마스가 발포하고 있는 로켓탄 발사기를 폭파하라는 명령을 이스라엘 방위군에 내려야 할까? 그 과정에서 무고한 팔레스타인 아이들을 죽일 위험을 무릅쓰고서?

비非공감적이고 이성적인 비용 · 편익 계산을 거친 (…) 그의 결정은 하마스의 로켓탄 발사기를 폭파하는 것이다.

이번에는 네타냐후 총리가 공감능력을 활용하여 결정을 내린다고 상상해보자. 그가 스스로 이렇게 자문한다고 가정해보자. "내가 이스라엘이 투하한 폭탄에 사망한 팔레스타인 어린이의 아버지라면 어떨까? 쏟아지는 폭탄을 보고 겁에 질린 그 팔레스타인 어린이가 내 자식이라면 어떨까?" 공감능력을 활용하면, 지역 전체의 안전을 보장하는 다른 방법을 찾아 나설 가능성이 크다.

이스라엘이 새로운 아이언 돔 방어체계를 보유하고 있는데도 불구하고, 이스라엘에 로켓을 발사하기로 한 하마스 지도자들에게도 이 원리는 똑같이 적용된다. 만약 하마스가 비공감적인 비용·편익 계산을 한다면 (…) 이스라엘에 로켓을 발사하기로 결정할 것이다.

그러나 하마스 지도자들이 스스로 이렇게 자문한다고 가정해보자. "내가 사이렌이 울리는 밤에 잠을 자려고 애쓰는 이스라엘 어린이라면 어떨까?" "피난소로 달음박질하는 나이 든 이스라엘 여성이 내 어머니라면 어떨까?" 그들이 이런 생각을 했다면, 아마도 불의와 불평등에 항의하는 다른 방법을 찾아 나섰을 것이다.[17]

일리가 있는 얘기다. 만약 우리가 적의 입장에 공감했더라면, 그들에게 상처 주지 않도록 공감이 막아섰을 것이다.

그러나 불행히도 공감은 이런 식으로 작동하지 않는다. 어떤 나라가 전쟁에 돌입하려 할 때 무슨 일이 일어나는지 생각해보라. 지도자들이 비용과 편익에 관한 통계적 평가를 바탕으로 이성적인 주장을 펴서 국민들의 지지를 얻던가? 전쟁에 돌입하겠다는 결정이 배런 코언이 불평하는 "비공감적인 비용·편익 계산"에 따른 결정이던가? 이런 냉철한 계산으로 가자 분쟁이나 미국의 이라크 침공을 지지했던 사람들의 심리를 설명할 수 있는가?

그렇지 않다. 적국이 과거에 자기 가족이나 동포나 동맹국에 저지른 범죄를 심각하게 생각하는 경우가 더 일반적이다. 10대 청소년 3명이 살해당했다는 소식을 들은 이스라엘 사람들의 반응이 어떻게 가자 공격의 자극제가 되었는지 생각해보라. 또는 하마스와 다른 조직들이 대對 이스라엘 공격에 대한 지지를 이끌어내기 위해 살해당한 팔레스타인 사람들을 어떻게 이용했는지 생각해보라. 만약 여러분이 왜 상대편 어린이들을 죽이느냐고 양측 지지자에게 물으면, 그들은 배런 코언이 우려하는 관료주의적 수치 계산이나 읊어대지 않을 것이다. 그들은 자기가 사랑하는 사람들이 입은 피해에 관한 이야기를 더 많이 할 것이다.

어떤 이들은 그 해결책에 더 공감이 되었다고 주장할 것이다. 이스라엘 사람이라면, 카페에 앉아 있는 이웃들에게만이 아니라 이웃들을 불구로 만든 폭탄을 터트린 자살 폭탄범에게도 공감하면 좋을 것이다. 팔레스타인 사람이라면, 탱크에 깔려 집이 완전히 무너진 자기네 형제자매에게만이 아니라 그 탱크를 몬 군인들에게도 공감하면 좋을 것이다.

멋진 생각이다. 하지만 우리는 공감이 이런 식으로 작동하지 않는다는 사실을 보여주는 증거를 많이 보았다. 사람들에게 자기 자식의 입장에 공감하는 것만큼 적의 입장에도 공감해달라고 부탁하는 것은 사과를 갈구하는 것만큼 개똥도 갈구해달라고 부탁하는 것과 같다. 논리적으로는 가능할지 모르지만, 인간의 마음이 작동하는 방식과는 완전히 동떨어진 이야기다. 어쩌면 자기 가족을 사랑하는 만큼 적들도 사랑할 수 있는 특별한 사람들도 있을지 모른다. 그러나 네타냐후와 하마스 지도자들 같은 세계 지도자들이 이런 식으로 인간 본성을 무시할 수 있는 출중한 사람들일까? 그렇진 않을 것 같다.

게다가 이 경우에도 그렇고 다른 많은 경우에도, 공감은 도덕적 행동을 지도하기에 충분하지 않다. 결국 선을 행하고 싶은 사람들은 적어도 어느 정도는 결과론자가 되어 버린 코언이 비웃는 비용·편익 계산을 해야 한다. 사전 군사 행동으로 히틀러가 강제수용소에서 수백만 명을 살해하는 것을 막을 수 있었다고 가정해보자. 실사 군사 행동으로 무고한 사람들이 죽을 가능성을 배제할 수 없더라도, 나는 군사행동을 하는 것이 도덕적으로 옳다고 믿는다. 만약 배런 코언이 내 의견에 동의한다면, 그도 공감의 한계와 비용·편익 계산의 가치를 인정하는 셈이다.

때로는 옳은 일을 하려면 자국 시민들이 죽는 것을 허용해야 한다. 제2차 세계대전 때 영국군은 에니그마 암호를 해독한 덕분에 독일군이 곧 코번트리를 공격할 것이라는 사실을 사전에 알았다.[18] 그러나 만약 영국군이 독일군의 공격에 대비했다면, 독일군은 영국군이 자기네 암호를 해독했다는 사실을 알게 되었을 것이다. 그래서 처칠 정부는 군사적 이점을 유지하기 위해서 무고한 사람들이 죽게 내버려두는 어려운 선택을 했다. 이 결정으로 영국은 전쟁에서 승리할 기회를 얻었고, 무고한 목숨을 훨씬 더 많이 살릴 수 있었다.

공감이 폭력을 자극할 수 있다는 생각은 오래되었으며 애덤 스미스도 이 문제를 신중하게 살폈다. "어떤 사람이 다른 사람에게 억압당하거나 해를 입는 모습을 목격할 때, 피해자의 고통에 공감하는 감정은 피해자가 가해자에게 품는 원한에 동류의식을 갖도록 촉발할 뿐이다. 우리는 피해자인 그가 상대방을 공격하는 모습을 보고 즐거워하고, 그가 자기방어를 하거나 정도를 벗어나지 않는 범위에서 복수하려고 하면 기꺼이, 그리고 열렬히 도우려 한다."[19]

다른 사람이 여러분에게 상해를 입히는 모습을 보면, 나는 여러분의 분하고 억울한 마음을 느낀다. 그리고 이것은 여러분의 목적에 동참하도록 나를 부추긴다. 이런 식으로 가해자를 해치고 싶어 하는 마음이 온전히 옳다고 하기는 어렵다. 나는 고양이를 고문하는 사람은 벌을 받아야 한다고 생각하지만, 고양이가 그것을 원한다고 믿기 때문에 그렇게 생각하는 것은 아니다. 이 상황에서 "피해자가 원하는 게 무엇인가?"라고 묻는 것은 적절하지 않다. "나나 내가 관심을 쏟는 사람이 피해자 입장이라면, 나는 무엇을 원할까?"라고 물어야 한다. 애덤 스미스는 피해자와 관련하여 이 부분을 명확히 했다. "우리 자신을 그가 처한 상황에 놓고 (…) 우리가 그의 육체로 들어가 (…) 그의 입장을 이런 식으로 가슴으로 느낀다. (…)"

미국 남부에서 흑인들이 당한 폭력이나 유럽에서 발생한 홀로코스트 같은 잔학 행위들을 생각할 때, 학자들은 일반적으로 증오와 인종차별 사상과 비인간화를 생각한다. 옳은 일이다. 그러나 공감 또한 일정한 역할을 한다. 물론 흑인들에게 폭력을 행사하거나 유대인을 가스실에 집어넣은 사람들에 대한 공감이 아니라 증오 단체에 속한 무고한 희생자, 즉 흑인 남성에게 강간당한 백인 여성이나 유대인 소아성애자에게 착취당한 독일 아이들에 관한 이야기가 불러일으킨 공감 말이다.

현대의 이민자 혐오 발언에 대해서도 생각해보자. 2015년에 선거운동을 할 때 도널드 트럼프Donald Trump는 케이트 이야기를 즐겨 했다. 그녀의 이름은 케이트 스타인리Kate Steinle였지만, 트럼프는 성을 떼고 그냥 케이트로 불렀다. 케이트는 샌프란시스코에서 불법체류자에게 살해당했다. 트럼프는 멕시코인 살인자에 관한 이야기가 생생하게 전달되도록 청중들이 케이트를 친근하게 느꼈으면 했다. 이와 유사하게 앤 코울터Ann Coulter가 최근에 발표한 《아디오스, 아메리카Adios, America》에는 이민자들의 범죄, 특히 강간과 아동 강간의 세밀한 묘사가 많이 나온다.[20] 이 책에는 "졸업생 대표로 뽑힌 히스패닉 학생의 소식은 보도하면서 아동 강간범 소식은 왜 보도하지 않는가?" 같은 장 제목과 "마약 때문에 친구를 잃었나? 멕시코인에게 감사하라" 같은 단락 제목이 달려 있다. 트럼프와 코울터는 이런 이야기를 이용해서 무고한 피해자들을 향한 감정을 부추기고, 이런 무고한 사람들을 착취한다고들 말하는 이민자들에 반대하는 정책을 지지하도록 유도한다.

폭력적인 충돌이 발생하는 원인은 여러 가지다. 그중에서도 희생자의 고통에 대한 공감이 나머지 원인들보다 중요하다고 주장하지는 않을 것이다. 그러나 공감의 역할도 무시할 수 없다. 히틀러가 폴란드를 침공했을 때, 히틀러를 지지한 독일인들은 폴란드인들이 독일인을 살해하고 학대했다는 이야기에 분개했다. 미국이 이라크를 침공하려고 준비할 때, 신문과 인터넷은 사담 후세인Saddam Hussein과 그의 아들들이 저지른 학대에 관한 섬뜩한 이야기를 쏟아냈다. 더 최근에는 미국 정부가 화학 무기 사용을 포함하여 하페즈 알아사드Hafez al-Assad와 그의 군인들이 안겨준 공포를 강조함으로써 시리아 공습에 대한 지지를 이끌어냈다. ISIS와 전면전으로 나아가면, 우리는 참수에 관한 영상을 점점 더 많이 보게 될 것이고 그들의 잔학 행위에 관한 이야기에 점점 더 많이 노출될 것이다.

나는 평화주의자가 아니다. 미국이 제2차 세계대전에 참전하기로 결정했을 때처럼, 무고한 사람들의 고통이 군사 개입을 정당화할 수 있다고 믿는다. 그러나 공감은 폭력적인 행동을 옹호하는 쪽으로 저울을 지나치게 기울인다. 공감은 고통당하는 사람들의 복수를 하고 위험에 처한 사람들을 구조하는 것과 같은 전쟁의 유익을 생각하게 한다. 이와 달리 전쟁 비용은 추상적이고 통계적이다. 그리고 그중 많은 금액이 우리가 관심도 없고 그래서 공감할 수도 없는 사람들 몫이다. 일단 전쟁이 궤도에 오르면 고통당하는 사람들, 특히 우리 편 사람들에 대한 공감을 이끌어낼 수 있다. 추상적이어서 와닿지 않던 전쟁 비용이 이제 구체적으로 모습을 드러내기 때문이다. 그러나 그때는 너무 늦었다.

공감이 어떻게 폭력을 유발할 수 있는지에 관한 실험 연구는 많지 않지만, 심리학자 안네크 뷔퐁Anneke Buffone과 미카엘 풀랭Michael Poulin이 이 주제를 직접적으로 다루는 도발적인 연구를 진행했다.[21] 그들은 피험자들에게 작년에 가까운 사람이 겪었던 신체적·정신적 학대에 관해 이야기해달라고 요청했다. 그리고 피험자들에게 그 피해자에게 얼마만큼 애착을 느꼈는지 묻고, 이어서 피해자를 학대한 사람에게 공격적으로 대응했는지 물었다. 예상대로 피해자에게 애착이 강할수록 피험자들은 가해자에게 더 공격적으로 대응했다. 공감과 폭력의 연관성이 일관되게 나타났다.

그러나 저자들도 인정하듯이, 이 실험 결과는 여러 가지 해석이 가능하다. 가해자를 공격하도록 피험자들을 자극한 것은 공감이 아닐 수 있다. 공감은커녕 연민이나 친절 때문도 아니고 단순히 피해자와의 친근한 관계 때문일 수 있다. 그래서 연구진은 이 부분을 좀 더 들여다보기 위해서 두 번째 실험을 진행했다.

연구진은 피험자들에게 실험실에 있는 다른 방에서 지금 두 학생이 20달러의 상금을 놓고 수학 문제 풀기 시합을 하고 있다고 말했다. 이 학생들은 피험자들과는 일면식도 없는 타인이었다. 그 후 피험자들은 두 학생 중 하나가 썼다는 글을 읽었다. 그녀는 그 글에서 자신이 겪고 있는 경제적 문제를 언급했다. 차도 바꿔야 하고 등록금도 내야 하는 상황이었다. 그다음에 연구진은 피험자들에게 "여러분은 지금 통증이 성적에 미치는 영향을 탐구하는 실험에 참여하고 있는 겁니다"라고 말했다. 그리고 경제적으로 어려운 학생과 경쟁 중인 다른 학생에게 투여할 핫소스 양을 선택함으로써 두 학생이 관리해야 할 통증의 정도를 피험자들이 임의로 선택해야 한다고 설명했다.

이 실험의 속임수는 그 학생이 썼다는 글이 어떻게 끝나느냐에 있었다. 우리가 앞에서 살펴본 뱃슨의 연구에서처럼, 일부 피험자들은 공감을 불러일으키기 위해 작성된 구절을 읽었고("이렇게 돈에 쪼들린 적이 없어서 정말 무섭다") 나머지 피험자들은 공감을 유도하지 않는 구절을 읽었다("이렇게 돈에 쪼들린 적이 없지만, 크게 개의치 않는다"). 예상대로 글을 썼다는 학생이 괴로움을 토로할 때 경쟁자에게 더 많은 양의 핫소스가 할당되었다. 이 경쟁자가 잘못한 건 아무것도 없다는 사실을 기억해야 한다. 글을 썼다는 학생이 느끼는 돈에 대한 불안과 그녀의 경쟁자는 아무 상관이 없었다.

흥미롭게도 뷔퐁과 풀랭은 이 연구를 통해 연민, 조력, 공감과 관련이 있는 호르몬인 바소프레신과 옥시토신에 더 예민한 유전자를 가진 피험자들에게서 공감과 공격의 연관성이 더 강하다는 사실을 알아냈

공감의 배신

다. 단순히 특정 시나리오가 공감을 이끌어내고 공격을 유발하는 것이 아니었다. 이런 식의 자극에 더 취약한 사람들이 따로 있었다.

나는 예일대 대학원생 닉 스타그나로Nick Stagnaro와 공동으로 진행한 일련의 연구에서 비슷한 결과를 얻었다. 우리는 피험자들에게 끔찍한 사건에 관한 이야기를 들려주었다.22 중동에서 저널리스트가 납치된 사건과 미국에서 발생한 아동 학대 사건이었다. 그런 다음 우리는 피험자들에게 그 고통에 책임이 있는 사람들에게 어떻게 대응하는 것이 가장 좋을지 물었다. 중동에서 발생한 납치 사건과 관련해서는 어떤 조치도 취하지 않는 것부터 공개적으로 비판 성명을 내는 것, 무력 침략까지 일련의 정치적 선택지를 제시했다. 미국 내에서 벌어진 아동 학대 사건과 관련해서는 보석금을 올리는 것부터 사형 선고까지 학대범에 대한 처벌을 강화하는 것에 관해 물었다.

그런 다음 우리는 사람들에게 배런 코언이 개발한 공감 척도를 활용해 피험자들의 공감능력을 검사했다. 앞에서 언급했듯이 이 공감 척도에는 문제점이 있지만, 그래도 사람들의 공감지수가 어느 정도인지 대략적인 근사치를 알려준다. 뷔퐁과 풀랭이 진행한 유전학 연구와 마찬가지로, 우리는 공감능력이 높을수록 더 가혹한 처벌을 원한다는 사실을 알아냈다.

나쁜 행동을 살펴봤으니 이제 나쁜 사람들에 관해 살펴보자. 도덕화 간극 이론은 옳은 일을 하고 싶고 도덕적인 사람이고 싶은 욕망에 이끌리는 사람들이 왕왕 끔찍한 행동을 저지른다고 주장한다. 그러나 분명한 것은 도덕에 지나치게 관심이 없고, 타인의 고통에 무심하고, 자신의 목표를 추구하느라 남을 생각할 줄 모르는 사람들이 끔찍한 행동을 저지르는 경우가 훨씬 많다. 그들은 타인을 가치 있게 여기지 않는다. 심지어 사람들을 괴롭히는 것을 즐기기도 한다. 어쩌면 공감능력이 부족한 것일 수도 있다.

그러나 앞에서 살펴보았듯이, 늘 그런 것은 아니다. 끔찍한 짓을 저지르는 사람들이 삶의 다른 부분에서는 공감과 배려를 잘하는 경우가 많다. 많은 나치당원이 일반 동물에게 애정을 쏟았다.[23] 그래서 채식주의자를 조롱하고 싶어 하는 사람들은 나치도 동물의 권리에 관심을 쏟았다고 비꼬곤 한다. 히틀러는 개를 좋아하고 사냥을 싫어한 것으로 유명하다. 그러나 나치 돌격대 지휘관이었던 헤르만 괴링Hermann Goering에 비하면 이건 아무것도 아니었다. 괴링은 사냥, 말굽 달기, 가재 및 게 삶기를 금지하는 규정을 도입하고, 이 규정을 위반하는 사람은 강제수용소에 보내라고 명령했다! (괴링은 실제로 살아 있는 개구리를 잘라 미끼로 썼다는 이유로 한 낚시꾼을 강제수용소에 보냈다.) 요제프 괴벨스Joseph Goebbels도 빼놓을 수 없다. 그는 이렇게 말했다. "진정한 친구는 결국 개뿐이다. (…) 인간이라는 종족에 대해 알면 알수록 우리 베노를 더 사랑하게 된다."

그러나 다시 말하지만, 일부 나치당원은 정말로 잔학 행위를 즐기는 것처럼 보였다. 홀로코스트 당시에 그들은 열의와 재미를 느끼면서 이런저런 잔학 행위를 저질렀다. 앞에서 말했듯이 사디스트는 흔치 않다. 그러나 그들이 존재하는 건 사실이고, 강제수용소 경비원들 가운데는 사디스트가 유독 많았던 것 같다. 얼핏 보면 이념이나 종교나 정치적 열심 때문에 폭력적 충돌에 휘말리는 것처럼 보이지만, 실제로는 그저 사람들을 고문하고 강간하고 죽이는 것을 즐기는 사람들이 있다.

우리가 무시해서는 안 되는 특별한 집단이 있는데, 공감의 장단점을 이야기할 때 자주 생각나는 집단이다. 이 집단에 속한 사람들이야말로 이 책에 나오는 모든 주장에 대한 완벽한 반박이라고 생각하는 사람이 많을 것이다.

그들은 바로 사이코패스다. 대중문화에서는 사이코패스 또는 소시오패스라는 용어가 소름끼치고 위험한 부류의 사람을 가리키는 데 쓰인다. 사실 이 용어는 모호한 구석이 있다. 어떤 이들은 충동적이고 폭력적인 사람들을 사이코패스로 본다. 그런가 하면 또 어떤 이들은 냉혹하고 자제력을 잃지 않는 사람들을 사이코패스로 본다. 사이코패스는 가끔씩 사회 변두리에서 살아가는 범죄자로 묘사된다. 그러나 많은 CEO와 세계 지도자들이 사이코패스라고 주장하는 사람들도 있다. 제니퍼 스킴Jennifer Skeem과 동료들의 말대로, 과학 문헌에서도 일치된 의견을 찾아보기 어렵다.**24** 때로는 공격적이고 화난 감정으로, 때로는 둔하고 피상적인 감정으로 사이코패스를 묘사한다. 사이코패스는 무모하고 충동적인 사람처럼 보이기도 하지만, 뛰어난 두뇌로 일을 계획하고 지휘하는 주동자처럼 보이기도 한다. 사이코패스들이 엄청난 성공을 거머쥔다고 말하곤 하지만, 아직은 교도소나 정신병원에 있는 사람들을 관찰하는 연구가 많다.

그러면 사이코패스라는 건 무슨 의미일까? 캐나다 심리학자 로버트 헤어Robert Hare가 개발한 '사이코패시 체크리스트'라는 것이 있다. 이 체크리스트는 양형, 가석방, 그 밖의 중요한 문제를 결정하는 데

흔히 사용된다. 이 체크리스트를 조금 변형시킨 형태도 있다. 여기에
는 보통 기기나 교서가 포함되고, 굳이 전문적인 훈련을 받지 않아도
활용이 가능하다. 학부생을 연구하는 내 동료들은 변형된 형태의 체
크리스트를 이용해 성폭력을 대하는 태도나 도덕적 추론 방식 같은
현상들과 학업 점수가 어떤 관련이 있는지를 살펴본다.

　사이코패시 체크리스트를 구성하는 자질은 크게 4개의 범주로 나
뉜다.[25] (1)과대성향, 매력적인 외양, 뛰어난 조종 능력을 기준으로 살
펴보는 대인관계. (2)공감 반응 또는 공감 부족을 확인하는 정서생활.
(3)남에게 기생하고 충동적이고 무책임한 행동을 하는지를 주로 확인
하는 생활양식. (4)전과기록을 포함하여 못된 행동을 하는 성향이 있
는지 확인하는 반사회성. 여기에 섹스 및 로맨스와 관련된 2개 항목이
추가된다.

요인 1 대인관계와 정서생활 관련 척도		요인 2 반사회성 척도	
양상 1 대인관계	양상 2 정서생활	양상 3 생활양식	양상 4 반사회성
-말을 잘함/외모가 매력 적임 -자신을 대단히 중요한 사람으로 생각함 -병적인 거짓말 -교활함/남을 잘 조종함	-후회나 죄책감이 없음 -감정이 얕음 -냉담함/공감능력 결핍 -자기 행동에 책임을 느끼지 못함	-자극 추구/쉽게 지루해 함 -기생적인 생활양식 -장기적·현실적 목표 부재 -충동적임 -무책임함	-행동 통제력 낮음 -아동기 문제 행동 -청소년기 비행 -조건부 가석방 취소 -다양한 범죄력

이 요인 구조에는 2개 항목, 즉 '문란한 성생활'과 '여러 번의 짧은 혼인관계'가 빠져 있다.
출처: R. D. Hare, Manual for the Revised Psychopathy Checklist, 2nd ed. (Toronto: Multi-Health Systems, 2003).

이 체크리스트가 평가하는 거의 모든 자질은 부정적이다('거의'라고 단서를 붙인 이유는 성적으로 문란한 것은 아무 문제가 없다고 항의하는 사람들이 있을 수 있기 때문이다). 이 검사에서 최고점을 받은 사람은 말주변이 좋고, 자신을 대단히 중요한 사람으로 생각하는 과대성향이 있고, 병적으로 거짓말을 잘하고, 남을 잘 조종하고, 후회나 죄책감이 없고, 깊은 감정을 못 느낄 것이다. 따라서 이 체크리스트로 나쁜 행동을 일삼는 성향을 가진 사람들을 추려내는 데 성공했다는 주장은 일리가 있다. 만약 내가 장거리 버스를 이용한다면, 사이코패시 체크리스트에서 최고점을 받은 사람이 옆자리에 앉는 것을 피하기 위해 꽤 많은 웃돈을 지불할 의향이 있다.

그러나 사이코패스라는 특정 유형의 사람이 있는지는 확실치 않다. 사이코패시 체크리스트에서 높은 점수를 받은 이들이 정말로 나쁜 사람일 수는 있다. 그러나 그 이유는 이 항목들이 특정 증후군이나 질병을 가려내기 때문이 아니라 단순히 나쁜 성격 특성을 가려내기 때문이다. 사이코패스인 사람과 사이코패스가 아닌 사람을 구분하는 객관적인 구분점이 없다는 사실도 명심해야 한다. 다양한 연구진이 해당 연구에 따라 다양한 구분점을 사용한다. 그래서 어떤 성격 특성을 사이코패스에 갖다 붙일지는 각 연구자의 임의적인 결정이다.

한편 체크리스트에 등장하는 성격 특성은 단순히 나쁜 속성을 뒤죽박죽 모아둔 것이 아니다. 여기에는 체계적인 패턴이 있다. 어떤 이들은 사이코패스를 구성하는 세 가지 핵심 요소가 있다고 주장한다. 그것은 바로 탈脫 억제, 대담성, 비열함이다.[26] 마지막 요소는 심리 상태를 표현하는 용어라기에는 지나치게 가벼운 느낌이 있다. 그러나 비열함은 "공감능력 결핍, 타인에 대한 애착이 없고 그런 애착을 가지 없는 것으로 여기는 태도, 반항심, 자극 추구, 잔학 행위를 통한 권한 이양"을 포함하여 유의미한 기질을 잘 담아낸다.2/ 비열함은 사람들이 범죄자들의 사이코패스 기질을 이야기할 때 흔히 생각하는 성격 특성이다.

이 특성은 우리를 공감능력 결핍으로 안내한다. 공감능력 결핍은 비열한 성격의 일부로 간주되고, 헤어의 체크리스트에 나오는 항목 가운데 하나이기 때문이다. '냉담함/공감능력 결핍' 말이다. 반사회적 인격장애를 치료하는 유명한 치료법들은 사이코패스들에게 나타나는 가장 핵심적인 결핍이 공감능력 결핍이라고 본다. 여기에서 다시 인지적 공감과 정서적 공감을 구분하는 것이 중요하다. 인지적 공감을 완벽하게 해내는 사이코패스들이 많기 때문이다. 그들은 타인의 마음을 읽는 데 능숙하다. 그들이 사기를 잘 치고 이성을 잘 유혹하고 사람들을 잘 조종할 수 있는 것은 인지적 공감능력이 뛰어나기 때문이다. "사이코패스는 공감능력이 부족하다"라고 말할 때, 사람들이 말하는 건 정서적 공감능력이다. 사이코패스는 타인의 고통을 봐도 고통스러워하지 않는다.

그래서 사이코패스의 기저가 되는, 다시 말해 사이코패스를 사이코패스이게 하는 핵심 결핍이 바로 공감능력 결핍일까? 글쎄, 이 질문에는 의구심이 든다. 그럴 만한 이유가 있다.

우선 프린츠가 지적한 것처럼 사이코패스들은 '특정한' 공감능력 결핍에 걸린 것이 아니다.28 그보다는 모든 감정에 둔감하다고 할 수 있다. 사이코패시 체크리스트 항목에도 '얕은 감정'이 포함되고, 1941년에 허비 클렉클리Hervey Cleckley가 사이코패스에 대한 최초의 임상적 설명을 제시한 책에도 이 항목이 언급된다. "짜증, 앙심, 짧고 불안정하게 스치는 의사擬似 애착, 신경질적인 화, 피상적인 자기연민, 유치한 허영심, 터무니없고 허세 가득한 분개. 그의 감정에는 이 모든 것이 담겨 있다. 그러나 성숙하고 진심어린 분노, 진실하고 일관된 분개, 정직하고 철저한 슬픔, 지속적인 자부심, 깊은 환희, 진정한 절망은 그에게서 찾아보기 어려운 반응이다."[29]

프린츠는 사이코패스의 이런 못된 심보가 과연 공감능력과 특별한 관련이 있는 것인지, 전체적으로 제한된 정서생활과 관련이 있거나 거기에서 비롯된 것은 아닌지 의문을 제기한다. 스킴과 그녀의 동료들은 또 다른 우려를 제기한다.[30] 그들은 '냉담함/공감능력 결핍' 항목과 '얇은 감정' 항목에서 모두 높은 점수를 받았다고 해서 앞으로 폭력을 행사하고 범죄를 저지를 것으로 예측하기는 어렵다고 말한다. 사이코패시 체크리스트로 미래의 나쁜 행동을 예측할 수는 있다. 이 체크리스트가 공감능력이나 공감과 관련된 감정들을 평가하기 때문이 아니다. 그 이유는 첫째, 이 체크리스트에 범죄경력과 현재의 반사회적 행동을 평가하는 항목(청소년기 비행, 다양한 범죄력, 기생적인 생활양식)이 들어 있기 때문이고, 둘째, 억제력 결핍이나 충동 조절 능력 부족과 관계가 있는 항목이 들어 있기 때문이다.

사이코패스에 관한 이런 결론은 우리가 알고 있는 일반 사람들의 공격적인 행동과 잘 맞아떨어진다. 2장에서 살펴보았듯이, 학자들은 메타분석으로 언어적 공격, 신체적 공격, 성적 공격을 포함하여 공격성과 공감의 관계를 조사한 모든 연구 자료를 분석했다.[31] 그 결과 이 둘의 연관성이 놀라우리만큼 낮은 것으로 밝혀졌다.

따라서 우리는 사이코패스와 공감능력에 관해 다음과 같이 말할 수 있다. 사이코패스는 공감능력이 낮은 편이다. 그러나 그들이 나쁜 행동을 저지르는 이유가 공감능력이 부족한 탓이라는 증거는 없다.

'낮은 공감능력이 나쁜 사람들을 만든다'라는 이론의 진위를 확인하는 결정적인 방법은 사이코패스와 관련된 다른 문제는 없고 오직 공감능력만 낮은 사람들을 연구하는 것이다. 아스퍼거 증후군과 자폐증이 있는 사람들은 대개 인지적 공감능력이 낮다. 그래서 타인의 마음을 이해하는 데 어려움을 겪는다. 또한 이들이 사이코패스와 마찬가지로 정서적 공감능력이 낮다는 주장도 있다. 그러나 그들이 공감을 못하는 건지 공감을 하지 않기로 선택한 것인지에 대해서는 논란이 있다.[32]

그들은 괴물일까? 그렇지 않다. 배런 코언은 그들에게 착취 및 폭력 성향이 나타나지 않는다고 지적한다. 실제로 그들은 강한 도덕규범을 가지고 있다.[33] 그들은 잔학 행위의 가해자가 아니라 피해자인 경우가 더 많다.

비인간화, 즉 다른 사람들을 인간 이하로 생각하고 대우하는 태도에 관해 살펴보지 않고는 잔학 행위와 폭력에 관한 논의를 마무리할 수 없다. 비인간화는 이 세상에서 자행되는 많은 잔학 행위의 원인이기 때문이다.

이 주제에 관한 가장 흥미로운 생각을 제시한 사람은 데이비드 리빙스턴 스미스다. 그는 심리학적 본질주의의 관점에서 비인간화를 탐구한다.[34] 스미스는 연구를 통해 "사람들은 대개 자기 자신 그리고 자기와 가까운 이들이 특별한 인간의 본질을 소유하고 있다고 생각한다"는 결론을 이끌어냈다. 그러나 모든 사람을 이런 식으로 바라보는 것은 아니다. 우리는 특정 집단의 구성원들을 원시적이고 유치한 존재로, 자신의 본질을 온전히 깨닫지 못한 존재로 간주하기도 한다. 우리는 그들을 인간이 아닌 존재, 즉 어떤 대상이나 물건으로 간주하고 그들의 본질을 완전히 부정할 수도 있다. 최악의 경우에, 우리는 그들에게 인간의 본질이 있다는 사실을 부정하고 그들에게 인간 이하의 본질을 부여함으로써 개나 쥐와 비슷하게 생각할 수도 있다.

많은 나치당원이 유대인을 생각하던 방식, 유럽 식민지 개척자들이 아메리카 대륙에 사는 토착민을 생각하던 방식, 미국 남부에 살던 노예 주인들의 태도에서 비인간화를 찾아볼 수 있다. 많은 사례가 있지만 딱 하나만 예로 들어보겠다. 선교사 모건 고드윈Morgan Godwin에 따르면 노예 주인들은 노예에게 인간의 속성이 없다고 생각했다. 고드윈은 노예 주인들에게 이런 말을 들었다. "저 깜둥이들은 겉보기에 인간 남자들과 닮은 데가 있지만 사실은 인간이 아니다." 그들은 "영혼이 결여된 피조물로서 이성이 없는 짐승에 속한다. 따라서 그에 맞게 대우해야 한다."**35**

단지 말만 그렇게 하는 것이 아니다. 그런 사람들을 대하는 방식에도 이런 식의 비인간화가 반영된다. 유럽 역사에서 많은 기간 동안, 심지어 20세기에도 인간 '동물원'이 있었다. 동물원을 찾은 유럽인들은 우리에 갇힌 아프리카인들을 멍하니 바라보았다. 비인간화라는 악행은 유럽 사람들에게만 해당되는 것이 아니다. 인류학자 클로드 레비 스트로스Claude Levi-Strauss의 말대로다. 많은 인간 집단에게 "인류는 종족, 언어 집단, 심지어 때로는 마을의 경계 안에만 존재한다. 그래서 자기 집단은 인간이라 부르지만, 다른 집단은 '저속한 원숭이'나 '기생충 알'과 같은 존재로 간주한다.[36]

현대에도 이런 예를 쉽게 찾아볼 수 있다. 인종차별이 심한 웹사이트에서는 흑인, 유대인, 무슬림, 그 밖에 멸시받는 집단 구성원들을 놓고 마치 그들이 인간이 아닌 동물인 것처럼, 깊이 있는 감정과 높은 지능을 갖추지 못한 존재인 것처럼 이야기한다. 여러 실험을 통해 밝혀진 바에 따르면, 사람들은 생소하거나 적대적인 집단의 구성원들을 질투나 후회와 같은 인간 특유의 감정이 없는 존재로 간주하는 경향이 있다.[37] 우리는 그들을 야만인과 같은 존재로 간주하고, 그나마 잘 봐주면 어린애로 취급한다.

지금 우리는 민족과 인종에 초점을 맞추고 있지만, 성性의 영역에서도 비인간화와 관련된 일들이 일어난다. 앤드리아 드워킨Andrea Dworkin, 캐서린 맥키넌Catharine MacKinnon, 누스바움 같은 페미니스트 학자들은 '대상화'라는 개념을 탐구해왔다. 대상화를 일삼는 주체(일반적으로 남성)는 성적 욕망의 대상(일반적으로 여성)을 인간 이하의 존재로 생각한다.[38] 통찰력 있는 논고에서 누스바움은 대상화가 다음과 같은 것을 암시한다고 말했다. "자율성과 자결권이 없다고 보는 (⋯) 자율성 부정. 주체성과 활력이 없어 (⋯) 자력으로 활동할 수 없음. 상대의 경험과 감정을 고려할 필요가 없다고 보는 (⋯) 주관성 부정."[39]

그러나 내 분석은 이와 미묘하게 다르다. 나는 여성을 대하는 특정 태도가 데이비드 리빙스턴 스미스가 인종의 영역에서 이야기한 것과 동일한 태도를 반영한다고 생각한다. 우리가 흔히 목격하는 것은 대

공감의 배신

상화가 아니라 비인간화다.[40]

대상화에 대한 비판적 논의의 초점이 되는 포르노그래피에서 여성을 어떻게 묘사하는지 생각해보라. 포르노그래피 속 여성들이 활기 없고 교환이 가능한 대상이자 주체성과 주관적 경험이 없는 대상으로 묘사된다는 말은 사실이 아니다. 오히려 포르노그래피 속 여성들은 흥분해서 시키는 대로 하는 존재로 묘사된다. 적어도 몇몇 포르노그래피에서는 우리가 흔히 사람들과 연결 지어 생각하는 지적이고 정서적인 속성을 결여한, 순수하게 성적인 존재로 여성을 묘사한다. 포르노그래피 속 여성 묘사와 관련하여 우리를 걱정시키는 진짜 도덕적인 문제는 여성들이 성적 대상으로 간주된다는 점이 아니다. 여성들이 인간보다 못한 존재로, 어리석고 순종적인 노예와 비슷한 존재로 묘사되는 것이 진짜 문제다. 이는 데이비드 리빙스턴 스미스가 거론한 사례들과 유사하다.

비인간화는 변명의 여지가 없다. 흑인이나 유대인이나 여성에게 주체성, 자결권, 풍부한 감정생활과 같이 결정적인 인간의 자질이 결여되어 있다고 생각하는 것은 명백한 잘못이다. 그리고 이런 잘못된 인식은 무관심과 잔학 행위를 자극하거나 그 핑계가 됨으로써 끔찍한 결과를 불러올 수 있다. 일부에서 공감을 그렇게 중요하게 생각하는 이유도 이 때문이다. 공감은 비인간화를 차단하고, 사람들을 있는 그대로 보게 해준다. 그렇다면 이는 공감을 옹호하는 강력한 논거가 될 것이다.

나는 당연히 이 견해를 배척한다. 나는 사람을 사람으로 대하는 데 공감이 꼭 필요하다고는 생각하지 않는다. 공감은 비인간화를 방지하는 데 본질적인 측면이 아니다.

우선 비인간화가 아니라도 사람들은 잔인해질 수 있다는 점에 주목하라. 사실 어떤 의미에서 보면, 최악의 잔학 행위는 상대방을 비인간화하는 데 매달리지 않는다. 이를 확인하려면 데이비드 리빙스턴 스미스가 쓴《인간 이하Less Than Human》라는 책의 1장을 보면 된다. 1장의 첫 문장은 다음과 같이 시작된다. "이리 와라 개들아. 칸유니스의 개들, 다 어디 있어? 개새끼! 창녀의 자식!"4I

이스라엘 지프차에 장착된 확성기에서 나오는 조롱에 찬 소리였다. 확성기는 팔레스타인 측의 칸유니스 난민 캠프를 향하고 있었다. 스미스는 이것을 갈등 관계에 있는 사람들이 자신의 적을 어떻게 인간이 아닌 동물로 묘사하는지를 보여주는 사례로 제시했다. 팔레스타인 사람들은 문자 그대로 개로 묘사된다. 그러나 이스라엘 사람들이 실제로 그들이 개라고 생각했다면, 이 조롱은 이상한 행농이 된다. 그렇다면 진짜 요점은 뭘까? 지프에 탄 군인들이 대화를 나누다가 자기네 적을 무심코 개로 묘사했다면, 그것은 순수한 비인간화일 수 있다. 그러나 적을 조롱하기 위해 이런 묘사를 사용한다면, 거기에는 정반대의 의미가 담겨 있다. 그들은 자기네 적이 사람이라고 믿는다. 개라고 조롱한 것은 그들을 모욕하고 싶어서다.

철학자 케이트 맨Kate Manne은 미주리주 퍼거슨에서 발생한 경찰 총격 사건의 여파와 관련하여 비슷한 주장을 폈다. 경찰들은 총격 사건에 항의하는 시위대를 향해 이렇게 소리쳤다. "덤벼, 망할 놈의 짐승들아, 덤벼!" 맨은 경찰들의 발언이 시위대를 인간으로 인정하지 않는 것이라고 보면 안 된다고 보았다. 그것은 어디까지나 "비방이자 함성"

공감의 배신

이며 "인간으로 인정받고 싶은 인간 특유의 욕구를 이용해 상대에게 굴욕감을 주려는 모욕 행위"라고 했다.**42**

맨은 쾀 앤서니 애피아Kwame Anthony Appiah의 말을 인용한다. 다른 사람들을 비인간화한다고 비난받는 자들이 "상대를 모욕하고 낙인찍고 욕을 퍼붓고 고문하는 행동에는 피해자가 인간이라는 인식이 담겨 있다."**43** 홀로코스트를 포함하여 이제까지 유대인이 받아온 대우를 보면 이를 확인할 수 있다. 대량 학살 때 벌어진 많은 사건에는 유대인을 인간 이하로 여기는 사고가 깔려 있었다. 하지만 그 전에 있었던 행동들은 자기들이 괴롭히는 대상이 자기와 같은 인간임을 인정하기 때문에 나온 행동이었다. 우크라이나에서 유대인을 상대로 벌였던 다양한 비하와 모욕, 그리고 그런 행위에 참여했던 사람들이 느꼈던 기쁨이 대표적인 예다. 애초에 그들에게 인간의 존엄성이 없다고 생각한다면, 그들을 비하하는 즐거움은 대체 어디에서 나오겠는가?

성의 영역에서도 동일한 일이 일어난다. 여기서도 진정한 비인간화가 있을 수 있다. 성차별에는 여성은 완전히 발달한 인간이 아니라는 진지한 믿음이 깔려 있는 경우가 많다. 여성에게 성욕을 느끼거나 여성의 얼굴은 보지 않고 몸만 쳐다볼 때, 남성은 여성을 주체적이지 않은 존재이자 자율성과 의지가 없는 존재, 완전한 인간이 아닌 존재로 생각하는 경향이 있음을 보여주는 연구도 꽤 많은 편이다(내가 동료들과 함께 진행했던 연구도 그중 하나다).**44** 그러나 전체가 그렇다는 이야기는 아니다. 상대가 자기와 같은 인간임을 완전히 인식한 상태에서 상대를 비하하고 모욕하려는 욕망으로 강간이나 성희롱, 일상적인 성차별을 행하는 경우가 더러 있다. 배런 코언은 공감의 중요성을 다룬 논고에서 이렇게 말했다. "다른 사람을 물건처럼 취급하는 행동은 여러분이 같은 인간에게 할 수 있는 최악의 행동에 속한다."[45] 나도 동의한다. 그러나 앞에서 기술한 사례들을 감안하면 그게 최악이라고는 생각하지 않는다.

나는 데이비드 리빙스턴 스미스의 비인간화 분석에 대한 대안으로 이 점을 지적했다. 그러자 스미스는 이런 식의 치욕스러운 대우가 비인간화를 반영하는 것은 아니라도 비인간화하려는 의도를 반영하는 것일 수 있다고 지적했다. 본래 모습을 보이는 지점까지 상대를 끌어내려서 그들 스스로 자신을 인간 이하의 존재로 인식하게 하고픈 욕망이 반영된 것일 수 있다는 말이다.[46] 그러므로 사람들을 '개'나 '짐승'이라고 부르는 것은 단순한 모욕의 차원을 넘어서는 행위다. 이것은 못생겼다거나 멍청하다고 말하는 것과는 다르다. 사람들의 자기인식을 바꾸려는 시도이기 때문이다.

데이비드 리빙스턴 스미스의 분석을 뒷받침하는 사례는 더 있다. 유대인을 기차에 태워 강제수용소로 이송하던 나치당원들이 어떻게 수감자들이 화장실을 이용하지 못하게 막았는지 생각해보라. 그런 행동을 단순히 잔인한 일로 생각하는 이도 있을 것이다. 그러나 아우슈비츠 생존자로서의 경험을 쓴 프리모 레비Primo Levi는 이런 행동이 어떻게 비인간화를 부추기는지 설명한다. "역 승강장이든 선로 중간이든 용변을 볼 수 있는 곳이면 어디에나 쭈그리고 앉아 있는 남자와 여자들을 보면서 나치 친위대는 대놓고 낄낄거렸다. 독일인 승객들도 노골적으로 역겨움을 드러냈다. 저런 사람들은 강제수용소에 끌려가도 싸지. 저들이 하는 꼴 좀 봐. 저들은 고결한 사람이 아니야. 인간이 아

공감의 배신

니라 짐승이지. 이건 명명백백한 사실이야."**47**

공감 결핍은 비인간화를 부추기는 또 다른 힘일까? 나는 그렇게 생각하지 않는다. 누군가의 인간다운 특성을 적극적으로 부정하는 것(비인간화)과 이런 특성에 대해 생각하지 않는 대신 그 사람의 다른 측면에 초점을 맞추는 것은 크게 다르다. 전자는 끔찍한 행동이지만 후자는 그렇지 않다.

이 부분을 상세히 살펴보기 위해 몇 가지 예를 생각해보자. 한 쌍의 커플이 침대에 누워 있고, 여자는 파트너의 배를 베개 삼아 베고 있다.**48** 군중 속에서 한 남자가 햇빛을 피하려고 누군가의 뒤로 걸음을 옮긴다. 집주인이 여러 사람에게 저녁을 대접하려 한다. 음식은 얼마나 주문해야 할지, 테이블이 너무 작은데 의자는 어떻게 배치해야 할지 알아야 한다. 이런 일은 사람들의 생각과 감정을 고려하지 않고, 물건을 생각하는 방식과 똑같은 방식으로 사람들을 생각해도 다 해낼 수 있다. 그럼에도 이들 중 어떤 행동도 비도덕적이지 않다.

마찬가지로 나는 공감이 끼어들지 않아야 공정하고 도덕적이고 궁극적으로 유익한 정책이 고안될 수 있다고 이 책 전반에 걸쳐 주장해왔다. 우리는 피해자의 고통에 대한 공감을 통해서가 아니라, 합리적이고 공정한 분석을 바탕으로 무엇이 적절한 처벌인지를 결정해야 한다. 우리가 주는 돈이 더 큰 고통으로 이어진다고 믿는다면, 인도에서 구걸하는 어린이에게 돈을 주는 행위를 삼가야 한다. 이것은 고통이 존재한다는 사실을 부인하는 행동이 전혀 아니고, 우리가 걱정하는 의미의 비인간화도 전혀 아니다. 선한 결과를 얻기 위해서는 어떤 것에 초점을 맞추는 것이 더 낫고, 어떤 것에는 초점을 맞추면 안 되는

가에 관한 문제일 뿐이다. 결과가 중요하기 때문에 이것은 잔인한 행동이 아니라 친절한 행동이다.

이제까지 폭력 및 잔학 행위와 공감의 관계가 복잡하게 얽혀 있다는 사실을 살펴보았다. 악행을 저지르는 사람이라고 해서 반드시 공감능력이 낮은 것이 아니고, 악행을 삼가는 사람이라고 해서 반드시 공감능력이 높은 것은 아니다. 우리는 공감이 어떻게 우리를 더 나쁜 사람으로 만들 수 있는지도 살펴보았다. 공감이 나쁜 정책으로 이어질 수도 있고 인간관계를 엉망으로 만들 수도 있다는 의미만은 아니다. 공감은 실제로 야만적인 행동을 자극할 수 있다.

공감을 생각할 때는 분노와 비교하는 것이 유용하다. 이 둘은 공통점이 많다. 둘 다 어린 시절에 나타나는 보편적인 반응이다. 둘 다 사회적이고, 주로 타인에게 맞추어져 있고, 죽은 존재나 생기 없는 경험에 의해 유발되는 두려움이나 역겨움 같은 감정과는 다르다. 무엇보다 옳고 그름에 대한 판단과 관계가 있다는 점에서 둘 다 도덕적이다. 공감은 종종 타인에게 친절한 행동을 하도록 유도할 수 있고(난 이 사람을 도와야 해), 분노는 종종 처벌과 같은 타인의 행동을 자극할 수 있다(난 이 사람을 다치게 해야 해). 그리고 이 둘은 서로 관련이 있을 수 있다. 공감은 분노로 이어질 수 있다. 한 사람을 향한 공감은 그 사람에게 잔인하게 대한 사람들에게 분노하도록 자극할 수 있다.

분노가 없으면 세상이 더 나은 곳이 될 거라고 생각하는 사람들이 있다. 많은 불교도는 화가 개인을 갉아먹고 사회에 해를 끼친다고 생각한다. 그래서 '온전치 못한不善'이라는 단어를 가끔 사용한다. 철학자 오언 플래너건Owen Flanagan은 티베트 불교의 지도자인 달라이 라마를 만났을 때 그에게 중요한 질문을 던졌다.49 '홀로코스트를 멈출 수 있다면, 히틀러를 죽이시겠습니까?' "달라이 라마는 자기 뒤에 앉아 있던 라마승들과 의논했다. 몇 분간 티베트어로 얘기를 속닥인 뒤, 달라이 라마는 우리 일행을 향해 몸을 돌리더니 누군가는 히틀러를 죽여야 한다고 설명했다(화려한 팡파르와 함께 문화 융합 차원에서 일본 사무라이가 나설 수도 있을 것이다). 히틀러를 죽이면 아주 나쁜 업보의 고리가 끊어질 것이다. '네, 그를 죽이세요. 하지만 화내지는 마세요.'"

달라이 라마는 이성적이고 배려심이 있는 사람이 살인을 포함한 폭력 행위에 참여하거나 최소한 지지해야 한다고 인정한다. 그러나 그는 이것을 필요악이자 최후의 수단으로 본다. 폭력을 쓰지 않고도 아주 나쁜 업보의 사슬을 끊을 방법이 있다면 그게 더 나을 것이다. 이것은 화난 사람의 관점이 아니다. 분노는 타인의 고통을 먹고 산다. 화난 사람은 잘못을 저지른 상대가 고통받기를 원한다.

분노는 우리를 비이성적인 사람이 되게 한다. 가해자를 처벌하는 수위가 분노 수위와 일치한다는 연구 결과가 많다. 연구진은 특정 영화를 보여줌으로써 사람들을 화나게 한 다음, 영화에서 본 것과는 무관한 행동에 어떤 처벌을 내리는 것이 적절할지를 물었다. 자기와 화난 이유와 범죄 행동 사이에 아무 관계가 없는 이런 상황에서도 화가 난 피험자들은 더 가혹한 판결을 내렸다.50

꽤 나쁜 이야기처럼 들린다. 분노는 귀중한 적응 형태이며, 사회적이고 협동적인 동물인 인간의 생존에 꼭 필요하다는 점에 많은 진화론자가 동의할 것이다. 걸핏하면 편법을 쓰고 타인을 등쳐먹는 사람들에게 값비싼 대가를 치르게 할 수 있어야 너그럽고 친절한 행동이 진화할 수 있다. 그래서 우리는 못된 행동을 맹렬히 비난하게 되었고 친절과 협동을 성공으로 이끄는 감정들을 발달시켰다. 여기에는 분노도 포함된다. 따라서 분노를 단순한 기계 소음이나 쓸모없고 변덕스러운 감정으로 보는 시각은 잘못된 것이다. 그 반대로 분노는 인간이 베푸는 친절의 토대가 된다.

그러나 이런 진화론적 분석이 옳다 하더라도, 분노가 우리를 엇나가게 하는 것은 사실일 수 있다. 어쩌면 분노가 없어야 우리 상황도 더 좋아질지 모른다.

그렇다면 분노를 옹호하는 입장에서는 어떤 주장을 펼 수 있을까? 다른 사람이 화를 내면 여러분도 화를 내야 할 수 있다는 점도 그중 하나일 것이다. 플래너건은 분노를 드러내는 것이 용인되는 사회에서는 분쟁이나 이견을 해결할 때 화를 내지 않는 사람이 불리할 수 있다면서 이 점을 인정한다.[51]

많은 일이 이런 식으로 진행된다. 일단 합의가 이뤄지면, 설사 그것이 불합리하다 할지라도 발을 빼기가 어렵다. 저녁 초대를 받은 집에 와인을 들고 가는 것은 바보 같은 짓이라는 생각이 들더라도, 사람들이 으레 그렇게 하면 여러분도 거기에 따르게 된다. 경비가 가장 삼엄한 교도소에 수감된다면, 여러분은 동료 수감자들이 휘두르는 극단적인 폭력을 보고 절망 속에서 "이런 쓰레기들!" 하고 한숨을 내쉬겠지만 발을 빼는 건 허용되지 않는다. 시쳇말로 총격전에 칼을 들고 갈 수는 없다.

내가 쓴 글을 예리하게 비평하면서 프린츠는 강한 어조로 분노를

공감의 배신

옹호했다. 나는 공감을 분노에 비유했고, 이 둘이 비슷한 한계가 있다고 말했다. 그러나 프린츠는 내가 너무 성급하게 분노의 도덕적 중요성을 일축한다고 보았다.

의분義憤은 여성 해방 운동과 시민권 운동과 폭정에 항거하는 투쟁의 초석이다. 또한 분노는 중요한 방식으로 공감보다 나은 결과를 낸다. 분노는 강력한 동기로 작용하고, 조작하기 어렵고, 불의가 발견되는 곳 어디에나 쓸 수 있고, 편견을 막아내기 쉽다. 우리는 부당한 대우를 받는 사람들을 위해 싸운다. 그들이 우리와 비슷하기 때문이 아니라, 우리에게 원칙을 지키려는 열정이 있기 때문이다. 격렬한 분노에 올바른 추론이 뒷받침되지 않으면 우리를 엉뚱한 방향으로 몰고 갈 수 있지만, 이 둘이 합쳐지면 감화력이 있는 한 쌍을 이룬다. 이성은 방향타 역할을 하고, 분노는 우리를 앞으로 나아가게 한다. 폴 블룸은 연민을 권장하지만 건강한 분노의 열기는 정의를 위한 투쟁의 연료가 된다.**52**

타당한 지적이다. 내가 갓 태어난 아기의 뇌를 열고 유전자를 조작할 수 있다면, 분노를 완전히 제거하지는 않을 것이다. 플래너건의 말대로, 모두가 분노를 드러내는 세상에서는 분노의 정서적 힘이 아이들과 아이의 주변 사람들을 보호하도록 도와줄 것이다. 그리고 프린츠의 말마따나, 분노는 도덕적 행동을 자극할 수 있다. 다른 이들은 무심히 지나치는 상황에서도 많은 도덕적 영웅들은 분노했고, 그 분노를 자신과 타인에게 동기를 부여하는 원동력으로 사용해왔다.

프린츠는 분노가 사회 변혁의 원동력이 된다고 보지만, 나는 분노의 장점을 그 정도로 낙관하지 않는다. 가장 화나는 문제를 생각할 때 우리는 분노를 긍긍히게 표출하는 것 같지 않다. 우리는 우리 자신과 우리가 사랑하는 사람들을 향한 불의에는 자연스럽게 격분하지만, 우리에게 영향을 미치지 않는 불의에 분노하려면 상당한 노력이 필요하다. 나는 9.11 테러 공격 이후 많은 미국인이 느꼈던 격렬한 분노를 기억한다. 우리에게 영향이 없거나 우리가 연루되지 않은 잔학 행위가 우리에게 영향을 미치는 잔학 행위와 동일한 강도의 분노를 유발하지 않는 것은 분명해 보인다.

그래서 내가 아기의 유전자를 조작한다면, 분노를 집어넣되 너무 많이 집어넣지는 않을 것이다. 그리고 지능과 타인에 대한 관심, 자제력을 넉넉히 집어넣을 것이다. 분노를 완전히 제거하는 것은 경계하겠지만, 반드시 이성적인 숙고를 통해 분노를 수정하고 형성하고 방향을 정하고 무시할 수 있게 할 것이다. 잘하면 분노는 믿을 만하고 쓸모 있는 종이 될 수는 있겠지만, 절대로 주인이 되어서는 안 된다.

이제까지 우리가 공감을 어떻게 바라보아야 하는지 살펴보았다.

CHAPTER 6
이성의
시대'

Against
Empathy

아리스토텔레스는 인간을 이성적인 동물로 정의했지만, '서드 파운더Third Pounder' 이야기는 몰랐다.² 1980년대에 레스토랑 체인 A&W는 맥도날드의 인기 메뉴인 '쿼터 파운더Quarter Pounder'에 대적할 햄버거를 만들고 싶어 했다. 그래서 서드 파운더를 만들었다. 소고기 함량은 더 높고 값은 더 저렴한 서드 파운더는 블라인드 테스트에서도 쿼터 파운더보다 좋은 평가를 받았다. 하지만 이 제품은 실패했다. 포커스 그룹(여론이나 반응을 조사하기 위해 표적 시장에서 추출한 소수의 소비자 그룹̶옮긴이)은 이름이 문제였다는 걸 밝혀냈다. 소비자들은 자기들이 바가지를 썼다고 생각했다. 3분의 1의 '3'은 4분의 1의 '4'보다 작으니까 소고기 1파운드의 '3분의 1'이 1파운드의 '4분의 1'보다 적다고 어림했기 때문이다.

수에 대한 아둔함을 보여주는 이 이야기는 어떤 면에서 이 책의 주제와 잘 어울린다. 나는 우리가 어떤 판단을 내리고 행동의 방향을 정할 때 직감과 감정 반응에 의존하는 경향이 과하다고 주장해왔다. 그런 성향을 수학적 오류와 같은 잘못이라고는 할 수는 없지만 실수인 선 닛다. 그리고 이 실수는 불필요한 고통을 낳는다. 우리 인간은 비이성적인 동물이다.

그럼에도 공감에 대한 내 반론은 합리성을 전제로 한다. 나는 "직감에 의존하는 판단에는 결함이 있다"라고 말하고, 나 스스로 이 말을 믿고 여러분도 이 말을 믿을 것으로 기대한다. 우리가 동일한 결함에 지배받지 않는 정신 능력을 갖추고 있다고 상정하기 때문이다. 즉 우리가 공감과 같은 직감에 영향을 받긴 하지만 직감의 노예는 아니라는 뜻이다. 전쟁에 돌입할지 여부를 결정하기 전에 비용·편익 분석을 거치면서 내 자식에게는 사랑을 느끼고 생판 남에게는 특별한 온정을 전혀 느끼지 않아도 내 자식의 삶이 중요한 만큼 남의 삶도 중요하다는 사실을 인정할 때, 우리는 판단도 행동도 더 잘할 수 있다.

'감정'과 '이성', '직감'과 '신중하고 이성적인 숙고'와 같이 인간 본성에 상반되는 면이 있다는 생각은 가장 오래되었고 또 가장 회복력이 좋은 심리학 이론에 속한다. 플라톤도 이 생각을 지지했고, 지금은 교과서에서 나오는 인지 과정에 대한 설명의 핵심에 이 생각이 자리하고 있다. '뜨거운' 정신 과정과 '차가운' 정신 과정, 다시 말해 직관적인 '시스템 1'과 이성적인 '시스템 2'가 있다고 가정하는 것이다. 카너먼이 쓴 《빠르게 생각하고 천천히 생각하기Thinking, Fast and Slow》(한국어 판 제목: 생각에 관한 생각)라는 책 제목에 이 둘의 대비가 잘 담겨 있다.[3] 그러나 지금은 신중히 생각하는 부분, 즉 '차가운 인지' 또는 시스템 2가 대체로 무력하다고 생각하는 사람이 많다. 신중한 추론의 중요성을 옹호하면, 철학적으로는 순진하고 심리적으로는 단순하고 정치적으로는 수상한 사람 취급을 받는다.

나는 최근 〈뉴욕 타임스〉에 짧은 글을 썼다. 타인의 마음속에서 무슨 일이 벌어지고 있는지 올바로 이해하기가 얼마나 어려운지에 관한 연구조사를 정리하고, 우리가 '인지적 공감'에 서툴다고 주장하는 글이었다.4 나는 사람들이 내 주장에 동의하지 않을 것으로 예상했고 실제로 그랬다. 그런데도 마지막 문장에 대한 반응을 보고는 깜짝 놀랐다. 마지막 문장은 이거였다. "우리는 한 걸음 물러나서 생각하고 객관적이고 공정한 도덕성을 발휘하는 능력을 키우는 데 더 주력해야 한다."

나는 이것이 합리적이고 꽤 단조로운 결론이라고 생각했다. 그런데 객관적이고 공정한 도덕성이라는 게 정확히 뭐냐고 경멸하듯 물으며 비평가들이 벌떼같이 달려들었다. 그런 게 과연 존재하긴 하나? 설사 그런 게 있다고 해도, 왜 그게 좋은 결과를 낳을 거라고 예상하는가? 비슷한 맥락에서 한 사회학 교수는 내게 편지를 보내왔다. 그는 내가 이성에 대해 강조하면서 서양 백인 남성의 관점을 드러냈다고 정중하게 말했다. 정확히 이 표현을 사용하진 않았지만, 그가 보낸 편지의 요지는 백인 남성으로서 내가 누리는 특권을 점검해봐야 한다는 것이었다.

이런 반응에 나는 어안이 벙벙했다. 우리가 갖춰야 할 도덕성의 정확한 유형에 관해서는 의견이 분분하다. 도덕철학은 어렵다. 그러나 나는 객관적이고 공정한 도덕성이 뭔지는 자명하다고 생각한다. 주관적이고 편파적인 도덕성을 선호할 사람이 누가 있을까?

공감 옹호자가 "공감은 정말로 공정하고 객관적일 수 있다"거나,

"공감은 공정하고 객관적인 도덕성에 꼭 필요한 부분"이라거나, "적어도 공심은 공정하고 객관적인 도덕성과 양립할 수 없는 게 아니"라고 주장하는 건 충분히 받아들일 수 있다. 즉 누군가는 이 책의 주장이 잘못되었다고 믿고, 현명하고 공정한 결정을 내리고 싶은 사람에게는 공감이 전반적으로 좋다고 주장할 수 있다. 또 개인적인 맥락에서는 약간의 편파성이 이해가 된다고 생각할 수도 있다. 내 자식과 생판 모르는 남이 물에 빠졌고 딱 1명만 구할 수 있다면, 나는 내 자식을 구할 것이고 그게 잘못된 선택이라고 생각하지 않을 것이다. 적어도 어떤 시기에는 공감이나 다른 심리적 과정의 편파성이 도덕적으로 적절할 수 있다. 이런 우려는 진지하게 받아들일 가치가 있다. 그래서 나는 이 책 전반에서 이런 우려에 답하려고 노력했다.

그러나 공공정책을 편파적이고 주관적인 태도로 입안해야 한다는 주장은 진지하게 받아들이기 어렵다(말하자면 백인 정치인이 흑인보다 백인에게 유리한 법을 만드는 것은 옳다는 식의 주장은 받아들일 수 없다). 내게 편지를 보낸 사회학 교수가 내비친 생각, 즉 서양 백인 남성이 특히 합리성을 추구한다는 발상은 극단적인 포스트모던 이데올로기가 편견이 아주 심한 사람이 술집에서 지껄이는 가장 퇴행적인 견해와 우연히 만난 것이나 다름없다. 실제로 남성이 아니고 백인이 아닌 사람들이 이성에 특별한 문제가 있다고 믿을 만한 하등의 이유가 없다. 또한 공감을 무시해야 하는 이유와 관련하여 불교신학이 제시한 아주 명쾌한 통찰을 감안하면, 굳이 '서양 사람이 합리성을 추구한다고 볼 이유도 없다.

내 글에 대한 비평 중에서 더 주목해야 할 비평은 따로 있었다. 추론의 미덕과는 상관없이, 우리가 추론에 서툴다는 우려다. 심리학 개론 수업을 받는 학부생은 첫 수업 때 인간을 합리적이고 이성적인 동물로 규정한 아리스토텔레스의 정의는 완전히 잘못되었다는 말을 들을 가능성이 있다. 오히려 우리는 직관의 동물이자 감정의 동물이고 직감의 동물이다. 시스템 1이 압도적으로 우세하고 시스템 2는 한참 뒤진 2위다. 이것을 신경과학이 이미 증명했다고들 말한다. 신경과학은 감정에 관여하는 뇌 부위가 우세하다는 사실을 밝혀냈다. 인지심리학과 사회심리학의 연구 결과도 이를 뒷받침한다. 현대 심리학자들은 프로이트를 창피하게 생각하지만, 무의식의 중요성에 관해서라면 그들도 프로이트의 주장에 동의할 것이다.

나는 우리가 많은 학자들이 생각하는 것만큼 그렇게 어리석지는 않다는 사실을 증명함으로써 이런 유형의 주장에 대응하며 이 책을 끝맺고 싶다. 그런 다음에 누구든 깜짝 놀랄 만한 결말을 좋아하니까, 공감에 대해 좋은 말을 하면서 글을 마칠까 한다.

이성을 가장 먼저 공격한 것은 신경과학이다. 어떤 사람들은 정신생활의 물리적 기반이 인간 본성을 바라보는 이성주의자의 관점과 맞지 않는다고 믿는다.

데카르트의 이원론을 옹호하고자 하는 사람은 참으로 살아가기 힘든 시대다. 데카르트의 이원론이란, 우리의 마음이 물질세계의 작용과 어떤 식으로든 분리되어 있고, 우리의 생각은 우리 뇌에서 일어나는 일이 아니라고 보는 관념이다. 그러나 뇌가 정신생활의 원천이라는 사실을 분명하게 보여주는 신경과학적 증거가 많이 있다. 일반 신경과학에서 나온 증거도 있고, 일반 신경과학에서 파생된 인지신경과학과 성서신경과학, 사회신경과학에서 나온 증거도 있다. 뇌의 특정 영역이 손상되면 도덕 판단이나 의식 경험과 같은 능력이 손상될 수 있다는 사실은 오래전부터 잘 알려져 있다. 그리고 지난 수십 년 동안 우리는 생각을 물리적으로 나타내 보여주는 알록달록하고 예쁜 fMRI 지도를 만드는 기술을 개발했다. 이제 우리는 뇌 영상을 촬영해서 누군가가 무슨 생각을 하고 무슨 꿈을 꾸는지 파악할 수 있는 지점에 가까워지고 있다. 따라서 데카르트의 이원론을 고수하고 싶은 사람은 이 모든 것을 설명하기 위해 더 많이 몸부림쳐야 할 것이다.

어떤 사람들은 생각의 신경학적 근거인 마음을 연구하는 유일한 방법 또는 최선의 방법은 뇌 과정을 들여다보는 것이라고 생각한다. 그러나 이것은 착각이다. 비유를 들자면, 여러분의 위장이 하는 모든 일은 궁극적으로 물리적 상호작용이라는 점을 생각해보라(위장을 놓고 이원론을 주장하는 사람은 아무도 없을 것이다). 그러나 입자물리학의 관점에서 소화불량을 설명하려는 시도는 미친 짓이다. 마찬가지로 자동차는 원자로 이루어져 있지만, 자동차가 어떻게 작동하는지를 이해하려면 엔진, 변속기, 브레이크같이 더 높은 수준의 자동차 구조에 흥미가 있어야 한다. 바로 이런 이유로 물리학자들이 자동차 정비공을 대체하는 일은 일어나지 않을 것이다. 마지막으로 심리학과 좀 더 가까운 비유를 들어보자. 컴퓨터가 어떻게 작동하는지를 가장 잘 이해하려면, 컴퓨터를 구성하는 물리적인 재료들이 아니라 컴퓨터를 실행하는 프로그램을 살펴보아야 한다(또한 최저 수준에 맞춘 설명이 정말 최고의 설명이라면, 신경과학 같은 건 누구도 연구하지 말아야 한다. 결국 '뉴런'이나 '시냅

공감의 배신

스' 같은 범주들은 분자, 원자, 쿼크 등등을 매우 높은 수준에서 설명하는 것과 다르지 않다).

이 이야기는 설사 마음이 곧 뇌라고 할지라도 뇌를 연구하지 않고도 심리학을 연구할 수 있다는 말이다. 말 나온 김에 좀 더 해보자. 비록 뇌가 진화해왔을지라도, 우리는 진화를 연구하지 않고도 심리학을 연구할 수 있다. 그리고 우리가 한때 어린이였을지라도, 우리는 아동 발달을 연구하지 않고도 심리학을 연구할 수 있다. 물론 훌륭한 심리학자라면 뇌, 진화, 발달 등등에 관한 증거를 잘 받아들여야 한다. 그러나 심리학 연구가 이런 것들로 바뀌지는 않는다. 마음을 이해하는 길은 여러 가지다. 특히 심리학자들이 많은 관심을 기울이는 마음이 곧 뇌라는 사실은 중요하지 않다.

여기에 동의하지 않는 사람도 있을 것이다. 정신생활의 신경적 근거를 연구하는 신경과학이 급진적인 결과를 불러올 것이라고 주장하는 과학자들과 철학자들이 있다. 이것은 이성적인 숙고와 자유로운 선택이 착각일 수밖에 없다는 말이다. 샘 해리스가 만든 멋진 표현을 써서 말하자면, 우리 각 사람이 '생화학적 꼭두각시'에 불과하다는 말이다.**5**

신경과학자 데이비드 이글먼David Eagleman은 인상적인 예시를 들면서 이를 지지하는 주장을 펼친다.**6** 이글먼은 2000년에 버지니아에 사는 평범한 남성이 아동 포르노그래피를 수집하고, 사춘기를 앞둔 의붓딸에게 성적인 제안을 했다는 이야기를 들려준다. 그는 재활센터에서 일정 시간 치료를 받으라는 선고를 받았으나 직원들과 환자들에게 음탕하게 접근하는 바람에 재활센터에서도 쫓겨났다. 결국 교도소에 수감될 수밖에 없었다. 그런데 투옥되기 전날 밤, 그는 심한 두통 때문에 병원으로 이송되었고 의사들은 그의 뇌에서 거대한 종양을 발견했다. 종양을 제거한 뒤에는 거짓말처럼 성적 집착이 사라졌다. 몇 개월 후 그는 다시 아동 포르노그래피에 관심을 보였고, 검사 결과 종양이 재발한 것으로 나타났다. 다시 종양을 제거했더니 성에 대한 집착도 다시 사라졌다.

'생화학적 꼭두각시'의 다른 예도 많다. 파킨슨병을 치료하는 알약은 병적인 도박 중독을 야기할 수 있다. 데이트 강간 약물은 기계적인 복종을 유발할 수 있다. 수면제는 미친 듯한 졸음이나 졸음운전을 야기할 수 있다.

이런 사례들이 흥미로워 보이는 이유는 아주 이례적이기 때문이다. 우리는 대체로 우리가 통제할 수 없는 요인들에 영향을 받지 않는다. 여러분이 이 책을 읽을 때, 여러분의 행동은 물리 법칙에 따라 정해진다. 그러나 여러분이 마약을 복용하지 않았다면, 또는 누군가 여러분 머리에 총을 들이대고 위협해서 어쩔 수 없는 상황이 아니라면, 또는 행동을 변화시키는 뇌종양의 영향을 받아 움직이는 것이 아니라면, 이 책을 읽는 행동은 여러분이 선택한 것이다. 여러분에게는 책을 읽기로 선택한 이유가 있고, 여러분이 원하면 독서를 중단할 수도 있다.

이글먼은 이런 구분이 착각일 뿐이라고 주장할 것이다. 뇌종양이 생겨서 성에 집착하던 남자(앞으로는 그를 '종양 남자'라고 부르자)는 별종이 아니며, 행동을 결정하는 요인이 유독 명확한 경우일 뿐이라고 주장할 것이다. 심리학과 신경과학의 밀접한 관계를 좀 더 일반적으로 이야기하면서 이글먼은 이렇게 말한다. "의식의 지배를 받는 당신이

공감의 배신

유전자와 신경체계의 지배를 받는 당신에게 대항해서 얼마나 많은 결정을 내릴지는 분명하지 않다."[7]

나는 여기에 동의하지 않는다. 나는 편집증적 조현병 환자의 폭력 행위와 살인청부업자의 폭력 행위, '종양 남자'의 행동과 좀 더 평범한 성추행범의 행동 사이에는 중대한 차이가 있다고 생각한다.

두 행동이 다르다는 말은 반사적인 행동은 뇌가 수행하는 반면에, 실제적이고 신중한 행동은 조금 다른 방식으로 수행된다는 이야기가 아니다. 이 점에 관해서는 이글먼의 말이 옳다. 모두 뇌가 하는 행동이다. 아주 교양 있는 일부 비평가들도 이 부분을 헷갈려 한다. 예를 들어, 한 학자는 연쇄살인범에 관해 이야기하다가 음악적 비유를 들어 사람이 지휘자고 뇌가 오케스트라라고 생각해보라 한다.[8] 이 관점에서 보면 형편없는 연주는 지휘자나 오케스트라의 잘못, 또는 둘 다의 잘못으로 설명할 수 있다. 따라서 오케스트라가 연주를 망쳤다고 지휘자를 비난하는 것은 공정하지 못하다. 마찬가지로 "악당의 뇌를 검사해서 뇌가 망가진 사실이 드러나면, 뇌 고장은 그가 저지른 용납할 수 없는 행동에 부분적으로 책임이 있을 가능성이 있다." 사람이 아니라 뇌를 비난해라! 심리학자 마이클 가자니가Michael Gazzaniga가 지어낸 변명도 여기에서 나왔다. "내 뇌가 시킨 것이다."[9]

나는 이것이 잘못된 생각이라는 이글먼의 말에 동의한다. 데카르트의 이원론을 신봉하지 않는 한(그러지 않아야 한다), 마음은 곧 뇌다. 자신의 뜻을 이루기 위해 뇌를 이용하는 무형의 지휘자 같은 것은 존재하지 않는다.

나의 구분 방식은 다르다. 나는 '종양 남자'와 같은 사례는 특별한 경우라고 생각한다. 이런 사례들은 의식적인 숙고의 정상적인 신경 메커니즘에서 벗어난 행동을 보이기 때문이다. 이것을 확인하는 방법이 있다. 이런 상태에 있는 사람들이 종양이 제거되거나 약효가 사라져서 정상으로 돌아올 때 그들은 자신의 욕망과 행동이 낯설고 자기 의지를 벗어난 것이라고 느낀다. 따라서 상태가 바뀌고 나면 이들은 당근과 채찍에 덜 민감하게 반응한다. 투옥의 위협마저도 '종양 남자'를 막지 못했다. 성적 행동을 자극하는 마음의 일부가 행동의 장기적 결과를 계산하는 마음의 일부와 분리되었기 때문이다.

문제를 처리하는 정상적인 과정에서는 그런 분리가 일어나지 않는다. 우리는 일반적으로 '선택'으로 불리는 정신 과정을 거친다. 이 과정에서 우리는 행동의 결과에 대해 생각한다. 여기에는 마술적인 것이 없다. 정신생활의 신경 기반은 의식적 숙고 및 합리적 사고의 존재와 완벽하게 양립할 수 있다. 신경체계는 다양한 선택지를 분석하고, 주장의 논리 사슬을 궁리하고, 사례와 유추를 통해 추론하고, 예상되는 행동 결과에 반응한다.

자, 2대의 컴퓨터가 있다고 치자. 1대는 마구잡이로 불규칙하게 움직인다. 기계의 몸이라 할 수 있는 본체 안에 이성적인 뼈 구조가 없다. 다른 1대는 신중히 생각하는 비용·편익 분석가다. 분명히 이 둘 다 기계다. 영혼이 없다. 그러나 이 둘은 전혀 다르다. 심리학자라면 이런 의문이 들 것이다. 우리는 과연 어떤 종류의 컴퓨터일까? 정답은 둘 다. 그러므로 이렇게 묻는 것이 더 나을 것이다. 인간의 비이성적인 면은 어느 정도고, 이성적인 면은 어느 정도인가?

이것은 실험과 관찰로 해결할 수 있는 실증의 문제다. 물론 신경과학으로 접근하는 것이 적절해 보일 수 있지만, 우리가 물리적 존재라는 사실은 어느 쪽으로도 이 문제와 관련이 없다. 우리가 이성적인 동물이라는 주장은 신경과학 연구 결과와 전혀 충돌하지 않는다.

그러므로 우리는 이성적인 동물일 수 있다. 그러나 많은 심리학자가 "나는 우리가 이성적이지 않다는 사실을 발견했다"라고 주장할 것이다. 이성에 대한 2차 공격인 셈이다.

사회심리학부터 시작해보자. 우리 인간이 의식적으로 통제할 수 없는 요소들에 영향받는다는 사실을 입증하는 수많은 실례가 있다.[10] 우리가 얼마나 배가 고픈지, 우리가 있는 방에서 어떤 냄새가 나는지, 근처에 깃발이 있는지 없는지가 우리의 판단과 행동을 좌우한다고 주장하는 연구들이 있다. 슈퍼맨에 대해 생각하면 자원봉사를 하고 싶은 마음이 더 커진다. 교수처럼 사고하면 지능형 보드 게임인 '트리비얼 퍼슈트Trivial Pursuit'를 더 잘할 수 있다. 파란색에 둘러싸여 있으면 창의력이 올라간다. 흔들리는 의자에 앉아 사람들을 보면 그들의 관계가 더 허술해 보인다.

정치적 견해를 묻는 설문지를 작성할 때, 손소독제 용기 옆에 서서 작성하는 대학생들이 아무것도 없는 벽 근처에 서서 설문지를 작성하는 대학생들보다 잠시라도 정치적으로 더 보수적인 태도를 취한다. 안 좋은 냄새가 나는 방에서 설문지를 작성한 사람들은 동성애를 더 반대하게 된다. 좋은 냄새가 나는 빵집 앞을 지나가는 쇼핑객들은 낯선 사람에게 잔돈을 바꿔줄 가능성이 크다. 피험자들은 이력서를 무거운 클립보드에 끼워서 제출한 구직자를 선호한다. 짐작건대 시간

압박을 받는 백인 평등주의자들은 흑인 남성의 얼굴 사진을 본 뒤에 나타난 토그를 흑으로 읽일학 가능성이 크다. 사람들은 투표소가 학교 안에 있을 때 교육 지원에 쓰일 판매세에 찬성할 가능성이 크다.

이중에는 단기 효과로 그치는 경우가 많지만, 그렇지 않은 경우도 있다. 예를 들면, 이름이 일생에 영향을 준다는 증거가 있다. 〈영국 비뇨기과학 저널British Journal of Urology〉에 실린 논문의 공저자가 닥터 스플래트Dr. Splatt와 닥터 위던Dr. Weedon인 게 우연의 일치일까? 다른 비뇨기과 전문의 이름이 딕 파인더Dick Finder인 건?[11] 음, 아마 그럴 것이다. 그러나 '래리Larry'라는 이름을 가진 사람은 '변호사lawyer'가 될 확률이 높고, '게리Gary'라는 이름을 가진 사람은 '조지아Georgia' 주에 살 확률이 높다는 통계 자료가 있다. 즉 여러분 이름의 첫 글자가 여러분의 선호에 미묘한 영향을 끼친다.

이 모든 사례는 우리의 생각과 행동과 욕망이 우리가 의식적으로 통제할 수 없고 그래서 이성적으로 이해되지 않는 요인들에 영향을 받을 수 있다는 걸 보여준다. 여러분이 앉아 있는 의자의 종류는 어떤 이들의 관계가 견고한 정도와 아무 관계가 없다. 그리고 내 이름이 '폴Paul'이라는 사실은 '심리학자psychologist'가 되겠다는 내 선택에 영향을 미치지 않았어야 한다. 그러므로 만약 이런 고려사항들이 우리가 생각하고 행동하는 바를 실제로 결정한 것으로 밝혀지면, 이는 사람들이 이성적이고 신중한 행위자라는 입장에 치명적인 타격을 입힐 것이다.

많은 사람이 그럴 것으로 생각한다. 하이트는 우리가 '나는 내 결정을 통제하고 있다'라는 개념을 거부하도록 자극하는 역할을 사회심

공감의 배신

리학 연구가 해야 한다는 데 대해 일정한 합의를 이끌어냈다.[12] 대신에 우리는 의식적인 자아를 변호사처럼 생각해야 한다. 고객이 자신의 행동을 변호해달라고 요청하면, 변호사는 이미 이뤄진 결정에 대해 사후에 정당한 근거를 제시한다. 합리성을 개로 간주하는 것은 잘못이다. 사실 합리성은 개가 아니라 개의 꼬리다.

나는 내가 방금 요약한 사회심리학 연구를 존중한다. 개중에는 내가 직접 해본 연구도 있다. 그러나 나는 사회심리학 연구가 많은 이들이 예상하는 결과를 보여줄 것이라고는 생각하지 않는다.

한 가지 이유는 사회심리학 연구에서 나온 많은 결과가 허술하기 때문이다. 지난 몇 년 동안 사회심리학 분야는 반복실험 실패로 휘청였다. 다른 그룹의 심리학자들이 동일 조건에서 진행한 실험에서는 예상했던 결과를 도출하지 못한 것이다. 학술적 사기 행위까지는 아니지만 이따금씩 생기는 문제다.[13] 반反직관적인 결과들(지저분한 환경은 사람들의 인종적 편견을 심화시킨다)을 담은 논문을 여러 편 발표했으나 실험 자료를 조작한 것으로 밝혀진 심리학자 디데리크 스타펠 Diederik Stapel의 사례가 대표적이다. 그러나 우리가 정말 걱정해야 할 것은 이 분야의 일반적인 연구 관행이다. 거듭된 시험과 부적절한 통계 분석을 통해 연구 결과를 과장해왔다는 우려가 있다.

언젠가 내가 가르쳤던 수업의 수강생들은 공동으로 연구 과제를 수행해야 최종 이수 요건을 충족시킬 수 있었다. 한 그룹의 학생들은 팀을 꾸려서 순결과 도덕에 관한 매혹적인 영향을 확장하고 탐구했다. 내가 이전 책에서 썼었고 갖가지 흥미로운 후속 질문이 제기되었던 주제였다. 그러나 수많은 시도에도 불구하고, 그들은 최초의 연구 결과와 똑같은 결과를 도출하지 못했다. 결국 그들은 같은 결과를 도출하지 못했다고 발표했다.[14] 이 이야기에서 이례적인 점은 동일한 결과를 도출하지 못했다는 점이 아니라 그 내용을 발표했다는 점이다.

세미나나 실험실 회의나 학회에서 가끔 비공식적으로 말을 꺼내기도 하지만, 예상했던 결과를 도출하지 못한 프로젝트는 보통 그대로 사장된다. "저 연구 결과는 알고 보니 '베이퍼웨어(소프트웨어 분야에서 아직 개발되지도 않은 가상제품을 미리 발표하는 것에 빗댄 표현-옮긴이)'더라. 같은 결과를 도출한 사람이 아무도 없어." 비공식적으로나 가끔 이런 이야기가 오갈 뿐 공식적으로 발표하지 않고 사장시키는 것이 관행이다. 정말 믿기지 않는 연구 결과가 나왔을 때, 많은 심리학자가 그냥 잠깐 기다리면 사라질 거라는 식의 태도를 취한다.

심리학 실험실에서 나온 모든 결과가 이런 것은 아니다. 어떤 결과들은 강력하고 견고하고 복제하기도 쉽다. 그러나 이런 경우에도 현실세계에서의 타당성 문제가 있다. 통계적으로 유의미하다고 해서 실제로도 유의미하다는 뜻은 아니다. 또한 통제된 상황에서 어떤 것이 효과가 있다고 해서 실생활에서도 그게 중요하다는 뜻은 아니다.

여러분은 무거운 클립보드에 끼워서 제출된 이력서에 미묘한 영향을 받을지도 모른다. 우리가 어떤 인물을 사회적으로 평가할 때 어떻게 신체 경험으로부터 결론을 이끌어내는지를 보여주는 내목이다.[15] 무거운 클립보드는 매우 흥미로운 물건이다. 그렇다고 해서 여러분이 실생활에서 입사 지원자들을 평가할 때, 여러분이 들고 있는 물건과 지원자에 대한 여러분의 평가가 깊은 관련이 있다는 의미는 아니다. 실제로는 지원자의 경험이나 자질과 같은 유의미한 사항들이 훨씬 더 중요하게 작용할 것이다. 방에서 나는 나쁜 냄새가 동성애자에 대한 여러분의 평가에 영향을 미칠지도 모른다. 이것은 혐오와 도덕의 관계를 다룬 특정 이론을 뒷받침한다.[16] 내가 흥미를 느꼈던 이론이자 동료들과 내가 연구했던 이유다. 그러나 사람들이 실제 세상에서 상호작용할 때 냄새가 무척 중요한지는 확실하지 않다.

가끔은 이런 연구를 발표할 가치가 있다. 어떤 효과들은 심지어 그 효과가 미미한 경우에도 실질적인 차이를 만들어낼 수 있다. 그리고 그 효과가 결코 미미하지 않은 경우도 있다. 음식을 작은 접시에 담아 내놓으면, 사람들이 음식을 덜 먹는다는 연구 결과가 대표적인 예다.[17] 식기를 바꿈으로써 몸무게를 줄일 수도 있다(무려 다이어트 비법이 담긴 책이다).

그럼에도 무의식적이고 비이성적인 정신 과정을 입증하는 가장 견고하고 인상적인 사례들조차도 의식적이고 이성적인 정신 과정의 존재를 눈곱만큼도 배제하지 못한다. 그렇지 않다고 생각하는 것은 마치 소금은 음식에 풍미를 더하는 역할을 하기 때문에 다른 역할은 전혀 하지 않는다고 결론짓는 것과 같다.

이 점을 간과할 때가 많은 이유는 부분적으로 우리 분야의 사회학 때문이다. 모든 사람이 멋진 연구 결과를 내놓고 싶어 한다. 그래서 연구자들은 이상하고 예기치 못한 마음 작동 방식을 탐구하고 싶어 한다. 사람들이 범죄자들을 처벌할 때, 그 범죄자가 얼마나 매력적인가와 같이 처벌 수위를 정하는 것과는 전혀 무관해 보이는 요인들에 영향을 받는다는 사실을 밝혀내는 건 아주 놀라운 일이다. 이런 연구 결과는 일류 학술지에 실릴 것이고, 잘하면 대중 매체에도 실릴 수 있다. 그러나 만약 사람들이 범죄자를 처벌할 때 범죄의 심각성이나 범죄자의 범죄 이력에 영향을 받는다는 사실을 밝혀내면 아무도 관심을 갖지 않을 것이다. 이건 상식에 속하기 때문이다.

예를 하나 들어보자. 심리학자들이 야구 카드를 이베이 ^{eBay}에 올리면서 카드를 들고 있는 손 사진을 첨부했다. 한쪽 사진의 손은 피부색이 어두웠고, 한쪽 사진의 손은 피부색이 밝았다.[18] 사람들은 까만 손이 들고 있는 카드에 하얀 손이 들고 있는 카드보다 약 20퍼센트 적은 금액을 제시했다. 연구진의 말대로, 이 실험 결과는 인종 편견의 영향이 실제 시장에서 어떻게 나타나는지를 날카롭게 보여준다. 흥미롭고 사회적으로 의미 있는 연구 결과다. 그러나 카드의 희소성이나 품질이 거래 가격에 영향을 미치는지 여부를 연구하는 사람은 아무도 없다. 사람들이 완벽하게 합리적인 이런 사항들을 고려할 게 자명하기 때문이다. 인종 편견의 영향을 시사하는 연구 결과가 나왔다고 해서, 우리에게 더 이성적인 정신 과정이 존재하고 이 과정이 매우 중요하다는 사실을 잊어서는 안 된다.

인간의 불합리성을 입증하는 다른 유명한 사례들은 어떨까?[19] 우리가 어떤 결정을 내릴 때 '기초율'을 종종 무시하는 것도 하나의 예다. 여러분이 심각한 질병에 관한 검사를 받는다고 가정해보자. 여러분이 받는 특정 검사는 절대 질병을 놓치지 않을 것이다. 만약 여러분이 질병에 걸렸다면, 검사 결과는 양성일 것이다. 그러나 실제로는 질병에 걸리지 않았는데도 양성 반응이 나오는 거짓 양성률이 5퍼센트다. 즉 실제로는 병에 걸리지 않은 20명 중 1명꼴로 양성 반응이 나오는 것이다.

공감의 배신

여러분의 검사 결과는 양성이다. 그럼 여러분은 걱정을 해야 할까? 사람들은 보통 '예'라고 답한다. 95퍼센트의 정확성이 으스스하게 느껴지기 때문이다. 그러나 실제로 여러분이 그 병에 걸릴 위험은 기초율에 달렸다. 전체 인구 가운데 그 질병이 얼마나 퍼져 있는가에 달렸다는 말이다. 1,000명 중 1명꼴로 이 질병에 걸린다는 사실을 여러분이 알고 있다고 가정해보자. 자, 여러분은 걱정을 해야 할까? 여러분이 이 질병에 걸릴 확률은 얼마일까?

사람들은 여전히 비교적 확률이 높은 것 아니냐고 말하지만, 실제로는 2퍼센트에 불과하다. 2만 명이 검사를 받았다고 상상해보자. 그중 20명은 실제로 이 병에 걸렸을 것이고 양성 결과가 나올 것이다. 그러나 나머지 1만 9,980명의 건강한 사람들 가운데서도 20분의 1로 양성 결과가 나올 것이다. 1,000명에 가까운 숫자다. 따라서 이 검사에서 양성 반응이 나온 사람은 1,020명이고 그중 20명(약 2퍼센트)만 실제로 병에 걸렸다는 말이다. 간단한 산수 문제지만 당연해 보이지 않는다.

다른 예를 하나 더 들어보자. 'ng'로 끝나는 단어들과 'ing'로 끝나는 단어들 중 어느 쪽이 더 흔할까? 사람들은 보통 'ing'로 끝나는 단어가 더 많다고 말한다. 'ing'로 끝나는 단어가 더 쉽게 떠오르기 때문이다. 그러나 잘 생각해보면 이게 착각이라는 걸 알 수 있다. 'ing'로 끝나는 모든 단어는 'ng'로 끝나기 때문이다. 따라서 'ng'로 끝나는 단어는 최소한으로 잡아도 'ing'로 끝나는 단어만큼 많아야 맞다. 우리는 'ng'로 끝나는 단어와 'ing'로 끝나는 단어 중 어떤 단어가 빨리 떠오르는지를 기준으로 어느 쪽이 더 많은가를 판단했다. 경험에 근거하여 추측하는 훌륭한 방법이긴 하지만, 이런 방식은 우리를 잘못된 길로 이끌 수 있다.

마지막으로 예를 하나 더 들어보자. 여러분이 양육권 사건을 판결해야 하는 상황을 상상해보자. 아래는 부모에 관한 정보다.

- 부모 A는 소득, 건강, 노동 시간 등 모든 면에서 보통이고, 자녀와도 상당히 친밀한 관계를 맺고 있고 사회생활도 안정되어 있다.
- 부모 B는 소득이 평균 이상이고, 자녀와 아주 가깝고, 사회생활이 극도로 활발하고, 출장이 많고, 건강에 사소한 문제가 있다.

누구에게 양육권을 주어야 할까? 누구에게서 양육권을 박탈해야 할까? 이 질문의 정답은 없을지 모르지만, 한 가지는 확실하다. 구체적인 계획은 중요하지 않다는 점이다. 즉 두 사람 중 1명에게는 양육권을 주고 1명에게는 양육권을 박탈해야 하기 때문에 사실 위의 두 질문은 같은 질문이다. 만약 여러분이 누구에게 양육권을 주어야 하느냐는 질문에 A라고 답한다면, 여러분은 누구에게서 양육권을 박탈해야 하느냐는 질문에 B라고 답해야 한다. 그 반대도 마찬가지다.

그러나 사람들은 이런 식으로 답변하지 않는다. 사람들은 양육권을 주는 경우든 박탈하는 경우든 부모 B에 대한 편견을 드러낸다. 한 가지 이유는 질문을 받을 때 우리는 보통 질문과 관련성이 가장 높은 자료를 찾기 때문이다. 그래서 양육권을 누구에게 주어야 하느냐는 질문을 받을 때, 여러분은 확실한 양육권을 보장해주는 사항을 찾다가 부모 B에게서 그것(높은 소득, 아이와의 친밀감)을 발견한다. 그리고 누구에게서 양육권을 박탈해야 하느냐는 질문을 받을 때, 여러분은 양육권을 박탈할 만한 확실한 요건을 찾다가 부모 B에게서 그것(지나치게 활발한 사회생활, 잦은 출장, 건강 문제)을 발견한다. 이것은 비합리성으로 이어지고, 이런 비합리성은 실제 세계에서 판결을 완전히 뒤집을 수 있다.

찾아보면 이런 사례는 더 많다. '휴리스틱과 편향'을 다룬 유명한 심리학 논문이 많고, 사회심리학에서 내놓은 일부 결과와 달리 근거가 탄탄하다. 이 논문들은 심리 과정의 훌륭한 사례가 되고, 대화에 활기를 불어넣고 심리학자 버전의 농담으로 분위기를 띄우는 데 사용될 수 있다. '마인드 버그mind bugs', 즉 인지상의 오류가 존재한다는 건 놀랄 일이 아니다.[20]

우리의 육체적 본성을 감안하면 어느 정도의 불합리는 불가피하다. 우리는 유한한 존재이기에 잘못 인지하는 경우가 있게 마련이다. 착시에 관한 이야기가 하나 있다. 시각은 특정한 상황에서 복잡한 일을 수행하도록 진화해온 또 다른 생체기관이다. 그래서 교활한 과학자들은 자연계에서 절대 일어나지 않는 이미지에 사람들을 노출시켜서 어떤 경우에 착시가 생기는지를 밝혀내곤 한다. 같은 이유로 사람들은 보통 어떤 문제를 통계적 확률과 추상적 시나리오로 바꾸어 제시하면 헷갈려 한다. 우리는 사건의 빈도를 언급하는 문제를 더 잘 추론한다. 이런 문제는 우리 마음이 진화해온 환경을 바탕으로 예상하는 것이기 때문이다.

얼마 전 심리학자 존 맥나마라John Macnamara는 이성의 실패를 보여주는 연구 결과가 우리 마음에 관해 전혀 다른 두 가지를 드러낸다고 지적했다.21 무엇보다 가장 분명하게 드러나는 것은 인간의 불합리다. 인지 오류가 어떻게 생기는지, 인간의 인지 능력이 얼마나 제한적인지를 보여주는 것이다. 그러나 또 한편으로는 우리 인간이 얼마나 똑똑한지, 우리가 어떻게 인지 편향을 무시할 수 있는지를 보여준다. 어쨌거나 우리는 그게 인지 오류라는 사실을 알지 않는가! 숙고를 통해서 우리는 기초율의 타당성을 제대로 인식하고, 'ng'로 끝나는 단어보다 'ing'로 끝나는 단어가 더 많을 수 없다는 사실에 동의한다. 그리고 양육권을 주는 것과 양육권을 박탈하는 것에 관한 질문은 사실 동일한 질문을 다르게 물어본 것에 불과하다는 사실을 인정한다. '서드 파운더' 이야기를 들을 때 우리는 어떻게 사람들이 그렇게 바보 같냐며 고개를 젓고, 혹시 조작된 이야기가 아닐까 의아해 하고, 웃음을 터트리고, 트위터에 글을 올린다. 우리의 불합리에 관한 모든 논증은 결국 우리가 얼마나 영리한지를 보여주는 논증이기도 하다. 우리에게 지성이 없다면 그게 불합리에 관한 논증이라는 사실도 제대로 인식하지 못했을 테니 말이다.

이 책의 상당 부분은 이 역학을 관찰해왔다. 딱 하나만 예를 들자면, 우리는 보통 못생긴 사람보다 사랑스러운 사람을 선호한다. 이것은 우리가 알아야 할 우리 마음에 관한 사실이다. 그러나 우리는 그런 선호를 기준으로 도덕적인 판단을 해서는 안 된다는 사실을 인정할 줄도 안다. 이것은 우리의 사회적 행동, 우리의 추론 능력, 우리의 도덕성과 관련하여 우리의 한계를 비판적으로 평가할 줄 아는 능력이다. 우리가 이런저런 일을 할 수 있는 것도 이 능력 덕분이다.

공감의 배신

나는 지금까지 변호를 해왔다. 신경과학, 사회심리학, 인지심리학에서 나온 증거와 이론이 인간의 불합리성을 증명하지는 못한다고 주장해왔다. 그러나 일상에서 우리의 합리성을 옹호하고, 이성 및 지성의 역할을 옹호하는 긍정적 사례를 아직 제시하지 않았다. 지금부터 할 생각이다.

여러분이 평소에 하는 가장 평범한 활동을 떠올려보라. 여러분은 목이 마를 때 자신의 무의식적 충동이 알아서 해결하거나 누군가 대신 물을 떠먹여주길 바라며 마냥 꼼지락거리고 있지 않는다. 여러분은 계획을 세우고 실행에 옮긴다. 자리에서 일어나, 컵을 찾고, 싱크대로 가서, 수도꼭지를 연다. 지극히 평범해 보이는 이 계획은 컴퓨터의 능력을 넘어선다. 우리에게 아직 로봇 하인이 없는 이유다. 실수를 용납하지 않는 세상에서 하루를 살아나가려면 복잡하고 단계적인 계획을 수립하고 실행해야 한다(연료가 없는 차를 운전하거나 옷 없이 출근하려고 해보라). 관계를 유지하고 직업이나 경력을 관리하는 등 더 광범위한 계획을 세우고 실행하려면 비범한 인지 능력이 필요하다.

만약 일상생활에서 이지력에 의구심이 들면, 그것이 부족한 사람들을 생각해보라. 우리가 지적 장애가 있거나 뇌 손상을 입은 사람들을 돌보는 이유는 그들 스스로 자신을 돌보지 못하기 때문이다. 여러분과 여러분이 사랑하는 사람들이 알츠하이머병에 걸리지 않을 수만 있다면, 얼마나 많은 것을 포기할 수 있을지 잠시 생각해보라. 알츠하이머병 환자들이 다른 이들의 도움에 얼마나 의존하며 사는지 생각해보라. 신경학적 손상을 입지 않아도, 젊었을 때나 술에 취했을 때처럼 이성이 쇠퇴하는 시기가 있다. 이 시기에는 중대한 결정을 내리지 못하게 되고, 또 그래야 한다.

이지력은 미묘하게 증가하기도 하고 감소하기도 한다. 미국은 다른 나라와 마찬가지로 운전, 군복무, 투표, 음주에 연령 제한을 두고 있다. 지혜를 비롯한 핵심 역량이 무르익으려면 시간이 걸린다는 전제 아래 대통령 선거에 출마할 수 있는 연령은 더 엄격하게 제한하고 있다.

이쯤에서 문턱 효과를 주장하는 사람도 있을 것이다. 일단 평균 수준만 통과하면 괜찮다는 말이다. 이따금씩 학계에서 나오는 주장이다. 그러나 핑커의 말마따나 학계가 지능에 '집착'한다는 점을 감안하면, 이런 주장은 아이러니가 아닐 수 없다. 학계는 "지능에 '집착'한다. 학생의 입학을 고려할 때, 교수진과 직원을 고용할 때, 특히 남의 결점에 대해 험담을 주고받을 때 끊임없이 지능을 거론한다."[22] 몇몇 분야는 알베르트 아인슈타인Albert Einstein과 에르되시 팔Erdős Pál 같은 특별한 사람에게나 해당되는 천재의 개념에 많은 시간과 노력을 투자한다. 이런 천재들은 위대한 지성을 갖춘 덕분에 모든 일이 쉽기만 하다.

그러나 지능에는 수확체감의 법칙이 적용된다. IQ 120과 IQ 100(전체 평균)의 차이가 140과 120의 차이보다 더 중요하다. 그리고 일단 최저 수준만 통과하면 다른 능력들이 지능보다 더 중요할 수 있다. 저널리스트인 데이비드 브룩스David Brooks의 말대로, 사회심리학은 "감정이 순수한 이성보다, 사회적인 관계가 개인적인 선택보다, 성격이 IQ보다 상대적으로 중요하다는 사실을 우리에게 상기시킨다."[23] 작가 맬컴 글래드웰Malcolm Gladwell은 높은 지능의 무관성을 옹호하는 주장을 편다. "만약 내가 마력을 이용해 IQ를 30 높여주겠노라고 제안한다면, 아마 여러분은 모두 '좋다'고 하지 않겠는가?"[24] 그러나 글래드웰은 굳이 그럴 필요가 없다고 말한다. 기본 문턱만 통과하면, IQ가 더 높다고 달라질 건 없기 때문이다.

브룩스와 글래드웰은 성공을 좌우하는 결정 요인에 관심이 있다. 그들의 목표는 지능을 깎아내리고 다른 요인들을 높이는 것이 아니다. 브룩스는 정서 능력과 사회성에 초점을 맞추고, 글래드웰은 가족은 누구고 언제 어디에서 태어났는가와 같은 경험 요인들의 역할에 초점을 맞춘다. 다른 요인들을 중요하게 여긴다는 점에서 둘 다 옳다. 우리 인생에서 추론 능력이 핵심적으로 중요하다는 말은 추론 능력만 중요하다는 말이 아니다.

그럼에도 IQ는 어느 수준에서나 아주 중요하다.[25] 자녀의 운명을 예측하기 위해 정신측정검사를 하나 받게 해야 할 때, IQ 검사를 선택하면 절대 실패하지 않을 것이다. 이 점수는 꾸준한 업무 성과, 교도소 안 가기, 양호한 정신건강, 안정적이고 만족스러운 인간관계, 장수하기와 같은 온갖 좋은 것들과 상관이 있다. 오래전에 사람들은 "IQ 검사는 당신이 IQ 검사를 얼마나 잘 받는지를 측정할 뿐이다"라는 식의 말을 했다. 그리고 누구도 이제 더 이상 IQ 검사를 심각하게 생각하지 않는다.

냉소적인 사람은 IQ가 의미가 있는 이유는 단 하나, 우리 사회가 IQ에 집착하기 때문이라고 반론을 제기할지도 모른다. 하지만 결국 미국에서 좋은 대학에 입학할 수 있느냐 없느냐는 여러분이 SAT 시험을 얼마나 잘 봤느냐에 달렸고, 기본적으로 SAT 시험은 IQ 검사다(한 사람의 SAT 점수와 IQ 검사의 상관관계는 매우 높다). 이때 냉소적인 사람은 이렇게 지적할 수도 있다. "만약 우리가 빨강 머리의 지원자들에게 일류 대학에 입학할 기회를 준다면, 우리는 곧 빨강 머리와 고소득, 높은 시위, 그 밖의 긍정적 결과들이 관련이 있는 세상에서 살게 될 것이다. 그리고 나면 심리학자들은 빨강 머리를 갖는 것이 얼마나 중요한지 계속 이야기할 것이다."

그러나 IQ와 성공의 관계는 자의적이지 않다. 그리고 대학들이 IQ 검사를 매우 진지하게 받아들이는 것은 우연이 아니다. IQ 검사는 정신의 속도나 추상적 사고력과 같은 능력들을 드러낸다. 이런 능력들이 지적 탐구를 어떻게 도울 수 있는지, 이런 능력이 얼마나 좋은 자질인지, 이런 능력이 어떻게 인생에 광범위한 결과를 가져올 수 있는지를 이해하는 건 어렵지 않다.

사실 높은 지능은 성공과만 관련이 있는 것이 아니다. 선한 행동과도 관련이 있다. 지능이 높은 사람들이 폭력 범죄를 덜 저지르고(소득과 같은 다른 변수를 고정시킨 상태에서), 교도소에 있는 사람들과 바깥 세상에 있는 사람들의 IQ 차이는 알아채기 어려울 정도로 미묘하지 않다. 지능이 높은 사람들이 협력을 더 잘한다는 증거도 있다. 뛰어난 지능이 장기적인 협동의 유익을 이해하고, 타인의 관점을 참작하게 해주기 때문일 것이다.

'보통 그렇다'는 점을 강조하는 것이 중요하겠다. 지적 재능이 선한 행동을 보장하는 것은 확실히 아니다. 에릭 슈비츠게벨Eric Schwitzgebel과 조슈아 러스트Joshua Rust가 진행한 인상적이고 흥미로운 연구에 따르면, 누구보다 옳고 그름에 대해 더 많이 생각하는 도덕철학자들이 일상생활에서 다른 학자들보다 도덕적으로 더 훌륭한 것은 아니었다.26 어머니에게 더 자주 전화를 하는 것도 아니었고, 자선단체에 더 많은 돈을 기부하는 것도 아니었고, 다른 이들보다 도서관에 책을 제때 잘 반납하는 것도 아니었다.

게다가 정말로 사악한 천재들이 있다. 마음에 악을 품고 있는 사람에게 지능은 가치 있는 도구도 될 수 있고 위험한 도구도 될 수 있다. 앞에서 사회지능(또는 인지적 공감)을 다룰 때 지적한 적 있지만, 일반 지능 역시 마찬가지다. 지능은 특정 목적을 이루는 도구로 쓰일 수 있다. 우리 대부분이 그렇듯이 마음에 품은 목표가 긍정적인 것이면, 지능이 높을수록 여러분은 더 좋은 사람이 될 수 있다. 그러나 선에는 어떤 동기가 필요하다. 다른 사람들에게 관심을 기울이고 그들의 운명을 귀하게 여겨야 한다. 이성과 합리성은 선하고 유능한 사람을 만드는 충분조건이 아니다. 그러나 이성과 합리성은 필요하고, 많으면 많을수록 좋다는 것이 내 주장이다.

지능이 전부라는 건 아니다. 나는 자녀가 어떤 사람으로 성장할지 궁금하면, 지능 검사를 해보는 것이 훌륭한 방법이 될 것이라고 말했지만 그보다 훨씬 나은 방법이 있다. 바로 자제력을 시험해보는 것이다.

자제력은 충동적이고 비이성적이고 감정적인 욕구를 억제하는(이마 뒤에 자리한 전두엽 안에 내장된) 뇌 시스템의 작용을 반영한다는 점에서 합리성을 가장 순수하게 구현한 형태라고 볼 수 있다. 월터 미셸^{Walter} Mischel은 고전적인 연구를 통해 아이들이 나중에 마시멜로 2개를 먹기 위해 눈앞에 있는 하나를 먹지 않고 참을 수 있는지를 조사했다.[27] 미셸은 나중에 마시멜로 2개를 받기 위해 먹지 않고 기다린 아이들이 청소년기에 학교에서 적응도 잘하고 SAT에서도 좋은 점수를 받을 뿐 아니라, 성인이 되어서도 정신건강도 더 양호하고 인간관계도 더 좋고 소득도 더 높다는 사실을 알아냈다. 우리는 사이코패스에 관한 연구에서 폭력적인 범죄 행위와 낮은 자제력이 관계가 있다는 사실을 살펴본 바 있다. 신장 하나를 생판 모르는 남에게 기증한 사람들 같은 특출한 이타주의자들을 연구한 결과 자제력이 유별나게 높게 나타난 것도 흥미롭다.**28**

핑커는 높은 자제력이 개개인에게 유익할 뿐 아니라 자제력을 높이 평가하는 문화적 가치관이 사회에도 유익하다고 주장했다.**29** 그러면서 중세 유럽에서 근대 유럽으로 넘어오면서 살인율이 30분의 1로 줄어든 현상은 명예를 중시하던 문화가 절제를 높이 평가하는 품위의 문화로 바뀐 덕분이라고 했다.

다시 한 번 말하지만, 이것은 연민이나 친절과 같은 자질의 중요성을 부인하는 것이 아니다. 우리는 자녀들에게 이런 자질을 길러주는 동시에 이런 자질을 칭찬하고 보상하는 문화를 확립하고 싶어 한다. 그러나 이런 자질만으로는 충분하지 않다. 이 세상을 더 좋은 곳으로 만들려면, 사람들이 더 높은 지능과 자제력을 갖추도록 빌어야 한다. 지능과 자제력이야말로 행복하고 성공한 삶, 선하고 도덕적인 삶으로 이끄는 핵심 요소다.

새로운 통찰이 아니다. 내가 여러 번 인용했던 《도덕감정론Theory of Moral Sentiments》에서 애덤 스미스는 한 사람에게 가장 유용한 자질들을 논한다.**30** 애덤 스미스는 두 가지 자질을 언급하는데, 둘 중 어느 것도 느낌 또는 감정, 도덕 또는 그 반대와 직접적인 관련이 없다. 그 자질들은 바로 '뛰어난 이성과 사고력' 그리고 '자제력'이다.

첫 번째 자질이 중요한 이유는 뛰어난 이성과 사고력이 있어야 지금 우리 행동이 장래에 불러올 결과를 제대로 이해할 수 있기 때문이다. 우리에게 지금보다 나은 세상을 만들고픈 목표가 있어도, 어떤 행동이 그 목표를 이루는 데 기여하는지 이해할 만큼 똑똑하지 않으면 아무 소용이 없다. 우리가 '자제력'이라고 부르는 두 번째 자질 역시 아주 중요하다. 자제력이 있어야 장기적인 결과에 집중하기 위해 지금 당장의 욕구를 제어할 수 있기 때문이다.

인간이 참으로 어리석어 보이는 삶의 영역이 있다. 정치를 생각해 보라. 사회심리학자들은 보통 정치적 부조리를 인간의 정신적 한계를 보여주는 실례로 사용한다.

정치적 부조리를 보여주는 사례는 상당히 강력해 보인다. 정치를 생각하면 '버락 오바마가 케냐에서 태어났'는 견해나 '조지 부시가 9.11 테러 공격에 직접 연루되어 있다'는 견해와 같이 부분적 사실에 입각한 기괴한 신념이 연상된다. 내 아내는 최근에 고등학교 때 친구가 페이스북에 올린 글을 보았다. 대통령이 모든 미국 지폐에서 '우리가 믿는 하나님 안에서In God We Trust'라는 문구를 삭제할 것이라는 내용이었다. 이 주장을 처음 게시한 곳은 풍자적인 온라인 잡지였다. 이 글을 자기 페이스북에 올린 사람과 그녀의 많은 친구가 이 잡지의 주장을 무비판적으로 수용했다.

보통 정치 영역에는 합리성이 부족해 보인다. 심리학자 제프리 코언Geoffrey Cohen이 진행한 일련의 연구는 깜짝 놀랄 만한 사례를 보여준다.[31] 피험자들에게 공화당 또는 민주당이 지지했다는 복지정책안에 관한 이야기를 들려주고, 이 정책을 지지하느냐고 물었다. 일부 피험자는 극도로 후한 복지정책에 대해 들었고, 일부 피험자는 극도로 인색한 복지정책에 대해 들었지만, 그건 별로 중요한 게 아니었다. 중요한 건 어느 당이 그 정책을 지지하느냐는 거였다. 민주당원들은 민주당이 내놓은 안을 지지했다. 공화당원들은 공화당이 내놓은 안을 지지했다. 피험자들은 자신의 편견을 전혀 인식하지 못했다. 왜 그런 결정을 내렸는지 설명해달라고 하자, 피험자들은 어느 정당이 그 정책을 지지하는지는 고려하지 않았다고 주장했다. 그들은 자신이 해당 정책의 객관적인 장점 때문에 그 정책을 지지한다고 생각했다.

다른 여러 연구에 따르면, 자신의 정치적 입장의 타당성을 입증해달라는 요청을 받으면 많은 사람이 당황했다. 자신의 정견에 확고한 견해를 가지고 있는 사람들도 마찬가지였다.[32] 예를 들어, 탄소배출권 거래제를 아주 신뢰한다고 주장하는 많은 사람이 그 정책이 실제로 어떤 조치를 수반하는지는 잘 모르고 있었다.

확실히 어리석어 보인다. 그러나 이런 연구 결과를 다른 시각에서 바라볼 수도 있다. 특정 정치적 태도와 신념은 신중한 추론의 산물이 아닐지 모르지만, 어쩌면 그렇지 않을 수도 있다. 스포츠 팬들을 생각해보자. 사람들이 레드삭스와 양키스를 응원할 때, 그것은 이성적인 숙고를 통해 나온 행동이 아니고 또 그럴 필요도 없다. 사람들은 응원을 통해 자기 팀에 대한 충성심을 표현하는 것이다. 어쩌면 건강보험이나 지구 온난화 등에 관한 사람들의 견해도 비슷한 관점에서 바라봐야 하는지도 모른다. 자기 의견을 명확하게 표현한 결론으로 보기보다는, "우리 팀, 힘 내라!" "다른 놈들, 우우!" 하는 응원 정도로 봐야 한다는 말이다. 지구 온난화를 대하는 어떤 사람의 시각이 사실에 기

공감의 배신

반을 두고 있지 않다고 불평하는 것은 요점을 놓치는 것이다. 그것은 마치 레드삭스 팬들이 자기 팀에게 보내는 사랑이 지난 몇 시즌 동안 레드삭스가 낸 성적에 대한 현실적인 평가를 반영하지 못하고 있다고 불평하는 것이나 다름없다.

정치적 견해는 스포츠 팀에 관한 견해와 흥미로운 속성을 공유한다. 사실 견해는 중요하지 않다. 만약 내가 스크램블에그 만드는 법을 잘못 알고 있으면, 너무 바짝 마른 스크램블에그가 나올 것이다. 만약 내가 그릇된 도덕성을 가지고 일상을 산다면, 나는 내가 사랑하는 사람들을 다치게 할 것이다. 그런데 내가 상대 정당 지도자들이 돼지와 섹스를 한다거나 이란과의 무기 거래를 완전히 망쳤다고 생각한다고 치자. 내가 작지만 힘 있는 공동체의 일원이 아닌 한, 내 신념은 이 세상에 영향을 끼치지 않는다. 일률 과세, 지구 온난화, 진화에 관한 내 견해 역시 마찬가지다. 이런 견해가 진실에 근거할 필요는 없다. 진실의 가치는 내 삶에 어떤 영향도 미치지 않기 때문이다.

이런 주장을 펴면서 기분이 좋지는 않다. 설사 실용적인 면에서 중요하지 않더라도 나는 쟁점을 올바로 이해하려는 노력이 중요하다고 생각하기 때문이다. 나는 그것이 우리가 가져야 할 도덕적 책임이라고 생각한다. 만약 아들 녀석들 중 하나가 우리 조상이 공룡을 타고 다닌 것으로 생각한다면, 나는 그런 견해가 일상생활에서 중요하다고는 보지 않지만 그래도 충격을 받을 것이다. 아들 녀석이 자신의 정치 이념에 맞는다는 이유로 터무니없는 주장을 진실인 것처럼 지지한다면, 나는 그때도 끔찍한 기분이 들 것이다. 우리는 진실을 믿으려고 노력해야 한다.

그러나 이건 내 생각일 뿐이다. 다른 이들은 다르게 생각할 수 있다. 내 요점은 사람들이 정치 영역에서 자료에 주의를 기울이지 못하는 현상이 인지력의 한계를 반영하는 건 아니라는 것이다.

결국 우리는 판돈이 높을 때, 다시 말해서 이성적으로 판단하고 행동하는 것이 정말로 중요할 때 훨씬 더 나은 판단과 행동을 한다. 만약 정치 영역에서의 사고 과정이 우리 마음이 일반적으로 작동하는 방식을 반영한다면, 우리는 매일 아침 침대에서 일어나지도 않을 것이다. 그러니 사람들의 추론 능력이 궁금하다면, 올바른 판단이나 행동이 중요하지 않은 사례나 그 사람이 어디 소속인지가 모든 것을 결정하는 사례를 보면 안 된다. 그보다는 일상생활에서 사람들이 어떻게 대처하는지를 보아야 한다. 집을 살지 말지, 어떤 직업을 택할지, 자녀를 어느 학교에 보낼지, 연로한 부모님에게 해야 할 도리가 무엇인지를 두고 뭐라고 이야기하는지 보라. 저녁 먹을 곳을 정하고, 하이킹 계획을 세우고, 갓난아이가 생긴 이를 도울 방법을 찾기 위해 친구들 간에 의견을 주고받으며 결론에 이르는 방식을 보라. 아니면 전혀 다른 유형의 정치, 즉 개인들이 실제로 변화를 이끌어내는 정치를 보라. 예를 들면 어느 지역을 어떤 용도로 규제하고, 어디에 정지 신호를 놓을지를 두고 토론하는 타운홀미팅(미국에서 정책결정권자 또는 선거 입후보자가 지역 주민을 초대해 정책이나 주요 이슈에 관해 설명하고 의견을 듣는 비공식 공개 회의—옮긴이) 같은 것을 보면 된다.

내 경험에 따르면 이런 회의에서 오가는 이성적 담론은 수준이 꽤 높다. 자기들이 실제 의사결정 과정에 참여하고 있다는 걸 알기에 사람들은 이때 자신의 이성적인 역량을 발휘한다. 논지의 체계를 세우

공감의 배신

고, 의견을 표출하고, 다른 사람들의 의견을 수용한다. 그러다 다른 이의 의견이 충분히 납득이 되면 기존 생각을 바꾸기까지 한다.

효율적 이타주의자들을 다시 한 번 생각해보자. 싱어는 이런 이타주의자들이 자신이 왜 그런 행동을 하는지 설명할 때 강렬한 느낌이나 감정적 충동을 암시하는 언어보다는 합리적인 생각을 암시하는 언어를 더 많이 사용한다고 지적한다. 일례로, 크라빈스키는 많은 사람이 신장을 기증하려는 자신의 마음을 이해하지 못하는 이유는 "그들이 수학을 할 줄 몰라서"라고 했다.[33] 또 다른 효율적 이타주의자도 이렇게 말했다. "정량적 수치가 나를 이타주의자로 만들었다. 내가 다달이 헬스클럽에 갖다 바치는 바가지 이용료(정확히 얼마인지는 말하고 싶지도 않다)를 빈곤지역 실명 치료에 쓰면 어떤 효과를 얻는지 알았을 때 머리에 드는 생각은 이것뿐이었다. '왜 진작 이러지 못했지?'"[34]

효율적 이타주의자들은 보기 드물다. 그러나 그런 추론에 참여하는 능력은 우리 모두에게 있다. 어떤 도덕적 직관은 타당성을 입증하기가 어렵다고 지적한 사회심리학자들의 말이 옳다. 그러나 내가 《선악의 진화 심리학》에서 말한 것처럼, 그건 어디까지나 예외적인 경우다. 음주 운전이 왜 잘못된 행동인지, 회사에서 똑같은 일을 하는 여자 직원에게 남자 직원보다 급여를 조금 주면 왜 안 되는지, 목발을 짚은 사람을 위해서 왜 문을 잡아주어야 하는지를 물으면, 사람들은 뭐라고 답해야 하는지 모르지 않는다.[35] 우리는 해로움, 평등, 친절에 대한 기본적인 관심을 언급함으로써 이런 견해의 타당성을 쉽게 입증할 수 있다.

더구나 더 어려운 문제에 부딪힐 때, 우리는 문제에 대해 깊이 생각한다. 궁리하고 비기수고하고 추증한다. 이는 일상에서 발생하는 도덕 쟁점을 놓고 친구들이나 가족들과 토의할 때 분명하게 드러난다. 노동쟁의에 합세하지 않는 것이 옳은가? 서점 앞에 있는 노숙자에게 돈을 줘야 하는가? 남편이 죽자마자 데이트를 시작한 친구의 행동은 과연 적절했나? 돈을 빌려놓고 갚을 생각을 전혀 안 하는 동료에게는 어떻게 해야 하나?

나는 이런 도덕적 추론 능력이 극적인 결과를 불러온다고 주장해왔다. 핑커, 로버트 라이트Robert Wright, 싱어 같은 학자들의 말대로 도덕의 범위는 역사를 거치며 확장되어왔다.[36] 여성과 동성애자와 소수 인종의 권리를 대하는 우리의 태도는 차별을 두지 않는 포괄성 쪽으로 변화해왔다. 가장 최근에는 내가 속한 지역사회에서 사람들이 트랜스젠더를 대하는 태도에 심오한 변화가 있었다. 우리는 지금 도덕적 진보가 이뤄지는 모습을 실시간으로 지켜보고 있다.

그러나 이것은 역사 과정을 거치며 우리 마음이 열렸기 때문이 아니다. 우리가 증조부모 세대보다 공감을 더 잘해서가 아니다. 우리는 인류 전체를 정말 내 가족처럼 생각하지 않는다. 아마 앞으로도 그럴 것이다. 오히려 타인에 대한 우리의 관심은 그보다 더 추상적인 이해를 반영한다. 우리가 느끼는 감정과 상관없이 다인의 삶이 우리가 사랑하는 이들의 삶과 동일한 가치를 지닌다는 사실에 대한 올바른 이해를 반영하는 것이다. 핑커는 이것을 아주 멋지게 표현했다.

구약성경은 우리에게 우리 이웃을 사랑하라고 말하고, 신약성경은

공감의 배신

우리 원수를 사랑하라고 말한다. 도덕적 근거는 다음과 같다. 네 이웃과 원수를 사랑하라. 그래야 네가 그들을 죽이지 않을 것이다. 그러나 솔직히 나는 내 이웃을 사랑하지 않는다. 내 원수는 말할 것도 없다. 다음과 같이 생각하는 게 더 낫다. 네가 그들을 사랑하지 않더라도, 네 이웃과 원수를 죽이지 마라. (…) 정말로 확장된 것은 공감의 범위가 아니라 권리의 범위다. 우리와 사이가 얼마나 멀고 얼마나 다른가와 상관없이, 다른 생명체들이 위해와 착취로부터 안전할 것이라는 약속이 확장된 것이다.**37**

애덤 스미스는 이를 더 잘 표현했다. 애덤 스미스는 우리가 자기 일이 훨씬 더 중요하다고 생각하면서 타인을 돌보는 이유는 뭘까, 묻는다. 그의 대답은 다음과 같다. "이렇듯 자기애라는 강한 충동에 대항할 수 있는 힘은 인간애라는 온화한 힘도 아니고, 조물주가 인간의 마음에 점화한 박애심이라는 연약한 불꽃도 아니다. 그런 경우에 작용하는 것은 더욱더 강력한 힘이고 더욱더 설득력 있는 동기다. 그것은 이성, 원칙, 양심, 마음속의 거주자, 내면의 인간, 우리 행위의 위대한 재판관이요 중재인이다."**38**

책을 마무리할 때가 되니, 내가 공감에 반대한다는 인상을 남긴 것은 아닌가 걱정된다.

그렇다. 나는 공감에 반대한다. 그러나 어디까지나 도덕의 영역에 서다. 그리고 도덕의 영역에서도 공감이 이따금 좋은 결과를 낼 수 있다는 사실을 부인하지 않는다. 처음부터 인정했듯이, 공감은 타인에게 친절을 베풀어 더 나은 세상을 만들도록 사람들을 자극할 수 있다. 심지어 공감이 폭력과 전쟁을 자극할 때조차도 그게 도리어 좋은 일일 수 있다. 세상에는 폭력과 전쟁보다 더 나쁜 것들이 있기 때문이다. 공감에 자극받은 보복이 세상을 더 나은 곳으로 만들 때도 있다. 그러므로 공감을 우려하는 이유는 공감의 결과가 늘 나쁘기 때문이 아니다. 공감의 부정적 측면이 긍정적 측면보다 더 크기 때문이고, 더 나은 대안이 있기 때문이다. 또한 인생에는 도덕 말고도 많은 것이 있다.

공감은 엄청난 즐거움의 원천이 될 수 있다. 다른 사람이 기쁘면 우리도 기쁘다. 아이를 갖는 기쁨 중 하나가 여기에 있다. 여러분은 아이스크림을 먹고, 히치콕 영화를 보고, 롤러코스터를 타는 등 오래전에 익숙해진 경험들을 아이 덕분에 다시 처음처럼 경험할 수 있다. 공감은 우정과 공동체의 즐거움, 스포츠와 게임의 즐거움, 섹스와 로맨스의 즐거움을 증폭시킨다. 긍정적인 감정에 대한 공감만 그런 것이 아니다. 설사 그들이 고통 속에 있을 때라도 다른 사람의 눈으로 세상을 보는 건 아주 매력적인 일이다. 우리 대부분은 다른 이들의 삶을 몹시 궁금해하고, 그들의 삶을 매력적인 방향으로 바꾸는 시뮬레이션을 시도한다.

우리에게는 공감이 가는 상대에게 뭔가를 해주고픈 욕구와 그 사람에 관한 이야기를 더 많은 이들에게 알리고픈 욕구가 있다고 많이들 이야기한다. 그러나 이는 또 다른 책에서 다뤄야 할 주제다.

이 문제와 씨름하기 시작한 건 2001년부터다. 당시 나는 내 학생인 데이비드 피자로^{David Pizarro}와 함께 도덕적 의사결정에서 이성과 감정의 관계를 탐구하는 짧은 글을 썼다. 그러나 10년 뒤 뉴욕 대학교에서 열린 학회에 참석하기 전까지는 공감에 대해 구체적으로 생각하지 않았다. 강연이 끝난 뒤 공개 토론이 있었다. 토론회에서 철학자 프린츠는 공감은 형편없는 도덕 지침이라면서 차라리 없는 게 낫다는 주장을 폈다. 나는 그 말이 헛소리라고 생각했고 그에게도 그렇게 말했다. 그리고 그 말을 다시 곱씹어보았다.

지난 몇 년간, 나는 일반 대중을 상대로 쓴 일련의 글에서 공감에 관한 견해를 발전시켜나갔다. 내게 그런 기회를 허락해준 편집자들에게 가장 먼저 감사를 표하고 싶다. 〈뉴요커〉의 헨리 파인더^{Henry Finder}, 〈보스턴 리뷰〉의 데버라 체스먼^{Deborah Chasman}, 〈애틀랜틱〉의 스콧 스토셀^{Scott Stossel}과 로스 앤더슨^{Ross Andersen}, 〈뉴욕 타임스〉의 피터 카타파노^{Peter Catapano}에게 감사한다. 학구적인 청중들과의 토론을 통해서도 많은 유익을 얻었다. 특히 프린스턴 대학교 철학과에 일주일간 방문할 수 있도록 조율해준 세라 제인 레슬리Sarah-Jane Leslie, 하버드 인문학 세미나에 초청해준 스캐리에게 감사한다. 또한 온라인상에서 샘 해리스와 나눈 일련의 즐거운 토론을 통해서도, 그리고 여러 번 출연한 '베리 배드 위저드Very Bad Wizards'라는 팟캐스트를 통해서도 많은 것을 배웠다. 이 팟캐스트에서 나는 좋은 친구들인 데이비드 피자로와 태믈러 소머스Tamler Sommers와 함께 공감에 대해 논의했다.

공감에 반대하는 내 주장을 책에 담아내려고 했을 때 이를 가능하게 해준 사람이 내 비범한 에이전트 캐틴카 맷슨Katinka Matson이다. 첫 편집자였던 힐러리 레드먼Hilary Redmon은 내 계획에 신뢰를 보냈다. 그래서 그녀가 하퍼콜린스에서 다른 출판사로 자리를 옮겼을 때는 몹시 슬펐다. 뒤를 이어 내 책을 맡아준 데니즈 오즈월드Denise Oswald는 열정적이고 현명한 편집자로 늘 내게 힘이 되어주었다.

학부생들과 대학원생들, 그리고 내 연구실에서 박사 후 과정을 밟는 연구원들이 초고를 검토하고 건설적인 제안과 날카로운 조언을 해주었다(공감에 반대하는 책을 쓴다는 건 나를 농담거리와 놀림거리로 내준다는 뜻이다. 내 학생들은 이 유혹에 저항하지 않았다). 애덤 베어Adam Bear, 조애나 데마리 코튼Joanna Demaree-Cotton, 애슐리 조던Ashley Jordan, 질리언 조던Jillian Jordan, 매튜 조던Matthew Jordan(신기하게 성이 같지만 이들은 친척이 아니다), 켈시 켈리Kelsey Kelly, 고든 크래프트 토드Gordon Kraft-Todd, 줄리아 마셜Julia Marshall, 닉 스타그나로, 니나 스트로밍거Nina Strohminger에게 감사한다. 책 전체를 읽고 세세한 조언을 해준 마크 쉬스킨Mark Sheskin, 크리스티나 스타맨스Christina Starmans에게 특별히 감사한다.

공감의 배신

이들 외에도 감사해야 할 사람이 많다. 내가 모르는 게 얼마나 많은 지를 깨닫는 건 황홀한 일이다. 얼마나 많은 사람들이 기꺼이 도움의 손길을 제공해주었는지 모른다. 정신병질, 정서신경과학, 페미니스트 철학, 불교, 의과대학 교육, 정치심리학 등등에 관한 질문을 가지고 친구들과 동료들, 때로는 생판 모르는 사람들을 찾아갔다. 다음 사람들에게 감사한다. 혹시라도 깜빡 잊은 사람이 있다면 용서를 구한다. 도르사 아미르Dorsa Amir, 아리엘 배스킨 소머스Arielle Baskin-Sommers, C. 대니얼 뱃슨, 데릴 캐머런Daryl Cameron, 메리 달리Mary Daly, 호세 두아르테José Duarte, 브라이언 어프Brian Earp, 오언 플래너건, 마이클 프래지어Michael Frazier, 데버라 프라이드Deborah Fried, 앤드루 젤먼Andrew Gelman, 타마 젠들러Tamar Gendler, 애덤 글릭Adam Glick, 조너선 하이트, 폴 해리스, 샘 해리스, 그레고리 힉콕, 레슬리 제이미슨, 존 조스트John Jost, 프랭크 케일Frank Keil, 레이철 클레이먼Rachel Klayman, 세라 콘래스Sara Konrath, 마리안느 라프랑스Marianne LaFrance, 조슈아 랜디, 스코트 릴리엔펠트Scott Lilienfeld, 래리사 맥파쿼, 메건 맨굼Megan Mangum, 케이트 맨, 애비게일 마시, 윌리엄 메도William Meadow, 그레고리 머피Gregory Murphy, 로리 폴, 스티븐 핑커, 데이비드 피자로, 제시 프린츠, 마티유 리카, 일레인 스캐리, 피터 싱어, 폴 슬로빅, 데이비드 리빙스턴 스미스, 엘리엇 소버Elliot Sober, 태믈러 소머스, 제이슨 스탠리Jason Stanley, 제이슨 라이트Jason Wright, 로버트 라이트, 재밀 재키에게 감사한다.

작업이 마무리될 즈음, 브렌다 우드워드Brenda Woodward의 뛰어난 교열 실력 덕을 보았다.

마지막으로 가족들에게 감사한다. 운이 좋게도 혈연과 그 밖의 관계로 맺어진 친척들이 참 많다. 그들은 끊임없이 내게 힘을 북돋워주고, 내가 내 생각에 너무 몰두하게 않게 해준다. 특히 내가 아는 사람 중에 가장 똑똑하고 가장 친절한 우리 장모님 루시 윈Lucy Wynn에게 삼 사드린다.

앞서 출간한 세 권의 책에서는 아동발달을 다루었다. 거기에는 내 아들 맥스Max와 재커리Zachary에 관한 이야기도 담겨 있다. 아이들이 처음으로 한 말, 아이들이 끔찍하게 싫어하는 것, 아이들이 그린 그림, 그리고 아이들의 도덕적 판단과 행동들에 관한 이야기를 책에 담았다. 자라면서 아들들은 이전과 다른 방식으로 내 작업에 영향을 끼쳤다. 연구할 만한 아이디어를 제공해주고, 명석한 이론을 제안하고, 완벽한 지적 스파링 파트너가 되어주었다. 내가 이 책을 쓰는 동안 두 아들은 지적 담론의 초입에 들어섰다. 아이들은 도덕과 정치에 관심이 많다. 이 점을 고려해서 우리는 도덕과 정치에 관해 많은 이야기를 나눴고 이 대화는 내 견해에 깊은 영향을 미쳤다.

내 아내 캐런 윈Karen Wynn은 이 책의 여러 초안을 세심하게 교정하지 '않았다.' 아내는 내가 연구에 몰두한다고 주변 사람들을 조용히 시키지 않았다. 내가 주석 작업을 하는 동안 열이 나는 내 이마를 쓸어주지 않았다. 그건 우리 방식이 아니다. 대신 아내는 내 삶을 완성해주었고, 내가 이 책을 쓰는 시간들을 모험과 동지애와 사랑으로 채워주었다. 캐런은 활동적이고 활기차고 명석하다. 그녀를 내 인생의 파트너로 삼았으니 나는 참 운이 좋은 사람이다. 이 책을 캐런에게 바치고 싶지만, 내 여동생에게 바치기로 이미 약속했기 때문에 그럴 수 없다.

　　　　　　　　　　　공감의 배신

주

프롤로그

1. 2011년 9월 21일, 뉴욕에서 열린 국제연합 총회에서 버락 오바마 대통령이 연설 중에 한 발언으로 다음 자료에서 끌어왔다. Mark Memmott, "Obama Urges Israel, Palestinians to 'Stand in Each Other's Shoes,'" Two-Way Breaking News from NPR (2011/09/21). http://www.npr.org/sections/thetwoway/2011/09/21/140663207/live-blog-obama-addresses-un-generalassembly.

2. Frans De Waal, *The Age of Empathy: Nature's Lessons for a Kinder Society* (New York: Broadway Books, 2010).

3. Jonathan Haidt, "The Emotional Dog and Its Rational Tail: A Social Intuitionist Approach to Moral Judgment," *Psychological Review* 108 (2001): 814-834. 이런 입장을 고수하는 최근 저술은 다음 자료를 참고하라. Jonathan Haidt, *The Righteous Mind: Why Good People Are Divided by Politics and Religion* (New York: Vintage Books, 2012).

4. Frans De Waal, *Primates and Philosophers: How Morality Evolved* (Princeton, NJ: Princeton University Press, 2009), 56.

5. Paul Bloom, *Just Babies: The Origins of Good and Evil* (New York: Crown Publishers, 2013).

6. 여기에 관한 논의는 다음 자료를 참고하라. Antonio R. Damasio, *Descartes' Error* (New York: Random House, 2006).

7. 일례로 다음과 같은 논문이 있다. David G. Rand, Joshua D. Greene, and Martin A. Nowak, "Spontaneous Giving and Calculated Greed," *Nature* 489 (2012): 427-430.

8. Fredrik deBoer, "the future, Mr. Gittes!" (2015/05/10). http://fredrikdeboer.com/2015/05/10/the-future-mr-gittes.

CHAPTER 1 : 타인의 입장에 서기

1. Robert Jay Lifton, *The Nazi Doctors: Medical Killing and the Psychology of Genocide* (New York: Basic Books, 2000).

2. Charles Daniel Batson, *Altruism in Humans* (New York: Oxford University Press, 2011).

3. Jean Decety and Jason M. Cowell, "Friends or Foes: Is Empathy Necessary for Moral Behavior?" *Perspectives on Psychological Science* 9 (2014): 525.

4. Frederique De Vignemont and Tania Singer, "The Empathic Brain: How, When and Why?" *Trends in Cognitive Sciences* 10 (2006): 435.

5. Adam Smith, *The Theory of Moral Sentiments* (Lawrence, KS: Digireads.com, 2010), 9.

6. 앞의 책, 10.

7. John Updike, *Getting the Words Out* (Northridge, CA: Lord John Press, 1988), 17.

8. Nicholas Epley, *Mindwise: Why We Misunderstand What Others Think, Believe, Feel, and Want* (New York: Vintage Books, 2014), 44.

9. Barack Obama, Xavier University Commencement Address, New Orleans,

Louisiana (2006/08/11). http://obamaspeeches.com/087-Xavier-University-Commencement-Address-Obama-Speech.htm.

10. Steven Pinker, *The Better Angels of Our Nature: Why Violence Has Declined* (New York: Penguin Books, 2011), 571-572.

11. *Culture for Building a Culture of Empathy*. http://cultureofempathy.com/Obama/VideoClips.htm.

12. George Lakoff, *The Political Mind: A Cognitive Scientist's Guide to Your Brain and Its Politics* (New York: Penguin Books, 2008), 47.

13. Jeremy Rifkin, "'The Empathic Civilization': Rethinking Human Nature in the Biosphere Era" *Huffington Post* (2010/03/18). http://www.huffingtonpost.com/jeremy-rifkin/theempathic-civilization_b_416589.html.

14. Jeremy Rifkin, *The Empathic Civilization: The Race to Global Consciousness in a World in Crisis* (New York: Penguin Books, 2009), 616.

15. Emily Bazelon, *Sticks and Stones: Defeating the Culture of Bullying and Rediscovering the Power of Character and Empathy* (New York: Random House, 2013), 55.

16. Andrew Solomon, *Far from the Tree: Parents, Children and the Search for Identity* (New York: Simon and Schuster, 2012), 6.

17. Simon Baron-Cohen, *The Science of Evil: On Empathy and the Origins of Cruelty* (New York: Basic Books, 2012), 6.

18. Walt Whitman, *The Complete Poems* (New York: Penguin Classics, 2004), 102.

19. Martin L. Hoffman, *Empathy and Moral Development: Implications for Caring and Justice* (New York: Cambridge University Press, 2001).

20. Jesse Prinz, "Is Empathy Necessary for Morality," *Empathy: Philosophical and Psychological Perspectives*, eds. Amy Coplan and Peter Goldie (New York: Oxford University Press, 2011).

21. Karen Swallow Prior, "'Empathetically Correct' Is the New Politically Correct," *The Atlantic* (2014/05). http://www.theatlantic.com/education/archive/2014/05/empathetically-correct-isthe-new-politically-correct/371442.

22. Greg Lukianoff and Jonathan Haidt, "The Coddling of the American Mind," *The Atlantic* (2015/09), 42-53, http://www.theatlantic.com/magazine/archive/2015/09/the-coddling-of-the-american-mind/399356.

23. C. Daniel Batson and others, "Immorality from Empathy-Induced Altruism: When Compassion and Justice Conflict," *Journal of Personality and Social Psychology* 68 (1995): 1042-1054.

24. Jeffery Gleaves, "Six Questions: The Empathy Exams: Essays, Leslie Jamison on Empathy in Craft and in Life," *Harpers* (2014/03/28). http://harpers.org/blog/2014/03/the-empathyexams-essays.

25. Peter Singer, *The Most Good You Can Do* (New Haven, CT: Yale University Press, 2016), 14.

26. Amy Willis, "Adolf Hitler 'Nearly Drowned as a Child,'" *Telegraph* (2012/01/06). 이 기사를 내게 알려준 도르사 아미르에게 감사한다.

27. 다양한 도덕 이론을 융화시키고픈 야망이 있다면 다음 자료를 참고하라. Derek Parfit, *On What Matters* (New York: Oxford University Press, 2011).

28. 미국에서 발생한 총기 난사 사건 통계에 관한 자세한 분석은 다음 자료를 참고하라. Mark Follman, Gavin Aronsen, and Deanna Pan, "US Mass Shootings, 1982.2016: Data from Mother Jones' Investigation," (2012/12/28). http://www.motherjones.com/politics/2012/12/mass-shootings-mother-jones-full-data.

29. Kristen V. Brown, "Teddy Bears and Toys Inundate Newtown," *Connecticut Post* (2012/12/17). http://www.ctpost.com/local/article/Teddy-bears-and-toys-inundate-Newtown-4150578.php.

30. Annie Dillard, *For the Time Being* (New York: Vintage Books: 2010), 45.

31. 매사추세츠주에서 귀휴제도를 시행한 결과에 관한 연구는 다음 자료를 참고하라. Massachusetts Department of Correction, "The Massachusetts Furlough Program," (1987/05). http:// www.prisonpolicy.org/scans/MA-DOC/Furloughpositionpaper.pdf.

32. Thomas Colby, "In Defense of Judicial Empathy," *Minnesota Law Review* 96 (2012): 1944-2015.

33. Jon Sutton, Peter K. Smith, and John Swettenham, "Bullying and 'Theory of Mind': A Critique of the 'Social Skills Deficit' View of Anti-social Behaviour," *Social Development* 8 (1999): 117-127.

34. George Orwell, *1984* (New York: Signet Classics, 1950), 257.

35. 앞의 책, 271.

36. Lynn E. O'Connor and Jack W. Berry, "Forum: Against Empathy," *Boston Review* (2014/08). http://bostonreview.net/forum/against-empathy/lynn-e-oconnor-jack-w-berry-responseagainst-empathy-oconnor.

37. L. Christov-Moore and M. Iacoboni, "Forum: Against Empathy," *Boston Review* (2014/08). https://bostonreview.net/forum/against-empathy/leonardo-christov-mooremarco-iacoboni-response-against-empathy-iacoboni.

38. David Hume, *A Treatise of Human Nature* (Oxford: Oxford University Press, 1978), 415.

39. Adam Smith, *The Theory of Moral Sentiments* (Lawrence, KS: Digireads.com, 2010), 95.

40. Peter Singer, "Famine, Affluence, and Morality," *Philosophy and Public Affairs* 1 (1972): 229-243.

41. Larissa MacFarquhar, *Strangers Drowning: Grappling with Impossible Idealism, Drastic Choices, and the Overpowering Urge to Help* (New York: Penguin Press: 2015), 44.

42. Abigail A. Marsh and others, "Neural and Cognitive Characteristics of Extraordinary Altruists," *Proceedings of the National Academy of Sciences* 111 (2014): 15036-15041.

43. Joshua Landy, "Slight Expectations: Literature in (a) Crisis" (미출간 원고, Stanford University, n.d.).

44. 앞의 글.

45. Michael P. Lynch, *In Praise of Reason: Why Rationality Matters for Democracy* (Cambridge, MA: MIT Press, 2012).

46. James Rachels and Stuart Rachels, *The Elements of Moral Philosophy* (New York: McGraw Hill, 1993), 19.

CHAPTER 2: 공감 해부학

1. 예를 들면 다음과 같은 연구가 있다. Kevin J. Haley and Daniel MT Fessler, "Nobody's Watching? Subtle Cues Affect Generosity in an Anonymous Economic Game," *Evolution and Human behavior* 26 (2005): 245-256. Melissa Bateson, Daniel Nettle, and Gilbert Roberts, "Cues of Being Watched Enhance Cooperation in a Real-World Setting," *Biology Letters* 2 (2006): 412-414.

2. 이에 관해서는 다음 자료를 참고하라. Joseph Henrich and Natalie Hen-rich, *Why Humans Cooperate: A Cultural and Evolutionary Explanation* (New York: Oxford University Press, 2007).

3. 이 실험에 관해서는 다음 자료를 참고하라. Charles Daniel Batson, *Altruism in Humans* (New York: Oxford University Press, 2011).

4. 이 논의는 인터넷에 게재한 내 글을 수정한 것이다. "Where Does It Happen in the Brain?" EDGE Conversations, "What's the Question About Your Field That You Dread Being Asked?" (2013/03/28). https://edge. org/conversation/whats-thequestion-about-your-field-that-you-dread-be-

ing–asked.

5. Simon Baron-Cohen, *The Science of Evil: On Empathy and the Origins of Cruelty* (New York: Basic Books, 2012), 40.

6. 이 연구에 관한 최초의 보고서는 다음 자료에 실려 있다. Giuseppe Di Pellegrino and others, "Understanding Motor Events: A Neurophysiological Study," *Experimental Brain Research* 91 (1992): 176–180. '거울 뉴런'이라는 용어를 사용한 최초의 논문은 다음 자료에 실려 있다. Vittorio Gallese and others, "Action Recognition in the Premotor Cortex," *Brain* 119 (1996): 593–609. 일반적인 논의와 논평에 관해서는 다음 자료를 참고하라. Marco Iacoboni, *Mirroring People: The New Science of How We Connect with Others* (New York: Macmillan, 2009).

7. V. S. Ramachandran, "Mirror Neurons and Imitation Learning as the Driving Force behind 'The Great Leap Forward' in Human Evolution," (2000/06/01). Edge Video, transcript at https://www. edge.org/3rd_culture/ramachandran/ramachandran_index.html.

8. Iacoboni, *Mirroring People*, 4.

9. Gregory Hickok, *The Myth of Mirror Neurons: The Real Neuroscience of Communication and Cognition* (New York: W. W. Norton, 2014).

10. 히콕의 책과 함께 다음 자료를 참고하라. Steven Pinker, *The Better Angels of Our Nature: Why Violence Has Declined* (New York: Penguin Books, 2011). Alison Gopnik, "Cells That Read Minds? What the Myth of Mirror Neurons Gets Wrong About the Human Brain," *Slate* (2007/04/26). www.slate.com/articles/life/brains/2007/04/cells_that_read_minds.html. Richard Cook and others, "Mirror Neurons: From Origin to Function," *Behavioral and Brain Sciences* 37 (2014): 177–192.

11. 이에 관한 논평은 다음을 참고하라. Jamil Zaki and Kevin Ochsner, "The Cognitive Neuroscience of Sharing and Understanding Others' Emotions,"

Empathy: From Bench to Bedside, ed. Jean Decety (Cambridge, MA: MIT Press, 2012).

12. 이에 관한 논평은 다음을 참고하라. Jean Decety and Jason M. Cowell, "Friends or Foes: Is Empathy Necessary for Moral Behavior?" *Perspectives on Psychological Science* 9 (2014): 525-537; Jamil Zaki and Kevin N. Ochsner, "The Neuroscience of Empathy: Progress, Pitfalls and Promise," *Nature Neuroscience* 155 (2012): 675-680.

13. Matthew Botvinick and others, "Viewing Facial Expressions of Pain Engages Cortical Areas Involved in the Direct Experience of Pain," *Neuroimage* 25 (2005): 312.

14. Jean Decety and Kalina J. Michalska, "Neurodevelopmental Changes in the Circuits Underlying Empathy and Sympathy from Childhood to Adulthood," *Developmental Science* 13 (2010): 886-899.

15. Bruno Wicker and others, "Both of Us Disgusted in My Insula: The Common Neural Basis of Seeing and Feeling Disgust," *Neuron* 40 (2003): 655-664.

16. Michael Agger, "2 Girls 1 Cup 0 Shame," *Slate* (2008/01/31). http://www.slate.com/articles/technology/the_ browser/2008/01/2_girls_1_cup_0_shame.html.

17. 시뮬레이션 이론에 관해서는 다음을 참고하라. Alvin I. Goldman, *Simulating Minds: The Philosophy, Psychology, and Neuroscience of Mindreading* (New York: Oxford University Press, 2006).

18. Hickock, *Myth of Mirror Neurons*.

19. Adam Smith, *The Theory of Moral Sentiments* (Lawrence, KS: Digireads.com, 2010), 18.

20. 예를 들어 다음 자료를 참고하라. John T. Lanzetta and Basil G. Englis, "Expectations of Cooperation and Competition and Their Effects on Ob-

공감의 배신

servers' Vicarious Emotional Responses," *Journal of Personality and Social Psychology* 56 (1989): 543-554. 이에 관한 논평에 관해서는 다음을 참고하라. Pinker, *Better Angels*.

21. Jean Decety, Stephanie Echols, and Joshua Correll, "The Blame Game: The Effect of Responsibility and Social Stigma on Empathy for Pain," *Journal of Cognitive Neuroscience* 22 (2010): 985-997.

22. Smith, *Moral Sentiments*, 33.

23. Grit Hein and others, "Neural Responses to Ingroup and Outgroup Members' Suffering Predict Individual Differences in Costly Helping," *Neuron* 68 (2010): 149-160.

24. Lasana T. Harris and Susan T. Fiske, "Dehumanizing the Lowest of the Low: Neuroimaging Responses to Extreme Out-Groups," *Psychological Science* 17 (2006): 847-853.

25. 내게 이 점을 지적해준 엘리엇 소버Elliott Sober에게 감사한다.

26. Zaki and Ochsner, "The Neuroscience of Empathy."

27. Christian Keysers and Valeria Gazzola, "Dissociating the Ability and Propensity for Empathy," *Trends in Cognitive Sciences* 18 (2014): 163.

28. Jean-Jacques Rousseau, *Emile or On Education* (Sioux Falls, SD: NuVision Publications, 2007), 210.

29. Jonathan Glover, *Humanity* (New Haven, CT: Yale University Press, 2012), 379-380.

30. Pinker, *Better Angels*, 575.

31. Herbert George Wells, *The Island of Doctor Moreau* (New York: Dover Publications, 1996), 26. 이 사례를 알려준 크리스티나 스타먼스에게 감사한다.

32. C. Daniel Batson, *Altruism in Humans* (New York: Oxford University Press, 2011).

33. 비슷한 분석에 관해서는 다음을 참고하라. Martin L. Hoffman, *Empathy and Moral Development: Implications for Caring and Justice* (New York: Cambridge University Press, 2001).

34. Mark H. Davis, "A Multidimensional Approach to Individual Differences in Empathy," *JSAS Catalog of Selected Documents in Psychology* 10 (1980): 85.

35. Konika Banerjee and Paul Bloom, "Why Did This Happen to Me? Religious Believers' and Non-Believers' Teleological Reasoning About Life Events," *Cognition* 133 (2014): 277-303.

36. Simon Baron-Cohen and Sally Wheelwright, "The Empathy Quotient: An Investigation of Adults with Asperger Syndrome or High Functioning Autism, and Normal Sex Differences," *Journal of Autism and Developmental Disorders* 34 (2004): 163-175.

37. 관련 자료에는 다음과 같은 논문들이 포함된다. Bill Underwood and Bert Moore, "Perspective-Taking and Altruism," *Psychological Bulletin* 91 (1982): 143-173. Nancy Eisenberg and Paul A. Miller, "The Relation of Empathy to Prosocial and Related Behaviors," *Psychological Bulletin* 101 (1987): 91-119. Steven L. Neuberg and others, "Does Empathy Lead to Anything More Than Superficial Helping? Comment on Batson et al. (1997)," *Journal of Personality and Social Psychology* 73 (1997): 510-516. Jesse Prinz, "Is Empathy Necessary for Morality," *Empathy: Philosophical and Psychological Perspectives*, eds. Amy Coplan and Peter Goldie (New York: Oxford University Press, 2011).

38. David D. Vachon, Donald R. Lynam, and Jarrod A. Johnson, "The (Non) Relation Between Empathy and Aggression: Surprising Results from a Meta-Analysis," *Psychological Bulletin* 140 (2014): 16.

CHAPTER 3 : 선을 행한다는 것

1. C. Daniel Batson et al., "Immorality from Empathy-Induced Altruism: When Compassion and Justice Conflict," *Journal of Personality and Social Psychology* 68 (1995): 1043, 1048.

2. Deborah A. Small and George Loewenstein, "Helping a Victim or Helping the Victim: Altruism and Identifiability," *Journal of Risk and Uncertainty* 26 (2003): 5-16.

3. 앞의 글.

4. Tehila Kogut and Ilana Ritov, "The Singularity Effect of Identified Victims in Separate and Joint Evaluations," *Organizational Behavior and Human Decision Processes* 97 (2005): 106-116.

5. Thomas C. Schelling, "The Life You Save May Be Your Own," in *Problems in Public Expenditure Analysis*, ed. Samuel B. Chase Jr. (Washington, D.C.: Brookings Institution, 1968), 128.

6. Sonia Smith, "Baby Jessica: 25 Years Later," *Texas Monthly* (2012/10/17). http://www.texasmonthly.com/articles/baby-jessica-25-years-later.

7. Paul Slovic, "If I Look at the Mass I Will Never Act: Numbing and Genocide," *Judgment and Decision Making* 2 (2007): 79-95.

8. Adam Smith, *The Theory of Moral Sentiments* (Lawrence, KS: Digireads. com, 2010), 94.

9. 다음 책도 참고하라. Paul Bloom, *Just Babies: The Origins of Good and Evil* (New York: Crown Publishers, 2013).

10. Walter Isaacson, *Time* essay (1992/12/21). 이 글은 다음 인용처에 실려 있다. Charles Daniel Batson, *Altruism in Humans* (New York: Oxford University Press, 2011), 198.

11. Philip Gourevitch, "Alms Dealers: Can You Provide Humanitarian Aid Without Facilitating Conflicts?" *The New Yorker* (2010/10/11).

12. 일례로 다음과 같은 책이 있다. Enrico Louis Quarantelli, ed., *What Is a Disaster? A Dozen Perspectives on the Question* (London: Routledge, 2005).

13. Peter Singer, *The Most Good You Can Do* (New Haven, CT: Yale University Press, 2016), 6.

14. 앞의 책, 5.

15. 대외 원조를 회의적으로 바라보고 우려를 표하는 입장이 다음 자료를 비롯하여 여러 곳에서 제기되고 있다. Abhijit Banerjee and Esther Duflo, *Poor Economics: A Radical Rethinking of the Way to Fight Global Poverty* (New York: PublicAffairs, 2012); William Russell Easterly, *The White Man's Burden: Why the West's Efforts to Aid the Rest Have Done So Much Ill and So Little Good* (New York: Penguin Press, 2006); Ken Sterns, *With Charity for All: Why Charities Are Failing and a Better Way to Give* (New York: Anchor Books, 2013); Linda Polman, *The Crisis Caravan: What's Wrong with Humanitarian Aid?* (New York: Macmillan, 2010).

16. T. Fuller, "Cambodian Activist's Fall Exposes Broad Deception," *New York Times* (2014/06/14).

17. Kathy Graham, "The Life You Can Save," *Happy and Well* (2013/05/27). http://www.happyandwell.com.au/lifesave.

18. Peter Singer, *The Most Good You Can Do* (New Haven, CT: Yale University Press, 2016), 87.

19. Jennifer Rubenstein, "Forum: The Logic of Effective Altruism," *Boston Review* (2015/06/06). https://bostonreview.net/forum/logic-effective-altruism/jennifer-rubenstein-responseeffective-altruism.

20. 다음 자료를 참고하라. Peter Singer, "Forum: Logic of Effective Altruism," *Boston Review* (2015/07/06). https:// bostonreview.net/forum/peter-singer-logic-effective-altruism. '효율적 이타주의'에 관한 비평은 다음을 참고하라. A. Srinivasan, "Stop the Robot Apocalypse: The New Utilitarians,"

공감의 배신

London Review of Books (2015/09/24).

21. Scott Alexander, "Beware Systemic Change," *Slate Star Codex* (2015/09/22). http://slatestarcodex.com/2015/09/22/beware-systemic-change.

22. Larissa MacFarquhar, "Forum: Logic of Effective Altruism," https://bostonreview.net/forum/logic-effective-altruism/larissa-macfarquhar-response-effective-altruism.

23. Paul Brest, "Forum: Logic of Effective Altruism," https://bostonreview.net/forum/logic-effective-altruism/paulbrest-response-effective-altruism.

24. Catherine Tumber, "Forum: Logic of Effective Altruism," https://bostonreview.net/forum/logic-effectivealtruism/catherine-tumber-response-effective-altruism.

25. Peter Singer, "Forum: Logic of Effective Altruism, Reply," https://bostonreview.net/forum/logic-effective-altruism/ peter-singer-reply-effective-altruism-responses.

26. Elaine Scarry, "The Difficulty of Imagining Other People," in *For Love of Country: Debating the Limits of Patriotism*, eds. Martha Nussbaum and Joshua Cohen (Boston: Beacon Press, 1996), 102.

27. Martha C. Nussbaum, *Upheavals of Thought: The Intelligence of the Emotions* (New York: Cambridge University Press, 2003).

28. Steven Pinker, *The Better Angels of Our Nature: Why Violence Has Declined* (New York: Penguin Books, 2011), 589.

29. Scarry, "The Difficulty", 106.

30. 다음 자료에서 인용했다. Bekka Williams, "Just Want a Shitty Body," *Louis C. K. and Philosophy*, ed. Mark Ralkowski (Chicago, IL: Open Court).

31. Simon Baron-Cohen, "Forum: Against Empathy," *Boston Review* (2014/08).

32. Tim Harcourt, "No Longer a Dismal Science," *The Spectator* (2013/03/09). http://www.spectator.co.uk/2013/03/nolonger-a-dismal-sciencc.

33. 앞의 글.

INTERLUDE: 공감의 정치학

1. George Lakoff, *The Political Mind: A Cognitive Scientist's Guide to Your Brain and Its Politics* (New York: Penguin Books, 2008), 47.

2. Dan Kahan, "Do Mass Political Opinions Cohere: And Do Psychologists 'Generalize Without Evidence' More Often Than Political Scientists?" (New Haven, CT: Cultural Cognition Project at Yale Law School, 2012/12/20). http://www.culturalcognition.net/blog/2012/12/20/do-mass-political-opinions-cohere-anddo-psychologists-gener.html.

3. 다음 자료에서 인용했다. John R. Hibbing, Kevin B. Smith, and John R. Alford, "Differences in Negativity Bias Underlie Variations in Political Ideology," *Behavioral and Brain Sciences* 37 (2014): 297–307.

4. 앞의 글, 305.

5. 앞의 글, 297–307.

6. Peter Baker and Amy Chozick, "Some Conservatives Say Deadly Force Used to Subdue Garner Didn't Fit the Crime," *New York Times* (2014/12/4).

7. Clifford P. McCue and J. David Gopoian, "Dispositional Empathy and the Political Gender Gap," *Women and Politics* 21 (2000): 6.

8. Derek Thompson, "The Meaning of Mitt Romney saying 'I like Being Able to Fire People," *The Atlantic* (2012/01/09). http://www.theatlantic.com/business/archive/2012/01/themeaning-of-mitt-romney-saying-i-like-being-able-to-fire-people/251090.

9. George Lakoff, *Whose Freedom? The Battle Over America's Most Important Idea* (New York: Macmillan, 2006), 193.

10. 일례로 다음 책을 참고하라. Thomas Sowell, *A Conflict of Visions: Ideological Origins of Political Struggles* (New York: Basic Books, 2007).

11. Jonathan Haidt, *The Righteous Mind: Why Good People Are Divided by Politics and Religion* (New York: Vintage Books, 2012).

12. Ravi Iyer and others, "Understanding Libertarian Morality: The Psychological Dispositions of Self-Identified Libertarians," *PLOS ONE* (2012/08/21). http://journals.plos.org/plosone/ article?id=10.1371/journal.pone.0042366.

13. Susan Pinker, *The Sexual Paradox: Men, Women and the Real Gender Gap* (New York: Simon and Schuster: 2009); Simon Baron-Cohen, *The Essential Difference: Male and Female Brains and the Truth About Autism* (New York: Basic Books, 2004).

14. McCue and Gopoian, *Women and Politics* 21: 1–20.

15. Iver et al., "Understanding Libertarian Morality."

16. Eliana Johnson, "Obama: If Michelle Lived in Rural Iowa, She'd Want a Gun, Too," *National Review* (2013/08/03). http://www.nationalreview.com/corner/344619/obama-ifmichelle-lived-rural-iowa-shed-want-gun-too-eliana-johnson.

17. Eric Bradner, "Former Bush Officials Defend Interrogation Tactics," *CNN Politics* (2014/12/15). http://www.cnn.com/2014/12/15/politics/torture-report-reaction-roundup.

18. Thomas Colby, "In Defense of Judicial Empathy," *Minnesota Law Review* 96 (2012): 1944–2015.

CHAPTER 4: 친밀한 관계에서의 공감

1. David M. Buss, "Sex Differences in Human Mate Preferences: Evolutionary Hypotheses Tested in 37 Cultures," *Behavioral and Brain Sciences* 12.01

(1989): 1-14.

2. Adam Smith, *The Theory of Moral Sentiments* (Lawrence, KS: Digireads. com, 2010), 62.

3. Paul Bloom, "The Baby in the Well: The Case Against Empathy," *The New Yorker* 118 (2013): 118-121.

4. Simon Baron-Cohen, *The Science of Evil: On Empathy and the Origins of Cruelty* (New York: Basic Books, 2012), 26-27.

5. Vicki S. Helgeson and Heidi L. Fritz, "Unmitigated Agency and Unmitigated Communion: Distinctions from Agency and Communion," *Journal of Research in Personality* 33, (1999): 131-158; Heidi L. Fritz and Vicki S. Helgeson, "Distinctions of Unmitigated Communion from Communion: Self-Neglect and Over-involvement with Others," *Journal of Personality and Social Psychology* 75 (1998): 121-140; Vicki S. Helgeson and Heidi L. Fritz, "A Theory of Unmitigated Communion," *Personality and Social Psychology Review* 2 (1998): 173-183.

6. Helgeson and Frit, "A theory," 177.

7. Barbara Oakley, *Cold-Blooded Kindness: Neuroquirks of a Codependent Killer, or Just Give Me a Shot at Loving You, Dear, and Other Reflections on Helping That Hurts* (Amherst, NY: Prometheus Books, 2011), 69.

8. David Bakan, *The Duality of Human Existence: An Essay on Psychology and Religion* (Chicago: Rand McNally, 1966).

9. 다음 자료도 참고하라. Janet T. Spence, Robert L. Helmreich, and Carole K. Holahan, "Negative and Positive Components of Psychological Masculinity and Femininity and Their Relationships to Self-Reports of Neurotic and Acting Out Behaviors," *Journal of Personality and Social Psychology* 37 (1979): 1673-1682.

10. Elizabeth Dunn and Michael Norton, *Happy Money: The Science of Smarter*

Spending (New York: Simon and Schuster, 2013).

11. Charles Goodman, *Consequences of Compassion: An Interpretation and Defense of Buddhist Ethics* (New York: Oxford University Press, 2009).

12. Tania Singer and Olga M. Klimecki, "Empathy and Compassion," *Current Biology* 24 (2014): R875.

13. 앞의 글.

14. O. Klimecki, M. Matthieu Ricard, and Tania Singer, "Empathy Versus Compassion: Lessons from 1st and 3rd Person Methods," in *Compassion: Bridging Practice and Science*, eds. Tania Singer and Matthias Bolz, (Max Planck Society, 2013), e-book at http:// www.compassion-training. org/?lang=en&page=home.

15. 앞의 글.

16. 일례로 다음을 참고하라. Olga M. Klimecki and others, "Differential Pattern of Functional Brain Plasticity after Compassion and Empathy Training," *Social Cognitive and Affective Neuroscience* 9 (2014): 873–879.

17. Singer and Klimecki, *Current Biology* 24 (2014): R878.

18. Paul Condon and others, "Meditation Increases Compassionate Responses to Suffering," *Psychological Science* 24 (2013): 2125–2127; Daniel Lim, Paul Condon, and David DeSteno, "Mindfulness and Compassion: An Examination of Mechanism and Scalability," *PLOS ONE* 10 (2015): e0118221.

19. David DeSteno, "The Kindness Cure," *The Atlantic* (2015/07/21). http:// www.theatlantic.com/health/archive/2015/07/mindfulness-meditation-empathycompassion/398867.

20. Leonardo Christov-Moore and Marco Iacoboni, "Forum: Against Empathy," *Boston Review* (2014/08). https://bostonreview.net/forum/against-empathy/leonardochristov-moore-marco-iacoboni-response-against-empathy-iacoboni.

21. Lynn E. O'Connor and Jack W. Berry, "Forum: Against Empathy," *Boston Review* (2014/08). https://bostonreview.net/forum/against-empathy/lynn-e-oconnor-jack-w-berryresponse-against-empathy-oconnor.

22. Melanie Neumann and others, "Empathy Decline and Its Reasons: A Systematic Review of Studies with Medical Students and Residents," *Academic Medicine* 86 (2011): 996-1009.

23. Christine Montross, "Forum: Against Empathy," *Boston Review* (2014/08). https://bostonreview.net/forum/against-empathy/christine-montross-response-against-empathymontross.

24. 앞의 글.

25. Martin L. Hoffman, *Empathy and Moral Development: Implications for Caring and Justice* (New York: Cambridge University Press, 2001).

26. Atul Gawande, "Final Cut. Medical Arrogance and the Decline of the Autopsy," *The New Yorker* 77 (2001): 94-99.

27. Peter Kramer, *Freud: Inventor of the Modern Mind* (New York: HarperCollins, 2006), 26.

28. Leslie Jamison, *The Empathy Exams: Essays* (New York: Macmillan, 2014), 17.

29. Montross, "Forum: Against Empathy."

30. Leslie Jamison, "Forum: Against Empathy," *Boston Review* (2014/08). https://bostonreview.net/forum/againstempathy/leslie-jamison-response-against-empathy-leslie-jamison.

31. Laurie Ann Paul, *Transformative Experience* (New York: Oxford University Press, 2014).

32. Frank Jackson, "What Mary Didn't Know," *Journal of Philosophy* 83 (1986): 291-295.

33. 이 논의는 다음 책에 바탕을 두고 있다. Russ Roberts, *How Adam Smith*

공감의 배신

Can Change Your Life: An Unexpected Guide to Human Nature and Happiness
(New York: Portfolio/Penguin, 2014).

34. Smith, *Moral Sentiments*, 19.

35. 앞의 책, 32.

36. 앞의 책, 33.

37. 앞의 책, 37.

38. 이에 관한 논의는 다음을 참고하라. Charles Daniel Batson, *Altruism in Humans* (New York: Oxford University Press, 2011).

39. Stephen Darwall, *Honor, History, and Relationship: Essays in Second-Personal Ethics II* (New York: Oxford University Press, 2013), 125–126.

40. Michael Slote, "Reply to Noddings, Darwall, Wren, and Fullinwider," *Theory and Research in Education* 8 (2010): 187–197.

41. Heidi Hawkins Lockwood, "On Apology Redux," *Feminist Philosophers* (2014/09/25). http://feministphilosophers.wordpress.com/2014/09/25/on-apology-redux.

42. Aaron Lazare, *On Apology* (New York: Oxford University Press, 2005), 42.

43. Pamela Hieronymi, "Articulating an Uncompromising Forgiveness," *Philosophy and Phenomenological Research* 62 (2001): 546.

44. http://normanfinkelstein.com/2014/02/02/an-alienated-finkelstein-discusses-his-writing-being-unemployable-andnoam-chomsky.

45. Stephen T. Asma, *Against Fairness* (Chicago: University of Chicago Press, 2012), 1.

46. George Orwell, "Reflections on Gandhi," in *A Collection of Essays* (New York: Harvest, 1970), 176.

47. 피터 싱어의 시각에 관한 최신 자료는 다음을 참고하라. Peter Singer, *The Most Good You Can Do* (New Haven, CT: Yale University Press, 2016).

48. Larissa MacFarquhar, *Strangers Drowning: Grappling with Impossible Ideal-*

ism, Drastic Choices, and the Overpowering Urge to Help (New York: Penguin, 2015), 8.

49. MacFarquhar, *Strangers Drowning*, 8.

INTERLUDE: 공감은 도덕의 근간인가

1. Martin L. Hoffman, *Empathy and Moral Development: Implications for Caring and Justice* (New York: Cambridge University Press, 2001), 4 and 3.

2. Michael T. Ghiselin, *The Economy of Nature and the Evolution of Sex* (Berkeley: University of California Press, 1976), 247.

3. C. Daniel Batson and others, "Where Is the Altruism in the Altruistic Personality?" *Journal of Personality and Social Psychology* 50 (1986): 212-220.

4. William James, *Psychology: Briefer Course*, vol.14 (Cambridge, MA: Harvard University Press, 1984), 386.

5. 일례로 다음 자료를 들 수 있다. Frans De Waal, *Primates and Philosophers: How Morality Evolved* (Princeton, NJ; Princeton University Press, 2009).

6. 주요 실험 연구 사례로 다음을 참고하라. C. Zahn-Waxler, J. L. Robinson, and R. N. Emde, "The Development of Empathy in Twins," *Developmental Psychology* 28 (1992): 1038-1047; C. Zahn-Waxler and others, "Development of Concern for Others," *Developmental Psychology* 28 (1992): 126-136.

7. F. Warneken and M. Tomasello, "Altruistic Helping in Human Infants and Young Chimpanzees," *Science* 311 (2006): 1301-1303; F. Warneken and M. Tomasello, "Helping and Cooperation at 14 Months of Age," *Infancy* 11 (2007): 271-294; 관련 비평은 다음을 참고하라. Michael Tomasello, *Why We Cooperate* (Cambridge, MA: MIT Press, 2009).

8. Richard Cook and others, "Mirror Neurons: From Origin to Function," *Behavioral and Brain Sciences* 37 (2014): 177-192.

9. Andrew N. Meltzoff and M. Keith Moore, "Imitation of Facial and Manual Gestures by Human Neonates," *Science* 198 (1977): 75-78.

10. Cook and others, "Mirror Neurons."

11. Maria Laura Filippetti and others, "Body Perception in Newborns," *Current Biology* 23 (2013): 2413-2416; Maria Laura Filippetti and others, "Newborn Body Perception: Sensitivity to Spatial Congruency," *Infancy* 20 (2015): 455-465; 이에 관한 비평과 토론에 관해서는 다음을 참고하라. Peter J. Marshall and Andrew N. Meltzoff, "Body Maps in the Infant Brain," *Trends in Cognitive Sciences* 19 (2015): 499-505.

12. C. Darwin, "A Biographical Sketch of an Infant," *Mind* 2 (1877): 289.

13. 비평은 다음을 참고하라. Hoffman, *Empathy and Moral Development*.

14. Paul Bloom, *Just Babies: The Origins of Good and Evil* (New York: Crown Publishers, 2013).

15. G. E. J. Rice, "Aiding Behavior vs. Fear in the Albino Rat," *Psychological Record* 14 (1964): 165-170, cited by S. D. Preston and F. B. M. de Waal, "Empathy: Its Ultimate and Proximate Bases," *Behavioral and Brain Sciences* 25 (2002): 1-71.

16. Paul Harris, "The Early Emergence of Concern for Others" (미출간 원고, Harvard University, n.d.).

17. 다음 책이 그 예다. Judy Dunn and Carol Kendrick, *Siblings: Love, Envy, and Understanding* (Cambridge, MA: Harvard University Press, 1982), 115.

18. Dale F. Hay, Alison Nash, and Jan Pedersen, "Responses of Six-Month-Olds to the Distress of Their Peers," *Child Development* (1981): 1071-1075.

19. Frans B. M. De Waal and Filippo Aureli, "Consolation, Reconciliation, and a Possible Cognitive Difference Between Macaques and Chimpanzees,"

Reaching into Thought: The Minds of the Great Apes (1996): 80-110.

20. Harris, "Early Emergence."

CHAPTER 5: 폭력과 잔인함

1. Steve Friess, "A Liberator but Never Free," *The New Republic* (2015/05/17). http://www.newrepublic.com/article/121779/ liberator-never-free.

2. Michael R. Gottfredson and Travis Hirschi, *A General Theory of Crime* (Stanford, CA: Stanford University Press, 1990).

3. Roy F. Baumeister, *Evil: Inside Human Violence and Cruelty* (New York: Macmillan, 1999).

4. Adrian Raine, *The Anatomy of Violence: The Biological Roots of Crime* (New York: Vintage Books, 2013).

5. Paul Bloom, "Natural-Born Killers," *New York Times Sunday Book Review* (2013/06/21).

6. Baumeister, *Evil*, 17.

7. David Livingstone Smith, *Less Than Human: Why We Demean, Enslave, and Exterminate Others* (New York: Macmillan, 2011).

8. Steven Pinker, *The Better Angels of Our Nature: Why Violence Has Declined* (New York: Penguin Books, 2011).

9. Baumeister, *Evil*, 6.

10. Roy F. Baumeister, Arlene Stillwell, and Sara R. Wotman, "Victim and Perpetrator Accounts of Interpersonal Conflict: Autobiographical Narratives About Anger," *Journal of Personality and Social Psychology* 59 (1990): 994-1005.

11. Roy F. Baumeister, "Human Evil: The Myth of Pure Evil and the True Causes of Violence," in *The Social Psychology of Morality: Exploring the Causes of Good and Evil*, eds. Mario Mikulincer and Philip. R. Shaver (Washing-

공감의 배신

ton, D.C.: American Psychological Association, 2012).

12. Pinker, *Better Angels*, 622.

13. Baumeister, *Evil*, 169.

14. Tage Rai, "How Could They?" *Aeon Magazine* (2015/06/18). http://aeon. co/magazine/philosophy/people-doviolence-because-their-moral-codes-demand-it.

15. Caroline Mortimer, "Man Let Daughter Drown Rather Than Have Strange Men Touch Her, Dubai Police Claim," *The Independent* (2015/08/10). http://www.independent.co.uk/news/world/ middle-east/man-lets-daughter-drown-rather-than-let-strange-mentouch-her-10448008.html.

16. 다음 책에서 인용했다. Jonathan Glover, *Humanity* (New Haven, CT: Yale University Press, 2012), 115.

17. Simon Baron-Cohen, "Forum: Against Empathy," *Boston Review* (2014/08). https://bostonreview.net/forum/against-empathy/simon-baron-cohen-response-against-empathy-baron-cohen.

18. 이 사례를 귀띔해준 맥스 블룸에게 감사한다.

19. Adam Smith, *The Theory of Moral Sentiments* (Lawrence, KS: Digireads. com, 2010), 98-99.

20. Ann Coulter, *Adios, America: The Left's Plan to Turn Our Country into a Third World Hellhole* (Washington, D.C.: Regnery Publishing, 2015).

21. Anneke E. K. Buffone and Michael J. Poulin, "Empathy, Target Distress, and Neurohormone Genes Interact to Predict Aggression for Others—Even Without Provocation," *Personality and Social Psychology Bulletin* 40 (2014): 1406-1422.

22. Michael N. Stagnaro and Paul Bloom, "The Paradoxical Effects of Empathy on the Willingness to Punish" (미출간 원고, Yale University, 2016).

23. Arnold Arluke, *Regarding Animals* (Philadelphia: Temple University Press,

1996), 152.

24. Jennifer L. Skeem and others, "Psychopathic Personality: Bridging the Gap Between Scientific Evidence and Public Policy," *Psychological Science in the Public Interest* 12 (2011): 95-162.

25. 이 표는 다음 자료에서 발췌했다. Skeem and others, "Psychopathic Personality."

26. 앞의 글.

27. 앞의 글.

28. Jesse Prinz, "Is Empathy Necessary for Morality," *Empathy: Philosophical and Psychological Perspectives*, eds. Amy Coplan and Peter Goldie (New York: Oxford University Press, 2011).

29. Hervey M. Cleckley, *The Mask of Sanity: An Attempt to Clarify Some Issues About the So-Called Psychopathic Personality* (Augusta, GA: Emily S. Cleckley, 1988). 이 자료는 다음에 인용되었다. Prinz, "Is Empathy Necessary."

30. Skeem and others, "Psychopathic Personality."

31. David D. Vachon, Donald R. Lynam, and Jarrod A. Johnson, "The (Non) Relation Between Empathy and Aggression: Surprising Results from a Meta-Analysis," Psychological Bulletin 140 (2014): 751-773.

32. Ruth C. M. Philip and others, "A Systematic Review and Meta-Analysis of the Fmri Investigation of Autism Spectrum Disorders," *Neuroscience and Biobehavioral Reviews* 36 (2012): 901-942. 다음 자료도 참고하라. Simon Baron-Cohen, *The Science of Evil: On Empathy and the Origins of Cruelty* (New York: Basic Books, 2012).

33. Baron-Cohen, *Science of Evil*.

34. Smith, *Less Than Human*.

35. 앞의 책, 115.

36. Jacques-Philippe Leyens and others, "The Emotional Side of Prejudice: The

Attribution of Secondary Emotions to Ingroups and Outgroups," *Personality and Social Psychology Review* 4 (2000): 186-197.

37. Leyens and others, "Emotional Side of Prejudice." 다음 자료도 참고하라. Nick Haslam, "Dehumanization: An Integrative Review," *Personality and Social Psychology Review* 10 (2006): 252-264.

38. Andrea Dworkin, *Pornography: Men Possessing Women* (New York: Putnam Press, 1981); Catharine A MacKinnon, *Only Words* (Cambridge, MA: Harvard University Press, 1993); Martha C. Nussbaum, "Objectification," *Philosophy and Public Affairs* 24 (1995): 249-291. 리뷰는 다음을 보라. Evangelia Papadaki, "Sexual Objectification: From Kant to Contemporary Feminism," *Contemporary Political Theory* 6 (2007): 330-348.

39. Nussbaum, "Objectification," 257.

40. 이 개념에 대한 간단한 논의는 다음을 참고하라(앞으로 이에 관한 글을 더 썼으면 한다). Paul Bloom, "The Ways of Lust," *New York Times* (2013/12/01).

41. Smith, *Less Than Human*, 11.

42. Kate Manne, "In Ferguson and Beyond, Punishing Humanity," *New York Times* (2014/10/12).

43. Kwame Anthony Appiah, *Experiments in Ethics* (Cambridge, MA: Harvard University Press, 2008), 144.

44. Kurt Gray et al., "More Than a Body: Mind Perception and the Nature of Objectification," *Journal of Personality and Social Psychology* 101 (2011): 1207-1220.

45. Baron-Cohen, *Science of Evil*, 8.

46. David Livingstone Smith, "Paradoxes of Dehumanization," *Social Theory and Practice* 42 (2016): 416-443.

47. Primo Levi, *The Drowned and the Saved* (London: Abacus, 1988), 70-71.

48. Nussbaum, "Objectification."

49. Owen Flanagan, *The Geography of Morals: Varieties of Possibility* (New York: Oxford University Press, 2017), 158.

50. Jennifer S. Lerner, Julie H. Goldberg, and Philip E. Tetlock, "Sober Second Thought: The Effects of Accountability, Anger, and Authoritarianism on Attributions of Responsibility," *Personality and Social Psychology Bulletin* 24 (1998): 563-574.

51. Flanagan, *The Geography of Morals*.

52. Jesse Prinz, "Forum: Against Empathy," *Boston Review* (2014/08). https:// bostonreview.net/forum/ against-empathy/jesse-prinz-response-against-empathy-prinz.

CHAPTER 6: 이성의 시대

1. 6장의 일부는 다음 글의 수정본이다. Paul Bloom, "The War on Reason," *The Atlantic* (2014/03). http://www.theatlantic.com/magazine/archive/2014/03/the-war-onreason/357561.

2. 이 이야기는 다음 글에 언급되어 있다. Elizabeth Green, "Why Do Americans Stink at Math," *New York Times Magazine* (2014/07/23).

3. Daniel Kahneman, *Thinking, Fast and Slow* (New York: Macmillan, 2011).

4. Paul Bloom, "Imagining the Lives of Others," *New York Times* (2015/06/06).

5. Sam Harris, *Free Will* (New York: Simon and Schuster, 2012), 47.

6. David Eagleman, *Incognito: The Secret Lives of the Brain* (New York: Pantheon, 2011).

7. 앞의 책, 46.

8. 다음 자료에서 인용했다. Paul Bloom, "My Brain Made Me Do It," *Journal of Cognition and Culture* 6 (2006): 212. 다음 자료도 참고하라. Joshua

Greene and Jonathan Cohen, "For the Law, Neuroscience Changes Nothing and Everything," *Philosophical Transactions of the Royal Society of London B* 359 (2004): 1775-1785.

9. Michael S. Gazzaniga, *The Ethical Brain: The Science of Our Moral Dilemmas* (New York: Dana Press, 2005).

10. 이들 실험과 그 밖의 실험에 관한 비평은 다음을 참고하라. Adam Alter, *Drunk Tank Pink: And Other Unexpected Forces That Shape How We Think, Feel, and Behave* (New York: Penguin Books, 2013).

11. 다음 자료에서 발췌한 사례다. John M. Doris, *Talking to Our Selves: Reflection, Ignorance, and Agency* (Oxford: Oxford University Press, 2015).

12. Jonathan Haidt, "The Emotional Dog and Its Rational Tail: A Social Intuitionist Approach to Moral Judgment," *Psychological Review* 108 (2001): 814-834.

13. 여기에 관한 논의는 다음을 참고하라. Paul Bloom, "Psychology's Replication Crisis Has a Silver Lining," *The Atlantic* (2016/02/19). http://www.theatlantic.com/science/archive/2016/02/psychologystudies-replicate/468537.

14. Brian D. Earp and others, "Out, Damned Spot: Can the 'Macbeth Effect' Be Replicated?" *Basic and Applied Social Psychology* 36 (2014): 91-98.

15. Joshua M. Ackerman, Christopher C. Nocera, and John A. Bargh, "Incidental Haptic Sensations Influence Social Judgments and Decisions," *Science* 328 (2010): 1712-1715.

16. Yoel Inbar, David A. Pizarro, and Paul Bloom, "Disgusting Smells Cause Decreased Liking of Gay Men," *Emotion* 12 (2012): 23-27.

17. Brian Wansink, *Mindless Eating: Why We Eat More Than We Think* (New York: Bantam Books, 2007).

18. Ian Ayres, Mahzarin R. Banaji, and Christine Jolls, "Race Effects on eBay,"

Rand Journal of Economics 46 (2015): 891–917.

19. 이에 관한 비평은 다음을 참고하라. Daniel Kahneman, *Thinking, Fast and Slow* (New York: Macmillan, 2011).

20. Mahzarin R. Banaji and Anthony G. Greenwald, *Blind Spot: Hidden Biases of Good People* (New York: Delacorte Press, 2013).

21. John Theodore Macnamara, *A Border Dispute: The Place of Logic in Psychology* (Cambridge, MA: MIT Press, 1986).

22. Steven Pinker, *The Blank Slate: The Modern Denial of Human Nature* (Penguin Books, 2003), 149.

23. David Brooks, *The Social Animal: The Hidden Sources of Love, Character, and Achievement* (New York: Random House, 2012), xi.

24. Malcolm Gladwell, *Outliers* (Boston: Little, Brown, 2008), 76.

25. IQ 수준에 관한 비평은 다음을 참고하라. David Z. Hambrick and Christopher Chabris, "Yes, IQ Really Matters," *Slate* (2014/08/14). http://www.slate.com/articles/health_ and_science/science/2014/04/what_do_sat_and_iq_tests_measure_general_intelligence_predicts_school_and.html.

26. Eric Schwitzgebel and Joshua Rust, "The Moral Behavior of Ethics Professors: Relationships Among Self-Reported Behavior, Expressed Normative Attitude, and Directly Observed Behavior," *Philosophical Psychology* 27 (2014): 293–327.

27. 이에 관한 비평은 다음을 참고하라. Walter Mischel, *The Marshmallow Test: Mastering Self-Control* (Boston: Little, Brown, 2014).

28. Abigail A. Marsh and others, "Neural and Cognitive Characteristics of Extraordinary Altruists," *Proceedings of the National Academy of Sciences* 111 (2014): 15036–15041.

29. Steven Pinker, *The Better Angels of Our Nature: Why Violence Has Declined* (New York: Penguin Books, 2011).

30. Adam Smith, *The Theory of Moral Sentiments* (Lawrence, KS: Digireads. com, 2010), 130.

31. Geoffrey L. Cohen, "Party Over Policy: The Dominating Impact of Group Influence on Political Beliefs," *Journal of Personality and Social Psychology* 85 (2003): 808-822.

32. Philip M. Fernbach and others, "Political Extremism Is Supported by an Illusion of Understanding," *Psychological Science* 24 (2013): 939-946.

33. Peter Singer, *The Most Good You Can Do* (New Haven, CT: Yale University Press, 2016), 87.

34. 앞의 책, 88.

35. Paul Bloom, *Just Babies: The Origins of Good and Evil* (New York: Crown Publishers, 2013).

36. Pinker, *Better Angels*; Peter Singer, *The Expanding Circle* (Oxford: Clarendon Press, 1981); Robert Wright, *Nonzero: The Logic of Human Destiny* (New York: Vintage Books, 2001).

37. Pinker, *Better Angels*, 591.

38. Smith, *Moral Sentiments*, 95.

공감의 배신

공감의 배신

초판 1쇄 발행일 2019년 8월 30일
초판 9쇄 발행일 2023년 10월 10일

지은이 폴 블룸
옮긴이 이은진

발행인 윤호권
사업총괄 정유한

편집 최안나 **디자인** 박지은 **마케팅** 윤아림
발행처 ㈜시공사 **주소** 서울시 성동구 상원1길 22, 7-8층(우편번호 04779)
대표전화 02-3486-6877 **팩스(주문)** 02-585-1755
홈페이지 www.sigongsa.com / www.sigongjunior.com

글 ⓒ 폴 블룸, 2019

이 책의 출판권은 (주)시공사에 있습니다. 저작권법에 의해
한국 내에서 보호받는 저작물이므로 무단 전재와 무단 복제를 금합니다.

ISBN 978-89-527-3896-7 03180

*시공사는 시공간을 넘는 무한한 콘텐츠 세상을 만듭니다.
*시공사는 더 나은 내일을 함께 만들 여러분의 소중한 의견을 기다립니다.
*잘못 만들어진 책은 구입하신 곳에서 바꾸어 드립니다.

WEPUB 원스톱 출판 투고 플랫폼 '위펍' __wepub.kr
위펍은 다양한 콘텐츠 발굴과 확장의 기회를 높여주는
시공사의 출판IP 투고·매칭 플랫폼입니다.